시진핑 신 글로벌 전략과
한반도의 미래

시진핑 신 글로벌 전략과 한반도의 미래

2016년 12월 1일 초판 인쇄
2016년 12월 5일 초판 발행

지은이 김상순 외 | **교정교열** 정난진 | **펴낸이** 이찬규 | **펴낸곳** 북코리아
등록번호 제03-01240호 | **전화** 02-704-7840 | **팩스** 02-704-7848
이메일 sunhaksa@korea.com | **홈페이지** www.북코리아.kr
주소 13209 경기도 성남시 중원구 사기막골로 45번길 14
　　　우림 2차 A동 1007호
ISBN 978-89-6324-525-6(93340)

값 17,000원

新
시진핑 신 글로벌 전략과
한반도의 미래

김상순 외 공저

북코리아

서문

졸저 『동아시아의 미래: 통일과 패권전쟁』(북코리아, 2014)에서 독자들에게 다음과 같은 고민을 함께할 것을 요청 드린 바 있다.

"통일한국을 위해 무엇을 할 것인가? 이 질문을 곰곰이 생각하다 보면 다음 질문으로 이어진다. 통일한국을 위해 무엇을 준비할 것인가?"[1]

그리고 이 질문에 대해 다음과 같이 대답했다.

"통일한국을 준비하기 위해서는 서로 다른 커다란 여섯 개의 퍼즐을 모두 맞추어야 한다. 필자의 역할은 그 여섯 개의 퍼즐 중에서 '중국의 한반도 전략'이라는 퍼즐, 즉 '중국 퍼즐 풀기'에 있다. 그리고 이 퍼즐 풀기의 완성을 위해 전문가들과의 소통은 물론 독자와의 소통을 제안한다."[2]

『동아시아의 미래: 통일과 패권전쟁』이라는 책을 출판한 이후 중복되게 받았던 질문은 '통일관'이었고, 필자는 이와 같이 대답했다.

---

1) 『동아시아의 미래: 통일과 패권전쟁』, 김상순, 서울: 북코리아, 2014, p.35.
2) 위의 책. p.35.

"통일한국은 불확실한 미래의 위험을 예방하는 것이고, 미래의 희망을 준비하는 것이다."[3]

통일한국을 준비하는 과정에 필요한 여섯 개의 퍼즐 중에서 중국 퍼즐을 풀기 위해서는 더 많은 중국 전문가 그룹이 참여해야 한다는 생각에 동의한 분들이 2차 준비 과정에 참여했다.

우선, 제1부에서는 '시진핑 신 글로벌 전략의 태동과 한반도 딜레마'라는 주제로 네 가지 고민을 엮었다.

'시진핑 신 글로벌 전략의 태동'이라는 주제를 통해 중국의 새로운 글로벌 전략을 이끌고 있는 시진핑 주석의 새로운 리더십을 분석했다. 고민은 'G2로 성장한 중국 사회의 증가하는 정치 참여 요구와 이에 대한 위기 대응전략으로 시진핑은 어떤 통치전략을 수립했을까?'로부터 시작된다. '혁명과 건국'의 '1.0 마오쩌둥(毛澤東) 시대'와 '개혁개방'의 '2.0 덩샤오핑(邓小平) 시대'에 이어 시진핑은 어떤 전략으로 '3.0 시진핑(习近平) 시대'를 열었을까? 새로운 시대에 있어서 중국의 전통외교 전략은 어떻게 변화하고 있을까? 중국의 미래 비전은 무엇일까? 시진핑은 왜 중국의 꿈을 논하는가? 오랫동안 가슴에 묻어두었던 '아시아의 병자'로서 받았던 수모에 대한 명예 회복을 꿈꾸는 중국은 어디로부터 어떻게 잃었던 지역 패권을 회복하려 하는가? 지역 패권을 넘어 서태평양 지역의 맹주에 대한 지위를 인정하라는 신형대국관계에 대한 미국과의 새로운 패권 갈등은 어떻게 전개될 것인가? 이 모든 목표 달성을 위해 시진핑이 제시한 '신 글로벌 전략'은 무엇일까? 필자의 의문과 고민은 아직도 진행형이다.

이무형 이사장은 한국의 입장에서 현실적인 문제를 고민했다. '동북아 정세와 한반도 통일 전략'에 대한 고민은 현실적인 문제이자, 억울(?)하게도 우리의 역량을 넘어서는 이상적인 문제가 되었다. 그런 점에서 이무

---

3) 앞의 책. p.343.

형의 고민은 모두의 고민이지만, 모두의 역량을 집중하는 것만으로는 결정력이 부족한 아픈 고민이기도 하다. 그러나 이무형은 북한의 급변사태라면 주변 강대국의 과도한 영향력 틈바구니에서 통일한국을 이룰 수 있으므로 통일에 대한 원칙과 제언을 제시했다. 즉 북한에 대한 주권의 흡수와 외교적 중립 전략, 그리고 국가 시스템의 정비, 특히 정치 리더십의 강화를 주문했다.

조용성 기자는 오랫동안 중국 현지의 특파원 생활을 통해 현장에서 느낀 중국의 변화를 독자들에게 매우 실감나게 제공해줄 것이다. '시진핑의 중국, 강대국 향한 질주'라는 제목에서도 볼 수 있듯이 시진핑 시대를 왜 우리가 '3.0 시대'로 부르는지에 대한 많은 변화를 제공하고 있다. 그는 제1장에서 ① 시진핑의 매서운 정풍운동, 화룡점정 '저우융캉' ② 시진핑의 군부장악 ③ 시진핑의 언론장악, 「옌황춘추(炎黃春秋)」 ④ 시진핑에 열광하는 중국 인민이라는 소주제로 '시진핑의 중국 장악과 국력결집'이 어떻게 진행되었는지를 서술했다.

제2장에서는 ① 중국의 군사대국화, 2015년 열병식 ② 미군 이기겠다는 중국군, 2020 프로젝트 ③ 러시아와 밀착, 군사동맹 방불 ④ 항저우 G20 중국 서방세계와 대충돌이라는 소주제로 '시진핑 군사굴기와 강경외교의 길'이 어떻게 전개되었는지를 알려준다.

제3장에서는 '시진핑의 뜨거운 감자, 한반도'라는 주제로 ① 시진핑, 한국에서 네 갈래 화살을 쏘다 ② 북핵 진퇴양난, 깊어지는 시진핑의 고민 ③ 중국의 한반도 3원칙과 '무늬만 대북제재' ④ 사드 배치 결정 10일, 특파원이 겪은 중국 ⑤ 중국 전문가들 '최강제재에도 북은 핵을 포기하지 않을 것'이라는 소주제로 시진핑과 중국의 한반도에 대한 고민을 특파원의 시각으로 분석했다.

제1부의 마지막 부분에서 '시진핑 신 글로벌 전략과 한반도 딜레마'라는 주제로 필자의 두 번째 고민을 한국의 독자들과 함께 공유하고 해법 찾

기에 동참하기를 제안했다. 필자는 특히 "김정은의 핵 도발에 대한 한중의 이익 교환은 가능한가?"를 시작으로 중국 '대열병식'과 통일한국 준비, 중국의 한반도 전략 수정과 북중관계 딜레마, 중국 '비둘기파' 외교관 vs. '매파' 언론편집장의 외교전략 설전(舌戰), 사드 방어시스템과 한미중 딜레마, 미중 '4대 빅딜 카드'와 동아시아 4대 이슈, 그리고 한국이 처한 '미중딜레마'의 해법은 바로 '공동이슈의 선점과 개발'이라는 한국의 대응전략을 제시했다. 동북아 한중일 3국 3색의 동상이몽에는 이해와 소통이 필요하다는 점에 동의하지만, 한국의 국익 최대화와 '자주적' 외교전략 준비를 위해 한국은 이제 분명히 일본과 중국에도 '노(No)'라고 말해야 할 뿐 아니라, 특히 중국에 대해서는 이해와 소통을 위한 다양한 '한중 다중대화 채널'의 확대가 필요함을 주장했다.

이어서 제2부에서는 '한중관계의 미래와 한반도의 미래'라는 주제로 네 가지 서로 다른 고민을 공유했다.

구자원 교수는 "'치세'와 '대국굴기'의 역사적 재조명"이라는 주제로 고대 중국의 대표적인 다섯 가지 '치세'를 살펴본다. 즉, ① 고대 서주시대의 '성강지치(成康之治)' ② 한나라 초기의 '문경지치(文景之治)' ③ 당나라 이세민의 '정관지치(貞觀之治)' ④ 당현종의 '개원지치(開元之治)' ⑤ 청나라 강희제에서 건륭제까지의 '강건성세(康乾盛世)'라는 역사적 경험은 시진핑 주석의 개혁과 신 글로벌 전략에 중요한 참고가 될 수 있음을 강조한다. 특히 그는 "지금 중국은 과거의 경험을 통해 현재를 진단하고 미래를 준비하고 있다는 것은 부인할 수 없는 사실"이며, "고대 중국에서 '치세'의 개념이 현대에서는 한 국가에 적용되는 것이 아니라 세계로 확대된 것이라고 할 수 있다"는 새로운 시각을 제시했다.

우진훈 교수는 중국의 '13.5 규획'이 한국의 경제에 미치는 영향에 대한 고민을 연구했다. '13.5 규획'의 배경, 주요 내용 및 목표, 그리고 이에 대한 평가 및 전망에 대한 연구를 통해 한국경제에 대한 시사점을 제시했다. 그는 특히 "'13.5' 기간 동안 중국경제는 중속 성장의 어려움을 감내하며 산업의 구조조정과 고도화로 새로운 성장 모델과 동력을 창출하고 이를 통해 무역대국에서 무역강국으로, 세계의 공장에서 세계의 시장으로 전환할 가능성이 높다"고 전망하면서, 한국은 이러한 중국 경제의 구조적 변화에 따라 "(한국은) 구조개혁으로 잠재성장률을 높이고 미래 성장산업 발굴과 공격적 중국 내수시장에 진출함과 동시에 한편으로 중국발 리스크와 중국 의존 가중에 대비한 국가와 기업의 전략적 사고도 절실한 시점"이라는 점을 강조했다.

윤대상 한중 과학기술센터 센터장은 '중국의 과학기술: 과거, 현재, 미래 그리고 한국과의 관계'라는 주제로 "중국은 과학기술을 변화시키고 과학기술이 중국을 변화시키고 있다"는 점을 강조한다. 그는 현 시점의 중국이 중요한 이유를 시작으로 중국의 과학기술 정책의 흐름과 동향 및 전망, 과학기술의 행정체계, 과학기술분야의 상세한 주요 계획, 과학기술 정책에 대한 평가, 주요 연구분야별 R&D 동향 및 성과와 구체적인 사례를 제시했다. 그는 중국의 '자주적 과학기술'의 저력에 대한 상세한 소개에 이어 국제 과학기술 협력과 한중 과학기술 협력에 대한 필요성을 강조했다. 그는 "한중관계가 끊임없는 경쟁과 협력의 관계"라는 점을 강조하며, "양국관계의 심화는 새로운 기회의 가능성과 도전이라는 양면을 우리에게 보여주고 있다"며 한중 양국 간의 과학기술 협력에 대한 현주소를 진단했다. 윤대상 센터장은 "한중 양국관계가 발전적인 새로운 단계로 진입할 수 있도록 노력하고, 특히 과학기술면에서 양국의 장점을 상호 보완적으로 활용하여 인류가 직면한 문제해결 및 양국의 이익을 함께하는 방향으로 가야 할 것"이라는 점을 한중 양국 모두에게 주문했다.

이창주 연구위원은 "일대일로와 북방경제, 그리고 한반도"라는 주제로 시진핑 중국 국가주석이 펼치는 '실크로드 경제벨트'와 '21세기 해상 실크로드' 정책이 북방경제는 물론 중국 주변 지역 공간에 어떻게 새로운 가치를 부여할 수 있는지를 우리에게 제시하고 있다. 중국의 동북3성 지역을 중심으로 한 북방경제 지역은 상대적으로 남북 분단 상황인 우리에게는 미래에 펼쳐질 공간일 수 있지만, 오히려 중국의 일대일로 정책과 북방경제의 활성화가 남북의 긴장을 완화시킬 수 있는 요소가 될 수 있다는 점에서 관심을 두지 않을 수 없다.

이창주는 "광역두만강개발계획(GTI)과 중국의 동북진흥계획", "일대일로 전략 속 두만강 유역 개발 현황", 그리고 "일대일로 속 북방경제의 부활 속의 한국 대응방안"이라는 세부 항목으로 북방경제와 한반도와의 관계를 분석하고 있다. 특히 향후 한국의 대응방안으로는 ① 한국 주도의 다자간 동북아개발은행 설립 ② 광역두만강개발계획(GTI)과 6자회담 역할 확대 ③ 변방이 중심이 되는 동북아 신 네트워크의 형성을 제시하고 있다.

결론 부분에서 필자는 '한중관계와 한반도의 미래'라는 제목으로 세 번째 고민을 독자들과 나누려고 한다. '중국은 친북한 전술 카드의 위험성 직시해야'를 시작으로, '국회의원의 독도 방문과 베이징 방문에 대한 다른 시각', '북한의 핵 인질이 될 시간은 얼마나 남았을까?', '중국의 역할보다 북한 내부의 변화 유도가 비핵화의 지름길', '미래를 위한 국론통합, 초당적 전략 선택이 필요'라는 소주제로 현재의 한중관계와 한반도의 미래에 대한 우리의 선택이 어떠해야 할지에 대한 개인적인 생각과 제안을 제시했다.

이 책을 구상한 편집자이자 필자진의 한 사람으로서 강조하고 싶은 개인적인 관점에서의 결론은 다음과 같다.

"동북아에서 진행 중인 '안보전쟁'과 '경제전쟁'에 대한 우리의 복잡한 해법을 찾고, 동시에 강대국의 지위를 확보하기 위해 우리는 '통일한국을 준비'하는 두 가지 전략적 사고가 필요하다. 첫째는 '국제공동이슈'의 '개발'이고, 둘째는 '국제공동이슈'의 '선점'이다. 이것은 상대적으로 약소국인 우리가 주변 강대국과의 외교전쟁에서 취할 수 있는 가장 '효율적'이고 '주도적'인 외교 전략이 아닐까?"

그리고 이보다 더 구체적이고 효율적인 또 다른 많은 대안과 방법들을 찾기 위해 전문가를 포함한 많은 독자들과의 소통을 구하려는 것이 이 책을 구상하게 된 또 다른 목적이다.

이후에 이어질 시도는 다른 나라의 학자들과 서로 다른 시각과 서로 다른 국가이익 추구에 있어서 국가 간 공동 이익추구를 포함한 동아시아 평화에 대한 공동 담론을 준비하고 있다. 동아시아 평화연구의 큰 틀 안에서 진행될 한반도의 평화통일과 통일한국의 국가 대전략 수립은 구체적이고 효율적인 성과를 만들 것으로 기대한다. 이를 위해 더 많은 전문가의 참여와 독자들의 조언을 구하는 것 또한 이 책을 출판하는 이유이기도 하다. 많은 분들의 조언을 기대하며, 부족하고 성숙되지 못한 관점과 논술은 다음의 연구에서 더욱 노력하여 보완할 것임을 약속한다.

끝으로, 이번 출판에 참여한 동아시아평화연구원 연구진과 다음번 출판에 참여할 각국의 모든 동아시아평화연구원 연구진을 대표하여 이 책의 출판은 동아시아 평화연구의 끝이 아닌 새로운 시작이라는 점을 다시 한 번 다짐한다.

2016. 10. 31
베이징에서 김상순

목차

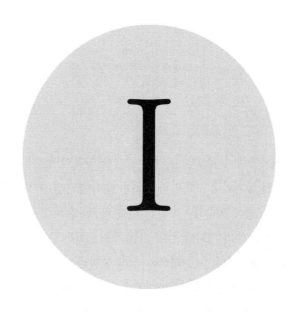

시진핑 신 글로벌 전략의
태동과 한반도 딜레마

제1장
시진핑 신 글로벌 전략의 태동_김상순

"왜 우리는 중국의 글로벌 전략에 관심을 가져야 할까?" 그것은 "'중국 퍼즐 풀기'가 통일한국을 준비하기 위한 핵심적인 임무이자 역할"이 되었기 때문이다. '중국 퍼즐'은 '미일러 퍼즐'과 '남북 퍼즐' 풀기에 중요한 요소로서, '미중관계'의 사이에 끼어 있는 우리로서는 중국의 변화를 이해하고 이러한 시대적 흐름을 분석하는 것이 통일한국을 준비하는 핵심 요소이다. "북한 5차 핵실험과 중국의 굴기로 더욱 강화된 '한미동맹'의 기초하에 어떻게 중국의 역할을 긍정적인 측면으로 유도할 수 있는가?"라는 고민은 통일한국을 준비하는 우리의 시대적 고민이 되었다.

『손자병법』의 교훈은 오늘도 유효하다!

"위태롭게 되지 않으려면, 상대를 알아야 한다(知彼知己 百戰不殆)!"

1) 중국 사회의 증가하는 요구와 위기 대응전략

(1) '차이징 신드롬'과 중국 네티즌의 증가하는 사회적 정치참여

중국 외교원칙의 변화, 아태지역의 지정학적 힘의 변화, 중국의 대국관계에 대한 새로운 시도, 그리고 이를 실현하기 위한 중국의 해양패권전략을 이해하는 것은 매우 중요하다. 그러나 이러한 점들을 이해하기 위해서는, 그리고 시진핑 글로벌 전략을 충분히 이해하기 위해서는 또 다른 시도가 필요하다. 그것은 바로 초고속 성장을 이룬 중국의 경제발전에 따른 중국사회의 새로운 변화들에 주목해야 한다는 점이다. 중진국 딜레마에 진입한 중국은 당면한 민생 문제와 환경 문제의 해결, 그리고 '반부패운동'을 통해 인민의 요구와 불만을 해결하고 잠재워야 한다. 그러나 인터넷을 통한 중국 인민의 사회참여와 개혁에 대한 다양한 요구는 중국의 발전 속도보다 더욱 빨라질 전망이다.

한 가지 사례를 언급하자면, 2015년 2월 28일 CCTV 앵커였던 차이징(柴靜)이 제작하여 인터넷에 공개한 「차이징의 스모그 조사: 하늘아래(柴靜霧霾調査: 蒼穹之下)」가 첫날 1억 1,700만 회나 시청되었으며, 공개 6일째는 2억 회를 돌파했다. 중국 정부는 '차이징 신드롬'에 대해 결국 관습적인 반응을 보였는데, 첫 번째 조치는 예상대로 다큐를 '차단'하는 것이었다. 네티즌들은 왜 차단되었는지를 서로 물었고, '정부가 차단'했다는 회신과 이에 대한 반응이 인터넷에 넘쳤다.

암울했던 중국이 개혁개방의 여세를 몰아 일본을 누르고, 아태지역은 물론 세계에서 G2라는 '호칭'에 어색해하던 중국 인민은 이제 새로운 시대적 변화에 고심하고 있다. 이러한 배경하에 자신들의 생활 및 생존과 직접적으로 연관이 있는 '생존환경'의 문제에 대한 중국 인민의 반응은 폭발적이었다. '차이징 신드롬'은 중국 인민의 적극적인 현실 참여를 보여주었다. 중국 정부는 이에 대해 민감한 반응을 보였지만, 환경 문제가 심해질수록 그 여파는 결국 공산당에 대한 반발로 이어질 것에 대한 심각성도 함께 인식하게 했다는 점이다. '차이징 신드롬'은 중국공산당 정부와 인민 양쪽 모두에게 신선한 자극을 제공했고, 중국공산당은 첫 번째 반응으로 다큐의 '차단'이라는 전통적 방법을 선택했지만, 중국 사회의 새로운 반응에 대해 긴장하지 않을 수 없었다.

중국 사회는 분명히 변화의 시기에 진입했다. 우선, 중국의 경제발전으로 인해 인민의 손에 들린 스마트폰은 인터넷을 통한 가상 네트워크를 형성했다. 이를 통해 민생과 환경 등 그들이 직접적으로 공감할 수 있는 이슈에 대한 인민의 적극적인 참여는 새로운 중국의 사회적 변화를 이끄는 동력이 되었다. 중국공산당이 '부패와의 전쟁'을 적극적으로 추진하는 근본적인 시발점에 중국 인민의 공개적인 인터넷 망신 주기의 사회참여가 있었다. 이 사례는 중국 사회의 중요한 시대적 변화의 전환점에 가상 네트워크 공간을 이용하는 실험적 의미를 넘어서 이 네트워크의 활용이 과거에는 상상하지 못했던 엄청난 성과로 연결된다는 학습효과까지 생성시켰다. 관료들의 부정부패와 축첩 스캔들 등에 대한 인민의 인터넷 망신 주기는 지난 몇 년간 확실한 성과를 보였다. 이와 관련된 관료들은 모두 엄중한 사법처리의 대상이 되었다.

중국 정부가 중국의 환경오염 실태를 적나라하게 보여준 차이징의 환경 다큐에 대한 인민의 폭발적인 반응에 놀란 것이 확실하다. 차이징의 다큐는 2015년 중국 정부의 가장 큰 연중 행사인 양회(兩會)를 불과 며칠 앞둔 2월 28일에 발표되었고, 급기야 3월 양회에서 리커창(李克强) 총리는 "(향후) 환경오염을 엄격히 처리할 것"이라는 대책을 발표했다. 이것이 '차이징 신드롬'에 대한 '차단'에 이어 중국 정부가 신속하게 제시한 두 번째 반응이자 대책이었다.

중요한 것은 '차이징 신드롬'에 대한 중국 정부의 신속한 반응에 대한 중국 인민의 '재반응'이다. 즉, 중국 인민의 인터넷 정치참여에 대한 가능성을 확인시켜준 이번 '차이징 신드롬'으로 중국 인민의 인터넷 정치참여는 더욱 확산될 것이라는 점이다. 중진국 딜레마에 진입한 중국 사회는 민생과 환경 문제에 이어 사회적 문제들을 심각하게 고민하기 시작했다. 중국 인민의 이러한 시대적 변화와 흐름이 중국공산당의 국가 운영에 어떤 영향을 끼칠 것이며, 이에 대해 중국공산당은 어떤 변화를 추구할 것인가?

(2) 시진핑의 '전복성 착오'에 대한 위기의식

2013년 10월 7일, 시진핑(习近平) 주석은 인도네시아 발리에서 개최된 APEC에서 "(중국은) 절대로 근본적인 문제에 있어서 '모든 것을 뒤집을 만한 잘못(顚覆性錯誤, 전복성 착오)'을 해서는 안 된다. 잘못된 길로 일단 들어서면 돌이킬 수도, 보완할 수도 없다"고 말했다. 이후 중국에서는 시 주석이 강조하는 '전복성 착오'에 대해 다양한 사회적 논의가 진행 중이다. 중국공산당이 절체절명의 위기에 처해 있다는 시 주석의 위기의식은 다소 과장된 것일까, 아니면 현재 중국이 처한 위기의 심각성을 강조한 것일까?

싱가포르 국립대학 동아연구소 소장 정융녠(鄭永年) 교수는 2015년 3월 3일자 「BWCHINESE 중원왕(中文網)」의 기고문에서 ① 개혁과 발전에서 나타날 수 있는 방향 착오 ② 개혁과 발전의 정체 ③ 개혁과 발전의 퇴보 ④ 혼란이나 혁명적 운동의 출현 ⑤ 국가의 외교정책으로 야기되는 국제환경의 돌발적인 악화와 이로 인한 내부의 잠재적 문제의 출현 등이 중국의 현 정치 환경에서 나타날 수 있는 '전복성 착오'라고 지적했다.

그는 이어서 중국의 개혁개방 이래 최근까지의 경험과 변화로 볼 때, 10개의 중국 국내 영역에 '전복성 착오'가 있을 수 있다고 주장했다. 즉, ① 이데올로기의 회귀 ② 당권과 정부권력의 심각한 불균형 ③ 당내 민주제도의 미확립과 서로 다른 이익 조정의 실패 ④ 반부패 운동 중 효율적 제도의 미확립 ⑤ 개혁방안의 효율적 실행 불가나 좌절 ⑥ 전체 관료체제의 명령 불이행, 심지어 소극적 업무 거부 ⑦ 과두경제의 과두정치 전환 ⑧ 사회개혁 실패, 사회폭력화 및 무정부 상태 ⑨ 소수의 발전 성과물 독점과 사회의 고도 분화로 인한 아래로부터의 혁명 발생 ⑩ 사회의 대혼란 혹은 '저가혁명(Cheap Revolution)' 발생이 그것이다.

그는 중국공산당과 중국 정부에 대해 "첫째, 공산당은 집권당으로서 이데올로기와 조직을 통해 개혁과 발전을 설계하고 실행해야 하며, 반부패는 또 다른 실행 요소이다. 둘째, 개혁은 반드시 정책으로 실현해야 하며, 정책의 집행에 있어서 관료체제는 핵심이다. 셋째, 개혁의 장점이 전체 사회에 혜택으로 돌아가도록 해야 한다. '전복성 착오'에 대한 충분한 인식과 예방적 제도수립이 필요하다"고 조언했다.

중국 관변학자들과는 다른 관점에서 비교적 솔직하게 진단한 정 교수의 논점에 대한 중국의 관심도는 매우 높았다. 싱가포르라는 외부에서 비교적 객관적으로 핵심을 짚은 그의 관점은 논의가 필요하나 생각해볼 가치가 충분하다. 시 주석의 해법은 무엇일까?

(3) 시진핑의 통치이념 확정: '4개 전면'

2015년 중국의 양회는 ① 신창타이(新常態, new normal) ② 4개 전면(四個全面) ③ 일대일로(一帶一路, 육·해상 실크로드)의 세 가지로 요약된다. '신창타이'는 수출 위주의 고속성장을 추진해온 중국 경제발전의 한계로 인해 내수시장 확대와 저성장을 새로운 패러다임으로 받아들여야 한다는 의미이다. 중국은 중진국 딜레마의 성장통에 대한 새로운 처방을 찾기 시작했다. 그리고 시 주석은 '전복성 위기'를 강조하며, 이에 대한 대안으로 '4개 전면'이라는 새로운 시대적 통치강령을 제시했다.

'4개 전면'은 ① 샤오캉(小康) 사회 건설 ② 개혁심화(改革深化) ③ 의법치국(依法治國) ④ 종엄치당(從嚴治黨, 엄정한 당정관리)의 전면적인 추진을 의미한다. '4개 전면'은 부주석 시절부터 순차적으로 준비해온 시진핑의 통치강령이 되었다.

첫째, 샤오캉 사회 전면적 건설(全面建成小康社會): 2012년 11월, 제18차 중국공산당 전국대표대회를 통해 중국공산당 주석에 취임한 시진핑은 '샤오캉 사회의 전면적 건설'을 공산당의 정책 목표로 내세웠다.

둘째, 개혁의 전면심화(全面深化改革): 2013년 3월 양회를 통해 중국 국가주석에 오른 시진핑은 그해 11월에 '3중 전회(三中全會, 제3차 중국공산당 전체회의)'에서 경제, 정치, 문화, 사회, 환경, 국방, 공산당에 대한 7대 '개혁의 전면적인 심화'를 16개 항목, 60개 세부항목으로 상세히 제시하고, 2020년까지의 구체적인 '개혁목표'와 '실천과제'를 확정했다.

셋째, 의법치국 전면추진(全面依法治國): 2014년 11월의 '4중전회(四中全會, 제4차 중국공산당 전체회의)'에서 '법에 의한 전면적인 국가통치'를 통치규범으로 발표했다. 의법치국의 '통치규범'으로 개혁의 목표인 '공정한 사회 건설'을 추진하겠다는 것이며, 반부패 운동은 그 실천적 결과물의 하나이다.

넷째, 엄중한 당정관리의 전면추진(全面從嚴治黨): 이는 공산당이 중국을 통치하는 주체라는 사실을 반복적으로 명확히 공표한 것이다. 중국 언론은 이를 4개 전면의 '혼(魂)'이자, 전략의 핵심이라고 강조했다.

시진핑은 2015년의 3월 양회에서 마오쩌둥(毛泽东) 사상, 덩샤오핑(邓小平) 이론, 장쩌민(江澤民)의 '삼개대표론(三個代表論)', 후진타오(胡錦濤)의 '과학발전관(科學發展觀)'에 이어 '4개 전면'을 자신의 통치이념으로 확정했다. '4개 전면'은 공산당의 엄중한 국가운영 아래, 의법치국을 통한 전면적인 개혁추진으로 샤오캉 사회를 건설하겠다는 내부전략인 셈이다.

2) 신 손자병법: 시진핑 3.0 시대를 열다

글로벌 대국, G2로 성장한 13억 중국인의 리더가 된 시진핑은 중국을 어떻게 진단했을까? 고전의 가르침대로 오랫동안 '수신제가치국평천하(修身齊家治國平天下)'의 정도(正道)를 고민하지 않았을까?

– 중국의 미래비전을 어떻게 설계할 것인가?

– 현존하는 중국의 병폐는 무엇인가?

– 어떻게 중국을 개혁할 것인가?

– 중국의 글로벌 전략은 무엇인가?

(1) 시진핑의 1인 체제: 강력한 '내부 혁명'이 시작되다

2012년 11월 15일 제18차 중국공산당 전국대표대회는 시진핑을 '공산당 총서기' 및 '공산당 중앙군사위원회 주석'으로 선출했다. 그리고 2013년 3월 14일 중국 12기 전국인민대표대회(전인대) 전체회의는 시진핑을 중국 '국가주석'과 '국가 중앙군사위원회 주석'에 선출했다. 이로써 중국의 당·정·군 3대 권력을 장악한 시진핑 시대가 시작되었다.

'중국의 꿈'과 '중화민족의 부흥'을 중국의 미래비전으로 제시한 시진핑은 '부정부패 척결'과 '법치주의 완성'이라는 내부 개혁안을 제시했고, '신형대국관계'와 군사력 확장을 통한 강한 중국이라는 대외 목표를 선택했다. 미래비전의 기본 동력이 되는 경제분야는 개혁·개방 이후 30여 년간 추진해온 수출과 투자 주도형 성장 모델의 내수 주도형 전환, 즉 경제개혁의 성공이라는 난제를 해결해야 한다.

시진핑은 미래비전의 달성을 위해 2013년 11월 9일부터 12일에 개최된 제18기 중앙위원회 제3차 전체회의(이하 '3중전회')에서 2020년까지 달성할 공산당 7대 개혁안을 발표했다. 경제·정치·문화·사회·생태·국방·공산당건설의 7개 부문 16개 항목(15개 개혁내용)과 60개 세부 내용으로 구분되는 7대 개혁안 발표에서 특이했던 점은 '중앙전면심화개혁영도소조(中央全面深化改革領導小組)'와 '중국국가안전위원회(CNSC)'의 신설이었다.[1]

또 다른 특징은 일반의 예상과는 달리 시진핑이 신설된 두 조직의 조

---

1) 중국의 '3중전회'에서 확정된 '공산당 7대 개혁안' 분석과 '중국국가안전위원회' 및 '전면심화개혁영도소조'에 대한 상세한 내용 분석은 필자의 졸저인 아래의 책을 참조할 것. 『동아시아의 미래: 통일과 패권전쟁』, 김상순, 서울: 북코리아, 2014, pp.215-333.

장과 주석직에 선출되었다는 점이다. 2014년 1월 22일, 시진핑은 개혁영도소조 조장 자격으로 제1차 회의를 소집했다. 리커창 국무원 총리와 류윈산(劉雲山) 중앙서기처 서기, 장가오리(張高麗) 국무원 부총리가 부조장을 맡았고, 명목상 서열 1, 2, 5, 7위의 최고위층 4명이 개혁영도소조를 이끌게 되었다.

이틀 뒤인 24일, 중국공산당 중앙정치국회의는 시진핑을 '중국국가안전위원회 주석'으로, 리커창 국무원 총리와 장더장(張德江) 전국인민대표대회 위원장을 부주석으로 선임했다. 명목상 서열 1~3위가 중국의 국가안보를 책임지는 3인방 체제인 듯 보이지만, 결국 강력한 개혁의 추진을 위해 개혁의 양대 조직을 직접 지휘하는 '시진핑 1인 체제'가 출범한 것이다.

(2) 부패와의 무한전쟁: 두 마리 토끼 사냥

시진핑 1인 체제의 개혁 추진과 부패사냥은 예상외로 강력했다. 2015년의 신년사에서 시진핑은 2014년의 부패척결에 대해 "우리는 한해 동안 (공산당의) 기강확립에 힘썼고, 형식주의, 관료주의, 향락주의, 사치풍조를 중점적으로 크게 바로잡았다. 반부패 투쟁에 대한 강도를 강화하여 조금이라도 부패를 용납하지 않고 처벌하겠다는 굳은 결심을 보였다"고 평가했다.

실제로 중국 정부는 2014년의 반부패 개혁에서 약 18만 명에 달하는 부패관료들을 처벌했다. 여기에는 '호랑이'로 비유되는 저우융캉(周永康) 전 중앙정치국 상무위원, 쉬차이허우(徐才厚) 전 중앙군사위 부주석, 링지화(令計劃) 당 통일전선공작부장 같은 고위층과 '파리'로 비유되는 하급관료들이 숙청됐다. 보시라이(薄熙來) 전 충칭 시 당서기를 포함하여 시 주석의 집권을 반대하여 쿠데타를 시도했다는 언론들의 추측성 의혹을 받았던 '신 4인방'이 모두 숙청된 것이다.

'호랑이와 파리 때려잡기'로도 비유되는 강력한 부패척결의 의미는 파벌조성에 대한 시 주석의 반감도 반영된 것으로 보인다. 장쩌민의 상하이방(上海幫)과 후진타오의 공청단(共靑團)에 대한 시 주석의 견제는 개혁추진과 의법치국의 정치적 목적과도 연결된다고 볼 수 있다.

"부패한 자는 발견 즉시 처리해야 하고, 부패는 반드시 처벌해야 한다"는 시 주석의 부패척결에 대한 의지는 매우 강력하다. 주목할 점은 시 주석의 강력한 개혁추진과 부패척결에 대한 중국 인민의 적극적인 지지이다. 오랜 고질병인 '부패척결'과 '개혁'이라는 시대적 이슈의 선점과 '중국의 꿈'이라는 미래비전의 제시는 시진핑 1인 체제의 핵심 요소라는 생각이다. 즉, 인민이 바라는 것이 무엇인지를 파악한 시 주석은 '정당성 확보'와 '정체성 확립'이라는 인민과의 공감을 통해 1인 체제를 구축한 것이다.

공산당의 부패척결은 이미 1923년부터 시작되어 오랜 역사를 가지고 있지만, 시 주석의 '부패와의 전쟁'은 이전과는 확실하게 다르다. 금기시했던 중국정치국 상무위원을 포함, 모든 고위직이 부패척결에 대한 기준에 적용되어 실행되고 있다. 이른바 성역 없는 부패와의 진정한 '혁명전쟁'은 시진핑 집권 이래 멈추지 않고 있다.

시진핑이 추진하는 '부패와의 혁명전쟁'의 목적은 인민을 위한 '공정사회 건설'이고, 잠재된 공산당 내부의 목적은 파벌 간의 권력투쟁에 대한 경고와 파벌 타파를 통한 공산당 대통합에 있다. 시진핑은 '전면심화개혁'과 '의법치국'의 두 가지 통치무기로 이른바 '부패사냥'과 '파벌사냥'이라는 두 마리 토끼를 잡는 '의법치국 혁명'을 내부 목표로 삼은 것이다.

전면적인 개혁과 의법치국의 대상은 곧 '부패와의 전쟁'이다. 지위고하를 막론하고 부패와 연관된 경우 반드시 이에 대한 처벌을 하겠다는 시 주석의 '의법치국 혁명'은 어떻게 전개될 것인가?

(3) 시진핑의 '의법치국 혁명론'

「치우스(求是)」의 2015년 제1기 잡지에 "사회주의 법치국가 건설을 가속화하자(加快建設社会主义法治国家)"라는 글이 소개되었다. 이 문장은 2014년 10월 23일 제18기 4중전회 제2차 전체회의 석상에서 시 주석이 발언한 내용의 일부인데, 시 주석의 통치철학을 살펴볼 수 있다.

시 주석은 '의법치국(依法治國)' 실현을 위한 5가지 방향으로 ① 의법치국 목표의 전면적 추진으로 중국 특색의 사회주의 법치체계 건설 ② 의법치국, 의법집정(依法執政), 의법행정(依法行政) 추진으로 법치국가, 법치정부, 법치사회 건설 ③ 과학입법, 엄정한 법 집행, 사법공정, 전 인민의 법질서 수호의 중점임무 추진 ④ 법치 집행부서의 설립과 임무 강화 ⑤ 지속적인 법치영역 개혁 추진과 장애요소 제거를 제시했다.

주목할 곳은 문장의 끝부분인 "의법치국의 전면적인 추진은 하나의 시스템 프로세스로서, 국가통치 영역에 있어서 하나의 광범위하고 심각한 혁명"이라고 강조한 부분이다. 전면적인 '개혁'과 '의법치국'은 시 주석의 개혁추진과 통치수단의 핵심 동력인데, 이를 '혁명'이라고 한다면 그 의지가 어느 정도인지를 짐작하게 한다.

2015년 시진핑 주석의 신년사에 나타난 4대 전망으로 중국 언론들은 "① 의법치국 전면추진 ② 지속적인 전면심화개혁 ③ 빈민구제와 기본생활을 보장하는 민생해결 추진 ④ 엄정한 공산당 개혁 추진"으로 요약했다. 시 주석의 '인민을 위한 개혁 의지'는 아래의 문장에 함축되어 있다.

"우리는 계속해서 전면적인 개혁을 추진해야 한다. 활을 떠난 화살은 다시 돌아올 수 없고, 용기 있는 자만이 개혁에서 승리한다. '의법치국'의 전면적인 추진으로 인민의 권익을 법으로 보장하고, 사회의 공평정의를 보호하며, 국가의 발전을 촉진해야 한다. '개혁'과 '의법치국'의 전면적인 추진은 새의 양날개와도 같고 자동차의 양쪽 바퀴와도 같다. 예정대로 샤오캉 사회(小康社會)의 목표달성을 실현해야 한다."

인류의 역사가 시작된 이래 통치의 정당성은 '이민위본(以民爲本)'으로부터 온다. 시 주석은 인민이 바라는 바를 미리 읽고, '이민위본'이라는 가장 고전적이고 보편적인 통치철학을 핵심 동력으로 삼았다. 집권한 지 불과 1년 만에 시 주석은 인민이 바라는 '시대적 이슈 선점'과 '정당성 확보'를 통해 강력한 '1인 천하시대'를 이루었다. 시 주석의 개혁 추진과 부패와의 전쟁은 아직도 진행 중이고 앞으로도 계속될 것이다. '인민의 권익'과 '공정한 사회건설' 및 '국가의 발전'이라는 대의(大義)를 품은 이 화살은 '개혁'과 '의법치국'이라는 날개를 달고 시위를 떠났다. 목표를 향하고 있는 시진핑의 화살을 떨어뜨릴 자가 중국 내에 있을까?

3) 중국 외교전략의 대전환: 전통 외교원칙의 수정

(1) 중국 전통 외교전략의 양대 축: '내정 불간섭 원칙'과 '비동맹 원칙'

중국 외교정책의 전통적이고 기본적인 원칙은 무엇일까? '평화공존 5대원칙', 즉 ① 주권과 영토보존 ② 상호 불가침 ③ 상호 내정불간섭 ④ 평등호혜 ⑤ 평화공존이 그것이다. 이 원칙은 1954년 4월 29일 중국의 저우언라이(周恩來) 총리와 인도의 네루 수상이 체결한 '중·인도의 무역과 교통협정' 전문에 포함되면서 중국의 가장 기본적인 외교정책이 되었다.

이를 다시 양대 축으로 요약하자면 '내정 불간섭 원칙'과 '비동맹 원칙'이다. '내정 불간섭 원칙'은 근대사에서 서구 열강에게 오랫동안 내정 간섭을 받았던 역사적 체험에 대한 불편한 기억이 그 배경이고, '비동맹 원칙'은 주변 국제정세에 말려들지 않겠다는 중국의 실사구시적인 대외전략으로 이해할 수 있다.

그런데 중국 외교정책의 전통적인 특징은 방어적이라는 점이다. '평화공존 5대 원칙'은 물론, 양대 축으로 요약되는 '내정 불간섭 원칙'과 '비동맹 원칙'은 모두 소극적이고 방어적이라는 특성을 나타내고 있다.

그러나 시진핑 주석은 중국 외교의 대부인 저우언라이 총리의 전통적 대외전략의 방향을 전환했다. 소극적이고 방어적으로 특징되던 중국 외교는 시진핑 시대에서 분명히 적극적이고 공격적인 성향으로 전환했다. 어디에서부터 그 전환이 시작되었으며, 어떻게 전환될 것인가? 어떻게 이 명제를 증명할 것인가? 필자는 두 가지 새로운 변화를 포착했다.

(2) 중국 현실주의학파: '비동맹 원칙' 포기와 '동맹전략' 주장

중국에서 힘의 논리를 중시하는 현실주의학파(매파)를 대표하는 학자는 칭화(清华)대학 현대국제관계학원 옌쉐퉁(阎学通) 원장이다. 옌 교수는 2013년 8월에 출간한 『역사의 관성: 미래 10년의 중국과 세계(历史的惯性: 未来十年的中国与世界)』를 통해 2023년을 향한 중국의 대외전략으로 중국이 '비동맹 원칙'을 포기하고 적극적인 동맹전략을 통해 미국의 동맹전략에 대응할 것을 주장했다. 즉, 향후 10년 동안 중국은 최소한 20여 국가와 군사동맹을 맺거나 정치적 동맹 성격인 '전천후 전략적 동반자 관계'를 수립해야 한다는 것이다.

> "2012년을 기준으로 미국은 동맹 및 동맹적 관계를 맺은 국가가 42개국이지만, 중국은 하나도 없다. 이것은 중국이 자국에 유리하게 국제환경을 개선해야 함에 있어서 당면한 최대의 문제이다."

중국과 동맹이 가능한 잠재적인 국가로 옌 교수는 '상하이협력기구(上海合作组织, Shanghai Cooperation Organization, SCO)'의 회원국인 러시아·카자흐스탄·키르기스스탄·타지키스탄·우즈베키스탄과 옵서버로 참여하는 파키스탄을 포함하여 미얀마·스리랑카·방글라데시·라오스·캄보디아를 거론했다.

또한, 중국은 미국의 동맹국인 한국과 태국에 대해서도 '준군사동맹' 혹은 '정치적 동맹' 같은 관계 수립이 필요하다고 옌 교수는 주장했다. 한반도에 대한 중국의 중립전략은 한일관계에 대한 미국의 중립과도 같은 이치이고, 태국도 같은 사례라는 것이다.

(3) 중국 자유주의학파: '내정 불간섭' 포기와 '창조적 개입' 주장

중국의 외교전략 수립에 있어서 국제법과 국제규범을 강조하는 자유주의 학파(비둘기파)의 대표적인 학자는 베이징대학 국제관계학원의 왕이저우(王逸舟) 부원장이다. 중국의 전통적인 '내정 불간섭 원칙'을 포기하고 창의적이고 새로운 외교전략 수립이 필요하다는 왕 교수의 주장은 중국에서 큰 반향을 일으켰다.

왕 교수의 이러한 시도는 이미 2011년 11월 제1부에 해당하는『창조적 개입: 중국 외교의 새로운 패러다임(创造性介入: 中国外交新取向)』으로부터 시작되었다. 이러한 시도에 대한 학계와 독자들의 반응에 힘입어 왕 교수는 원래 계획에는 없었던 창조적 개입의 3부작을 구상했다. 2013년 8월에 제2부『창조적 개입: 중국의 글로벌 역할의 출현』[2]에 이어, 2015년 11월에는 제3부『창조적 개입: 중국 외교의 전환(创造性介入: 中国外交的轉型)』의 출판을 통해 중국 외교전략의 수정을 주장했다.

왕 교수가 제시하는 '창조적 개입'의 주된 요지는 중국이 G2에 걸맞은 대국의 역할을 해야 하고, 이를 위해서는 기존의 '내정 불간섭 원칙'을 과감하게 포기하고 창조적인 개입을 통해 책임대국의 역할을 적극적으로 수행해야 한다는 것이다.

---

2) 필자는 창조적 개입 제2부를 번역하여 출판했으며, 제3부도 번역하여 출판할 예정임.『창조적 개입: 중국의 글로벌 역할의 출현 (创造性介入: 中国之全球角的生成)』, 왕이저우, 김상순, 서울: 북코리아, 2016

(4) 중국 외교전략의 대전환: '해양강국'과 '일대일로' 전략

저우언라이가 완성한 중국의 양대 외교전략은 '내정 불간섭 원칙'과 '비동맹 원칙'이었지만, 60년 동안 고수한 외교전략의 양대 축은 분명히 변했다. 2013년 3월의 '양회'에서 국가주석에 취임한 시진핑은 '강력한 군대' 건설과 '신형대국관계'를 강조했다.

이어지는 중국의 전략변화는 해양강국 추진을 위한 '국가해양국' 신설, '국가안전위원회(CNSC)' 설립, '중국방공식별구역(CADIZ)' 선포, 육해공군의 신형 무기 공개, 항일투쟁 70주년 대열병식, 7대 군구 개혁, 남중국해 인공섬 건설, 항모전단 구성 등으로 이어진다.

중국사회과학원 장옌링(張蘊嶺) 교수는 2014년 3월 4일자 「랴오왕동방(瞭望東方周刊, 2014년 제9기)」에서 '약한 중국'에서 '강한 중국'을 향한 관계의 변화를 꾀할 때라고 주장했다. 장 주임과 여러 학자들의 주장을 종합한 이번 「랴오왕동방」의 논조는 강한 중국이 되어야 하며, 이러한 변모에 있어서 "중국이 자신감을 가져야 한다. 중국은 '고독한 대국'으로 변하지 않을 것이다"라는 것이다.

중국의 외교전략은 분명히 수정되었다. 2013년 3월의 '양회'에서 '국가해양국'을 신설한 중국은 해양강국을 향한 거침없는 행보를 내딛고 있다. 해남도에 신설된 제4함대와 항모전단의 구성은 댜오위다오(센카쿠 열도)를 기점으로 중일 지역패권 전쟁의 서막이 올랐음을 암시한다.

중국은 미국에게 평등하고 대등한 '신형대국관계'를 요구했고, 남중국해의 해양영토 분쟁에 유리한 고지를 점령하기 위해 다수의 '인공섬'과 '활주로'를 계속해서 건설하고 있다. 남중국해에 새롭게 건설된 중국의 인공섬과 활주로는 미중 서태평양 해양패권 쟁탈의 시작을 의미한다.

중국은 해양강국과 군사대국으로의 전략 실행과 동시에, 다른 한편으로는 주변국과의 경제협력을 통한 공동발전 추구라는 새로운 전략을 제시했다. 고속 성장을 통해 막강해진 중국의 경제력과 세계 경제의 불황이라는 환경적 요소는 중국의 대외전략 수정에 자신감을 제공하는 계기가 되었을 것이다.

중국은 국가 간의 전략적 협력을 통한 공동발전 추구라는 '일대일로 (一帶一路)'와 '아시아인프라투자은행(AIIB)'의 구상을 국제사회에 제시했다. 새로운 중국의 우회전략은 나름대로 설득력을 갖추었고, 적어도 서태평양 에서의 미국의 영향력을 반감시키는 데 성공했다.

중국의 현 외교정책은 군사적 굴기를 목표로 하는 현실주의학파의 '해양강국전략'을 주축으로, 경제발전과 경제력을 활용하여 국제사회에서 의 발언권을 강화하려는 자유주의학파의 '일대일로'와 'AIIB'라는 전술적 측면의 융합으로 전환되고 있다. 그리고 이 전술과 전략은 고정된 것이 아 니라, 지역과 영역에 따라 전술이 전략으로, 혹은 전략이 전술로 서로 상 황에 따라 바뀔 수 있는 혼합적 전략전술의 적용과 탄력적 시행이 특징이 라고 보여진다.

분명한 것은 이전과는 달리 하드파워와 소프트파워를 융합하여 새로 운 국제질서를 만들기 위한 새로운 시도를 펼치고 있다는 것이 바로 시진 핑 시대의 중국 외교전략의 대전환이자 새로운 특징이다.

4) 중국의 꿈(中国梦): 해양강국과 해양패권의 꿈

(1) 중국은 왜 해양강국을 꿈꾸는가?

2012년 9월 25일, 중국의 첫 항공모함인 '랴오닝(遼寧)호'가 취역했고, 11월 25일에는 젠-15 함재기의 이착륙 훈련이 성공했다. 1988년 우크라 이나로부터 미완성 상태로 2천만 달러에 구매하여 14년 동안의 개조작업 을 거친 중국의 첫 항공모함이 위용을 갖추기 시작한 것이다.

2012년 12월의 18대 공산당중앙위원회 전체회의에서 총서기로 취임한 시진핑은 '중국의 꿈[中国梦]'을 새로운 미래비전으로 제시했다. 그리고 2013년 3월의 '양회'에서 국가주석에 취임하면서 "중화민족의 위대한 부흥과 부국강군의 꿈"과 '해양강국 건설'을 구체적인 미래전략으로 제시했다.

　　시진핑은 왜 '중국의 꿈'과 '중화민족의 위대한 부흥', 그리고 '부국강군의 꿈'을 위한 '해양강국 건설'을 내세웠을까? 시진핑은 당면한 문제 해결을 위한 시간을 벌고, 목표 달성을 위한 내부 단결이라는 정당성을 얻기 위해 이와 같은 새로운 비전을 제시했을 것으로 판단된다. 이를 이해하기 위해서는 시진핑 주석이 취임할 당시의 시대적 상황, 즉 중국이 고민하는 대표적인 사안들을 분야별로 살펴볼 필요가 있다.

　　우선, 국내의 문제로 보면 ① 공산당 내부의 기득권 및 원로 그룹과의 파벌갈등 조정 ② 정치개혁과 정치민주화 요구에 대한 대응책 제시 ③ 내수확대를 통한 지속적인 발전 유지 ④ 빈부격차의 양극화 해소와 환경오염 등의 중진국 딜레마 해소 ⑤ 소수민족 분리주의 관리 ⑥ 중화민족의 단합 등에 중점을 두어야 했다.

　　국제적인 문제로는 ① 국제정치적 측면에서 국가 주권확립과 핵심이익 보호 ② 외교적 측면에서 중국의 국제위상과 국제 영향력 제고 ③ 국제환경적 측면에서 중국의 지속적인 발전을 위한 안정적인 주변 국제환경 조성 등이 중점 대상이었다.

(2) '해양강국'을 향한 종합전략 시스템을 구축하다

　　시진핑 주석은 2013년 3월 '양회'에서의 취임과 동시에 '중국의 꿈'과 '해양강국의 꿈'을 강조했다. 그리고 이의 실현을 위해 먼저 새로운 조직의 신설과 기존 업무를 조정하고, 해양업무의 시스템 체계를 통합했다.

　　첫째, 중국은 2013년 3월의 '양회'를 통해 해양전략의 수립과 지시를 담당할 고위층 지휘부로 '국가해양위원회'를 신설했다. '국가해양위원회'는 중국 정부의 공무 담당 선박과 해군을 포함한 해양경계방위의 효율성을 제고하고, 해상의 사법집행을 연구하고 추진하기 위한 목적으로 설립되었다.

둘째, '국가해양국'이 중국의 해양업무를 주관하는 임무를 맡았다. 기존의 중국 해감, 공안부 변방해경, 농업부 중국 어정, 해관총서의 해상사법경찰들이 하던 업무를 모두 이관받았고, 신설되는 '중국해경국'을 통해 해양 관련 업무를 총괄하게 되었다. 주요 임무는 해양발전 계획수립, 해상 권리유지와 법 집행, 해역 관리감독 및 해양 환경보호 등이다.

셋째, 실질적인 해양업무를 집행하는 부서로서 '중국해경국'을 신설했고, 기존의 각 부서에서 행하던 해양감시·어업지도·해상밀수와 밀입국관리·해상 변방 수호 등과 관련된 모든 해양업무를 수행하게 되었다. 중국 해경의 능력이 단숨에 미국에 이어 세계 2위 규모로 급상승하게 되었다.

다음으로는 해양강국을 위한 종합전략을 분석하는 종합 시스템을 구축했다.

첫째, 해양강국 건설을 위한 종합적인 전략을 수립했다.

둘째, 해양강국으로의 도약을 위해 중국의 국내법 및 국제법의 근거를 마련하는 법제화를 추진했다.

셋째, 국가해양위원회 신설, 국가해양국 재편성, 중국해경국 신설을 통한 해양업무의 실무기구를 재정비했다.

넷째, 중국 국가 해양전략 및 방침을 확정하고 지시하는 국가해양위원회, 해양업무를 총괄하는 국가해양국, 이를 집행하는 중국해경국의 수직체계를 구축했다.

다섯째, 해군과 공군 및 제2포병(전략미사일부대)의 수평지원체계를 구축했고, 공안부의 사법집행 자문으로 해상업무의 종합 시스템을 구축했다.

2016년 1월 2일, 남중국해 스프래틀리 제도(중국명 난사군도, 베트남명 쯔

영사군도, 필리핀명 칼라얀 군도)의 피어리크로스 암초(융수자오, 永暑礁)를 매립하여 확장한 인공섬에서 중국이 항공기를 시험 운항했다는 베트남 외교부의 발표가 있었다. 베트남 외교부의 발표에 대해 중국은 3월 14일자 중국 「졔팡쥔바오(解放軍報)」의 보도를 통해 반격했다.

> "남중국해 난사군도(南沙群島, 스프래틀리 제도)의 융수자오(永暑礁, 피어리크로스 암초), 주비자오(渚碧礁, 수비 환초), 메이지자오(美濟礁, 미스치프 환초) 활주로에 이어 1988년 중·베트남 츠과차오(赤瓜礁, 존슨 암초) 해전 승전 28주년에 츠과차오에도 네 번째 중국의 활주로를 건설했다."

2016년 1월 초에는 제2의 중국 항공모함이 2016년 하반기에 진수할 가능성이 크다는 중국 언론의 보도가 있었다. 중국의 항모전단이 모항으로 활동할 해남도 제4함대 기지 건설은 2020년에 완공될 예정이라는 언론보도는 해양강국을 향한 중국의 전략목표가 명확하게 진행 중임을 암시한다.

남중국해에 대한 중국의 패권추구는 난사군도에 건설한 4개의 활주로와 군사기지화에 멈추지 않을 것이고, 난사군도는 물론 남중국해 전체에 대한 실질적인 제해권과 실효지배권을 1차 목표의 완수로 삼을 것이다. 중국의 다음 시도는 미국을 밀어내고 서태평양의 해상 지배권을 획득하는 2차 목표의 수행을 준비할 것이고, 미국과의 해상 패권전쟁의 서막은 남중국해의 해상 패권 경쟁으로부터 이미 시작된 셈이다.

(3) 중국, 미래 28개 항모전단의 세계 패권을 논하다

2016년 3월 25일자 중국 「궈지스스쥔스(國際時事軍事)」는 '세계의 침묵: 장래에 28척의 슈퍼항모를 보유하는 중국'이라는 제목의 글을 통해 중국이 4단계에 걸쳐 총 28척의 항모전단을 보유해야 한다고 주장했다.

28척의 항모는 중국의 28개 성의 이름을 따서 1개의 성에 1척이라는 다소 비과학적인 근거를 제시했지만, 「궈지스스췬스」의 문장이 중국에서 일부의 생각을 대변한다는 점을 고려하여 이 내용을 요약하여 소개하면 다음과 같다.

제1단계는 2012년부터 2018년까지 1~3척의 항모를 건조해야 한다는 것이고, 랴오닝호는 북해함대의 대련항을 모항으로 한반도 정세에 대응함과 동시에 북중러의 군사지리적 우세를 바탕으로 일본에 위협을 형성하는 것을 핵심으로 주장했다. 두 번째 항모는 남해함대에 배치하여 일본과 베트남의 군사적 연맹을 저지하고, 베트남에 대한 위협 조성을 핵심으로 두었다. 세 번째 항모는 절반은 동해함대에서, 절반은 중동지역에서 주로 순찰을 담당하는 것이 임무이며, 특히 파키스탄을 빈번하게 방문할 것을 주장했다. 히말라야 산맥의 이남에서 전쟁이 발발할 경우에 대비하고, 전쟁 발발 시 인도양에서 인도에 대한 위협을 조성하자는 것이 핵심이다. 이 3대 항모전단은 특히 댜오위다오(센카쿠 열도)와 난사군도 및 히말라야 이남의 영토주권 회복에 대한 전략적 목적 수행이 목표라고 주장했다.

제2단계는 2018~2025년 사이에 3~8척의 항모를 건조하여 2척은 인도양과 중동지역에, 3척은 남중국해에, 그리고 3척은 동중국해와 황해에 배치하자는 것이다. 이러한 힘을 바탕으로 동남아시아 국가와 (평화)협정을 맺고 난 뒤, 남중국해 수복을 빌미로 항모를 활용한 공격을 통해 주로 베트남이 위주가 되는 중형급 전쟁을 전개하고, 베트남을 굴복시킴과 동시에 남중국해의 통제권을 현실화시키자는 주장이다.

제3단계는 2025~2037년 사이에 8~15척의 항모를 건조하여 3척은 중동과 지중해, 3척은 동남아시아 말레이 반도 남부 서해안과 인도네시아 수마트라 섬의 동해안 사이에 위치한 말라카(Malacca) 해협과 인도양, 3척은 남중국해와 남태평양에, 나머지 6척은 동중국해, 황해 및 서태평양에 배치하자는 것이다. 댜오위다오(센카쿠 열도)에 대한 실질적인 군사통제를 한다는 기초하에 오키나와 열도를 구실로 일본과 전면전을 전개하여 미국의 아시아 태평양 전략에 최후의 일격을 가하여 미국을 아시아에서 퇴출시키는 종결전쟁을 전개하자는 것이다. 이후 남아시아, 동남아시아, 동아시아를 평정하여 아시아의 여러 국가와 중국이 절대적인 리더가 되는 동방마군연맹(東方馬軍聯盟)과 여러 협정을 체결하자는 것이다.

마지막 단계는 융합된 '아시아연합군'을 기반으로 15~20척의 항모전단을 신속하게 구성하여 제3차 세계대전의 발발지로 예상되는 중동전쟁에 대비하고, 10~20척의 항모는 '아시아연합군' 최강의 실전 경험을 통해 28개 항모전단이 세계의 각 대양을 누비도록 하자는 주장이다.

이러한 주장에 대한 논리의 모순과 비현실성을 지적하는 것 또한 모순적이고 비현실적이지만, 그렇다고 미래의 위협에 대해 고민을 하지 않는 것 또한 비현실적이지 않겠는가?

(4) 남중국해와 중동지역으로 펼쳐지는 중국 해군의 영향력

2015년 5월 11일, 중국 외교부 정례 기자회견에서 화춘잉(華春瑩) 대변인은 중국의 첫 번째 해외군사기지 건설에 대한 기자의 질문에 "지부티와의 전통적인 우호관계의 발전을 위해 양국이 협력하기로 했다"고 답변했다. 2016년 2월 5일, 중국의 「신화왕(新華網)」은 "중국이 지부티에 첫 해외 군사기지 건설을 시작할 것"이라고 보도했다. 지부티는 수에즈 운하로 이어지는 홍해 남단 입구의 전략적 요충지에 위치하고 있다. 미국과 옛 식민국 프랑스의 군사기지, 그리고 일본 자위대의 첫 국외거점인 지부티는 이제 미군과 일본 자위대 및 중국 인민해방군이 공존하게 된 셈이다.

2016년 3월 9일, 「브릿지경제」는 왕이(王毅) 중국 외교부장이 8일(현지시간) 전국인민대표대회(전인대) 연례보고회의에서 "해외군사기지 건설은 시진핑 주석의 일대일로(一帶一路) 정책의 일환"이라고 언급했으며, "중국은 말레이시아의 코타키나발루 항을 확보했고, 파키스탄 정부와 과다르항을 43년간 장기 임차하기로 계약했다"고 보도했다.

중국은 지부티의 첫 해외군사기지 건설을 시작으로 남중국해 해양패권 쟁취와 중동지역의 에너지 확보를 위한 해양강국의 실천을 구체적이고 전방위적으로 시작한 셈이다. 그리고 일대일로 전략은 경제적 측면 이외에도 주변국 외교와 해양강국으로 향하는 중요한 의미를 내포하고 있음이 왕이 외교부장의 보고를 통해 확실하게 밝혀진 셈이다.

5) 중일 지역 패권전쟁이 시작되다

(1) 중일 지역 패권전쟁의 역사

근대사를 기준으로 중국은 중일 간의 지역 패권전쟁의 패배를 통해 두 차례나 일본에 의해 30여 년간 절치부심하며 준비해온 현대화의 좌절을 당하게 되었다.

첫 번째 좌절은 갑오전쟁(1894)의 패배였다. 두 차례의 아편전쟁(영국, 1840~1842; 영불 연합군, 1857~1860)에서 치욕적인 패배를 당했던 청나라는 30여 년간 현대화를 추진했으나, 갑오전쟁의 패배로 현대화는 무산되었다. 이어진 의화단사건(1899~1990)과 일본을 포함한 8개국 연합군의 베이징 점령으로 동아시아의 패권은 결국 일본으로 넘어갔다.

두 번째 좌절은 중일전쟁(1937~1945)이다. 절치부심한 30여 년이 지나 맞이한 중국의 첫 자본주의 황금기(1928~1937)는 일본의 중국 침략으로 또다시 좌절되었다. 중일전쟁에 이어서 중국내전(1946~1949), 한국전쟁(1950~1953), 중인도전쟁(1962), 중소전쟁(1969), 중월전쟁(1979), 그리고 대약진운동(1958~1960), 문화대혁명(1966~1976)으로 중국의 현대화는 좌절되었다.

그리고 중국은 여러 차례의 전쟁과 내부 문제를 극복하고, 개혁개방을 통해 다시 경제적 성장을 이루었다. 세 번째 시도 중인 현대화는 비교적 성공적이지만, 중일 간의 지역 패권전쟁 가능성 역시 가시권에 있다.

(2) 제3차 중일 지역 패권전쟁의 서막

2012년 12월 13일 오전 10시, 댜오위다오(釣魚島, 센카쿠 열도) 상공에 중국의 해양정찰기 한 대가 나타났다. 2010년을 기점으로 국내총생산(GDP)에서 일본을 추월한 중국은 일본의 '난징대학살'(1937)이 자행된 날을 선택하여 중국 최초의 댜오위다오(센카쿠 열도) 항공정찰을 감행했다.

이 사건은 향후 제3차 중일 지역 패권전쟁의 시작으로 기록될 소지가 있다. 이후 중일 전투기 공중 대치, 양국의 군사훈련, 우경화 아베 내각의 센카쿠 열도 국유화, 시진핑의 '공산당 해양권익소조' 설립, 시진핑의 광주군구 방문과 "전쟁을 하면 반드시 이겨야 한다"는 훈시, 류큐 열도의 독립과 소유권 주장 등 중일 간의 갈등은 정점을 향하고 있다. 역사적으로 일본에 의해 두 번의 현대화가 좌절되었던 중국은 이제 댜오위다오(센카쿠 열도) 문제로 전쟁을 치를 수 있고 이길 수 있다고까지 공헌했다.

중국은 '국지전' 가능성으로 일본을 위협함과 동시에, 일본의 센카쿠 국유화 취소를 전제로 하는 '현상회복 화해론'을 주장했지만, 실제의 선택은 '실효지배론'이었다. 즉, 댜오위다오 부근 한국 어선 침몰에 대한 중일 구조경쟁(2013년 1월 18일), 1만 톤급 어정선 건조 착수(2013년 1월 25일), 중국의 CCTV 첫 댜오위다오 해양감시 현장 실황중계(2013년 2월 14일), 해상부표 설치(2013년 2월 22일), 댜오위다오 측량 선포(2013년 3월 12일), 5척의 중국 함대 첫 일본 열도 일주(2013년 7월 2일), 중국 Y-8 조기 경계기 첫 일본 오키나와-미야코지마 공해 상공 왕복비행(2013년 7월 24일), 4척의 중국 해경선 편대(2350, 2101, 2506, 2166) 실효지배권 행사(2013년 8월 7일 오전 7시 30분~8월 8일), 일본 순시선 한 척 처음으로 댜오위다오(센카쿠 열도) 12해리 해역 밖으로 격퇴, 일본 우익단체의 선박 1척 공해상 격퇴 등을 통해 댜오위댜오 (센카쿠 열도)의 실효지배라는 성과를 달성했다. 세 번의 실력행사 시도에서 처음으로 일본 순시선과 선박을 공해상으로 몰아냈다.

(3) 중국의 언론플레이와 실효지배 전략

중국은 실력행사로 실효지배의 가능성을 시험하면서 댜오위댜오(센 카쿠 열도) 문제를 후세대에 맡기자는 언론플레이를 펼쳤다. 그리고 2013 년 11월 23일, 중국은 댜오위댜오(센카쿠 열도)를 포함하는 방공식별구역 (CADIZ)을 일방적으로 선포했다. 이와는 별도로 동중국해 제2포병(미사일) 부대 전진 배치, 국가해양국 권한과 규모 강화, 해양경찰국 규모 확장 급 속 추진 등을 통해 일본과의 국지전 혹은 전면전에 대비했다.

중국의 다음 전략은 민간을 이용한 댜오위댜오(센카쿠 열도) 상륙과 실 력행사를 통한 실효지배를 시도할 수 있다. 중국의 다양한 실효지배의 시 도와 성공에 대한 일본의 대응은 결국 전면전을 각오한 국지전이 될 수 있 겠지만, 만약 중일 간에 전쟁이 발발한다면 이번 제3차 중일 패권전쟁은 일본이 어려울 것으로 예상된다.

중국이 제안하는 현상회복을 통한 화해는 시간이 중국의 편이라는 장 기전략으로, 시간이 지날수록 중일 간의 지역 패권에 대한 승패는 명확하 게 일본에 불리할 것이다. 자신의 영역에서 실력행사에 밀려나 공해상에 서 댜오위댜오(센카쿠 열도) 해역을 바라보며 어쩔 줄 몰라했을 일본 순시선 선장과 이에 대한 보고를 받았던 책임자는 어떤 생각을 했을까?

2016년 1월 3일, 「뉴시스」는 「산케이신문」을 인용, "중화기인 기관포 를 탑재한 중국 해경선이 동중국해 센카쿠 열도(댜오위댜오, 釣魚島) 부근 해 역에 다시 들어와 항행했다"고 보도했다. 3월 19일, 「뉴시스」는 NHK의 보도를 인용, "중국 해경국 소속 선박 3척이 올해 들어 일곱 번째로 센카 쿠 열도(댜오위댜오) 영해를 침범했다"고 보도했다.

시진핑의 '신형대국관계'와 '중국의 꿈'을 통한 '중화민족의 부흥'은 지역패권의 회복을 요구한다. 시진핑과 아베의 지역 패권에 대한 동상이 몽은 중일 양자관계의 틀을 벗어나 동아시아 전역으로 확전 중이다.

6) 미중 신형대국관계와 태평양 패권전쟁의 서막

(1) 미중관계의 본질: 전략적 협력과 경쟁

미중관계는 제2차 세계대전 이후 지금까지 역사에 남을 두 차례의 새로운 시대를 수립했다. 첫 번째는 '미중 안보협력 시대'의 개막이다. 냉전이 한창이던 1972년 2월 21일, 미국 닉슨 대통령은 베이징을 방문하여 마오쩌둥(毛澤东)과 공동으로 소련에 대항하는 '미중 안보협력 시대'를 열었다. 두 번째는 '미중 경제협력 시대'의 개막이다. 1978년 12월 개혁개방의 선포와 1979년 1월 1일 '미중수교' 이후에 덩샤오핑은 1월 28일 미국을 방문하여 카터 대통령과 '미중 경제협력 시대'를 열었다.

2013년 3월 14일, 제12기 전국인민대표대회에서 중국의 국가주석으로 선출된 시진핑은 불과 3개월도 되지 않는 시점에서 태평양을 건넜다. 오바마의 초청으로 전례가 없는 초특급 방미를 서두른 시진핑은 2013년 6월 7일(현지시간) 캘리포니아 휴양지 서니랜드에서 오바마를 만났다. 시진핑은 이 자리에서 "태평양은 나누어 쓰기에 충분히 넓다"며 중미 간 패권협력, 즉 '신형대국관계(新型大國關係)'를 제안했다.

중국의 입장에서 보면, 시진핑이 오바마에게 제시한 신형대국관계는 전통 패권국과 신흥 패권 도전국 간의 대립과 갈등이라는 기존의 역사적 패턴을 부정하고, 협력과 공조에 기반을 둔 새로운 패권질서를 의미한다. 이른바 초강대국과 도전국 간의 패권을 다투는 전쟁, 즉 "투키디데스의 함정에서 벗어나자"는 시진핑의 제안에 대해 오바마는 명확한 답변을 보류했다.

2015년 9월 22일, 시진핑은 미국을 국빈 방문하여 양국이 신뢰와 협력에 기반을 둔 '신형대국관계'를 건설할 것을 다시 강조했다. 중국의 언론들은 이번 정상회담을 통해 미중 간의 '신형대국관계'는 더욱 굳건한 신뢰와 협력을 이루었다고 평가했지만, 미국의 반응은 차분했다.

과거 미중 간의 두 번의 세기적 선택은 국제질서의 재편에 결정적인 요소로 작용했다. 소련이라는 공동의 적에 대항하기 위한 미중 간의 안보협력과 경제협력과는 달리, 중국이 제안한 신형대국관계에 대한 미국의 반응은 이전과는 분명히 다르다.

미중관계는 과연 세 번째의 협력을 이끌어낼 수 있을까? "중국은 왜 지금 신형대국관계를 말하는가?" 미중 간 패권협력 시대는 미국에게 어떤 의미를 부여하는가? 중국이 제시한 세 번째 세기적 선택의 배경과 의미에 대한 국제사회의 관심은 높아질 수밖에 없다.

(2) 신형대국관계와 미중 빅딜체제의 형성

중국이 제시하는 신형대국관계는 '평등, 상호 이익, 상호 신뢰, 소통, 공동인식'의 다섯 가지 키워드로 요약할 수 있다. 즉, 상호 신뢰적 소통과 공동인식으로 공평한 이익추구를 목표로 한다.

시진핑은 부주석 시절인 2012년 2월의 방미에서 처음으로 '태평양 분할론'이라는 화두를 던졌다. 2013년 3월에 국가주석에 오른 뒤 6월의 방미에서 시진핑은 재차 '태평양 분할론'을 강조함과 동시에 오바마에게 이 개념을 발전시킨 '신흥대국관계'를 제시했다. 그리고 2015년 9월의 방미에서 시진핑은 오바마에게 '신흥대국관계'를 재차 종용했다.

중국은 지속적인 발전을 유지해야 하는 현실 때문에 미국과의 협력이 필수 조건이다. 과거 미소 강대국 간의 대립과 경쟁 같은 전통적인 대립

구도를 피하고, 미국과 협력공생을 유지할 수 있는 새로운 대국관계를 정립해야 한다. '신형대국관계'는 미중 간 분쟁 소지를 사전에 없애며, 냉전시대에 공동으로 소련에 대항하던 응집력을 유지하자는 중국의 러브콜인셈이다.

구체적으로 요약하면, 중국의 지역패권에 대한 미국의 승인과 미국의세계패권에 대한 중국의 협력을 맞바꾸자는 의미로 보인다. 즉, 모든 글로벌 이슈에 대해 각 지역별·분야별로 양국의 공동이익(共同利益), 협력이익(協力利益), 갈등이익(葛藤利益)으로 구분하고, 신형대국관계의 새롭고 평등한 협력체제를 통해 미중 양국이 함께 결정하자는 것이다.

만약 미국이 신형대국관계를 받아들인다면, 미중 간의 '신형대국체제'는 연합국 안보리에 버금가거나 오히려 실질적인 영향력 측면에서는안보리를 뛰어넘는 구체적이고 실천적인 새로운 세계질서로 자리매김할수 있을 것으로 보인다. 미중 양국이 지구촌의 모든 중대 문제에 대해 상호 이익의 카드 교환과 협력체제를 통해 새로운 협력적 패권질서를 유지하려고 할 것이기 때문이다. 즉, 세계의 모든 일들은 미중 양국 간의 암묵적인 빅딜에 의해 좌우된다는 의미이다. 그러나 미국이 아직은 그럴 생각이 없어 보인다.

북핵 문제와 한반도, 동중국해 댜오위다오(센카쿠 열도) 분쟁, 남중국해분쟁, 대만 문제 등의 동아시아 핫 이슈가 미중 양국의 빅딜 대상에 포함되는 것은 우리에게 유리할까, 아니면 불리할까? 이와 유사한 입장에 처한 지구촌 곳곳의 이익 당사자나 피해 당사자들의 셈법이 더욱 복잡해질것이다.

국제사회는 미중 간의 빅딜 협력체제의 출현이 가져올 손익계산과 새로운 국제질서에서의 힘의 논리와 보편적 객관성의 평형유지에 대한 새로운 숙제를 떠안게 된 셈이다. 미중 간의 갈등과 경쟁이 문제 해결에 유효한가? 아니면 미중 간의 패권협력과 빅딜이 문제 해결에 유효한가? 혹은 국제사회가 어떻게 미중 간의 빅딜 담합에 대한 평형을 유지할 수 있는가? 미국이 아직 미중 간의 빅딜 협력체제에 관심이 없는 것은 다행일까?

(3) 미중 해상 패권전쟁의 서막과 한미중일 관계

한중일 정상회담 개최 나흘 전인 2015년 10월 27일 오전, 미 7함대 이지스 구축함 '라센호'가 두 척의 대잠 초계기를 대동하고 중국이 건설하고 있는 인공섬 12해리 안으로 진입했다. 작전명 '무해통항(無害通航, innocent passage)'은 중국의 인공섬 건설을 반대하는 미국의 분명한 의사 표시였다. 2015년 11월 8일과 9일 괌에 주둔하는 B52 전략폭격기 2대의 인공섬 부근 비행으로 인해 동중국해의 '중일 패권다툼'은 이제 남중국해의 '미중 패권다툼'으로 확전된 셈이다.

2015년 10월 27일 오후, 필자가 참석한 봉황위성 TV 「이후이시탄(一虎一席談)」의 토론 주제는 '한중일 정상회담'이었으나, 미국의 남중국해 진입이 더 중요한 화두가 되었다. 중국의 패널들은 미국이 3년 반 만에 재개되는 한중일 정상회담에 대해 한일 양국에게도 압력을 가하기 위한 의도된 도발이라며 격앙된 반응을 보였다. 이어서 미국은 중국에 대한 압력을 높이기 위해 일본 자위대를 끌어들일 것이고, 아베는 이 호기를 놓치지 않을 것이라고 평가했다.

그러나 한국에 대해서도 미국이 같은 요구를 하겠지만, 한국은 '국제법' 및 '국제관례'에 따라 항해의 자유가 보장되어야 할 것이라는 정도의 표현과 애매한 태도로 미중 간의 압력을 피할 것이라고 진단했다. 한국인 패널인 필자에게 사회자는 왜 질문하지 않았을까? 중국은 이미 이 문제에 대한 해답을 스스로 찾았다는 의미였을까?

2015년 10월 31일, 「중국정부망(中國政府網)」은 중국의 한중일 정상회담 참여 이유로 "첫째, 동아시아 협력이라는 대전제는 각국의 이익추구에 유리하고, 둘째, 중국의 전략적 계획의 발전과 전략적 자신감을 표출할 수 있으며, 셋째, 한국과의 돈독한 관계를 유지하기 위해서"라고 보도했다.

미중관계에 대해 2015년 11월 2일자 「환추스바오(環球時報)」는 "동북아 협력에는 줄곧 미국의 영향력이 존재했다. 미중관계의 안정은 베이징이 동북아 문제를 처리하는 전략적인 출발점이며, 반대로 동북아관계의 안정은 베이징이 워싱턴에 대한 주도적 영향력을 증가시킨다"고 보도했다.

최근 한미중일의 4각 관계에 대한 중국의 일반적인 인식이 어떠한지는 위의 토론 사례와 보도 내용으로도 짐작이 가능하고, 다양하게 진행되는 여러 한중 간의 토론회와 포럼 등에서도 충분히 감지되고 있다.

그러나 남중국해에서 미중 간의 갈등은 점점 심화되고 있다. 2016년 3월 5일자 「연합뉴스」는 "약 10년 전 중국의 반발로 수면 아래로 가라앉았던 미국과 호주, 일본, 인도 간 4개국 안보협의체 설치 구상이 되살아나고 있다"고 보도했다. 그리고 3월 7일, 중국 함대가 남중국해에 파견된 미 항공모함 전단을 포위했다는 보도가 있었다.

"지난 5일 미국 CNN 등에 따르면 스테니스 전단 지휘관인 그레고리 호프만 사령관은 '중국 군함들이 우리 주위를 에워싸고 이례적인 감시작전을 벌이기는 유례없는 일'이라며, '양국 군은 통신 채널을 이용해 전문적인 예의를 기반으로 한 소통을 진행했다'고 밝혔다."(뉴시스, 2016년 3월 7일자 보도 요약)

2016년 3월 22일, 남중국해에서 중국에게 자국 섬 두 곳을 빼앗겼다는 필리핀은 1992년 반미 분위기에 미군 철수를 결정한 지 24년 만에 5개의 기지에 미군이 주둔하도록 결정했다. 결국 남중국해에서 약 300km의 거리를 두고 미중 양국의 군대가 서로 마주하게 된 것이다.

7) 시진핑 글로벌 전략의 출현: '일대일로'와 'AIIB'

(1) 중국식 신형 국제규범의 시도

중국의 전통 외교 원칙의 변화와 아태지역의 지정학적 국제정세의 변화, 그리고 중국의 국력과 중국 사회의 변화에 따라 중국은 이제 웅크렸던 몸을 일으켜 기지개를 켜고 세계를 바라보기 시작했다. 세계를 향해 중국이 무엇인가를 말할 때가 왔다는 것은 동시에 세계도 중국에게 곧 무언가를 말할 때가 왔다는 것과 같다.

중국은 정치외교적 측면에서 가장 중시하는 대국관계의 새로운 틀을 제시했다. 그러나 '신형대국관계'는 추상적이고 철학적이며, 모호성 관점이고, 주로 미중관계라는 제한성을 가진다. 중국은 두 번째 신형 국제규범으로 '일대일로(一帶一路)'와 '아시아인프라투자은행(Asian Infrastructure Investment Bank, AIIB)'을 제시했다.

외교전략으로서의 '일대일로'와 'AIIB'는 어떤 의미가 있을까? 3월 10일, 중국의 「다공왕(大公網)」은 "일대일로에 대한 구상은 2013년 시진핑 주석이 처음 제시한 이후 '시진핑 외교'의 중요한 일환이 되었다"라고 평가했다.

시진핑이 2013년 10월의 아시아 순방에서 공식 제안한 'AIIB'는 1년 뒤인 2014년 10월 24일 500억 달러 규모로 공식 출범했다. 영국, 프랑스, 독일, 이탈리아, 인도, 뉴질랜드, 호주 등이 가입하자, 미국이 주도하는 IMF와 세계은행도 중국이 주도하는 'AIIB'와 협력할 것이라는 입장을 표명했다. 결국 한국도 3월 26일 가입을 결정했고, 중국은 쌍수를 들고 환영했다. 중국은 한미중의 줄다리기에서 미국을 이겼다는 흥분을 감출 수 없었던 것이다. 초기의 예상과는 달리 서방과 특히 한국을 포함한 57개국이 가입한 'AIIB'는 향후 세계 경제질서의 새로운 축을 형성할 것이다.

중국은 2014년과 2015년의 풍성한 외교적 수확에 이어 2016년에도 '일대일로' 전략이 더욱더 중국에 '우호적 국가'들의 확산으로 이어질 것 인가에 관심을 두고 있다. 중국은 강대해진 경제력을 바탕으로 주변국은 물론 세계를 향해 영향력을 확장하고 있고, 'AIIB' 창설과 '일대일로'로 구 체적인 중국식 신형 국제규범을 시도했다. 그리고 도입부에서 이미 놀랄 만한 성과를 얻었다. 주변국의 많은 나라들이 중국과의 경제적 전략협력 을 논의했고, 한국도 2015년 10월 31일 서울에서 박근혜 대통령과 리커창 총리 간에 '유라시아 이니셔티브'와 '일대일로'의 전략적 협력을 맺었다.

2016년 6월 5일, 아시아인프라투자은행(AIIB)의 진리췬(金立群) 총재 는 베이징에서 진행된 AIIB 1차 연차총회에서 "현재 24개국이 추가로 회 원가입을 희망해왔다"고 소개했다. 이어서 그는 6월 29일 톈진(天津)에서 진행된 '2016 하계 다보스포럼'에 참석하여 "올해 내로 20여 개국이 추가 로 가입하여 AIIB의 회원국은 90개를 넘게 될 것"이라고 말했다는 보도 가 나왔다.

(2) 대국 외교와 주변국 외교의 '정경분리' 전략

중국 외교부 왕이(王毅) 장관은 양회 기자간담회에서, 2015년 중국 외 교의 키워드는 "하나의 중점, 두 노선(一个重点, 两条主线)"이라고 대답했다. '일대일로'는 하나의 중점이고, '평화'와 '발전'이 두 가지 노선이라는 것이 다. 싱가포르 「롄허자오바오(聯合朝報)」 기자는 '일대일로'를 미국의 마셜 플랜에 비유하며, "주변 경제와의 긴밀한 유대를 통해 중국이 지정학적 이 익을 취하려는 것인가?"라고 질문했다. 이에 왕이 부장은 "일대일로의 이 념은 공동발전에 있고, 목표는 윈-윈 협력이다. 일대일로는 중국만의 '독 주곡'이 아니라, 여럿이 공동으로 참여하는 '교향곡'이다"라고 대답했다.

'일대일로'는 지정학적 의미와 지경학적 의미를 동시에 내포할 뿐 아 니라, 중국의 새로운 국제질서 수립의 실천적 행동이라는 잠재적인 의미도 내포되어 있다. 미국이 주도하고 있는 기존 정치경제적 국제질서에 대한 변화와 개혁의 의미가 숨겨져 있다는 의미이다.

중국은 2015년 9월 시진핑의 미국 방문을 '신형대국관계'를 안정적으로 확립시키는 일종의 절차적 의미로 해석했다. 2013년 6월, 미중 정상회담에서 시진핑이 오바마에게 제시한 '신형대국관계'는 이미 중국외교의 가장 핵심인 대국(大國) 외교의 기본 방침과 철학이 되었다.

그리고 '일대일로'와 'AIIB'는 중견국 및 주변국 외교에 대한 실용외교의 실천적 전략이자 세부 전술인 셈이다. 자신의 의견을 숨기고 침묵이나 모호한 화술로 국제 문제의 책임회피를 우선하던 중국은 이제 미국 주도의 기존 질서에 대한 변화와 개혁을 위해 구체적인 장기전략과 실천 전술들을 선보이고 있다.

중국은 정치적 의미로 함축되는 '신형대국관계' 전략으로 수평적이고 협력적인 미중관계의 새로운 국제질서를 제시했다. 중국이 전 세계를 향해 던진 '신형대국관계'의 의미는 "결국 국제사회의 새로운 국제질서가 '미중 간의 빅딜체제'로 전환되어야 한다"고 요약된다. 이를 현실화하기 위해 미국을 향해, 세계를 향해 중국은 이를 반복적으로 강조하고 있다.

그러나 경제적으로 제시한 '일대일로'와 'AIIB'는 중국의 주변국 외교와 준강대국 외교전략이 포함되었다. 미국의 정치적·군사적 '패권주의'를 약점으로 제시하며, 중국의 '왕도주의'와 경제적 이익 공유를 새로운 유인책으로 제시한 중국의 주변국 외교전략은 일단은 성공적이다. 투자 비율 대비 지분율에 있어서 'AIIB'에 참가했던 성원국들은 나름대로 비교적 적합한 발언권을 얻었고, 참여에 대한 명분을 얻었다.

중국은 미중관계에 있어서 정치적 목적의 '신형대국관계'를 강조하며, 동시에 주변국과 준강대국들에게 중국과의 경제적 이익의 공유를 제시하는 일종의 '정경분리 글로벌 전략'을 통해 ① 미국에는 '신형대국관계'의 압박을 ② 일본에는 자연스러운 견제를 ③ 주변국에는 '경제적 이익 공유'

라는 당근을 통한 '친중반미' 전략 참여를 ④ 준강대국들에는 새로운 글로
벌 규범에 대한 지지를 호소했고, 예상외의 성과를 얻었다.

"미국의 거부가 언제까지 가능할까?"가 점점 더 현실적 고민이 되는
것은 필자만의 생각일까?

(3) 시진핑의 글로벌 전략 추진: 일대일로와 AIIB

시진핑 주석은 2016년 신년사에서 "2016년은 중국 인민이 풍족하고
편안한 생활을 누릴 수 있는 전면적 샤오캉(小康) 사회로 진입하는 결정적
단계이며, 13억 인민의 단결이 중요하다. 혁신·조화·녹색성장·개방·발
전이념 공유의 실현을 통해 구조개혁, 개혁개방, 사회정의, 깨끗한 정치의
달성으로 샤오캉 사회를 열어가자"고 밝혔다. 또한, 시 주석은 "국제사회
가 공동 노력을 통해 평화와 협력을 이루고, 협력자가 되며, 전쟁을 중단
하고, 인류공동운명체를 함께 만들어갈 것"을 주장했다.

2014년 방미를 통해 "태평양은 나누어 쓰기에 충분히 넓다"며 오바
마에게 '신형대국관계'를 제안했던 시진핑은 2015년 '일대일로'와 아시아
인프라투자은행(AIIB, Asian Infrastructure Investment Bank)의 성공적인 설립을
통해 글로벌 전략을 추진할 수 있는 기틀을 마련했다. 그리고 2016년, 이
의 실행을 위해 인류는 '운명공동체'라는 철학적 슬로건을 내세웠다.

시진핑은 벌써부터 공산혁명을 성공시킨 건국의 영웅인 1세대 지도
자 마오쩌둥, 개혁개방과 경제발전의 선도자인 2세대 지도자 덩샤오핑에
이어 장쩌민과 후진타오의 업적을 뛰어넘어 부패척결과 중화민족의 부흥
을 이끈 3세대 지도자의 반열에 오를 가능성이 있을 것으로 예상된다.

통일한국의 준비는 물론이고, 현존하는 북핵 문제와 남북관계의 향후
전개에 대해 중국의 글로벌 전략의 영향력은 분명히 명확하게 작용할 것
이다. 우리는 이제 이 문제에 대해 고민하지 않을 수 없게 되었다.

통일한국을 준비하는 과정에서 필자는 새로운 과제에 도전했다. 전문

가를 포함한 독자들과 우리의 고민을 함께 나누고, 공동으로 대한민국의 대응전략을 고민할 것을 제안하기 위한 것이 이번 도전의 목적이다. 통일한국을 준비하는 길목에서 만난 시진핑의 신 글로벌 전략이 갖는 의미, 북핵 문제와 한반도 딜레마에 대한 한미·한중 출구전략 찾기, 미중 빅딜에 대한 대비, 그리고 통일한국 이후의 국가 대전략 수립에 이르기까지 개별 혹은 공동연구의 성과물들은 앞으로도 계속 전문가 및 독자들과 소통할 예정이다.

시진핑 신 글로벌 전략은 무엇일까? 어떻게 태동했을까? 어떻게 전개되고 있는가? 시진핑 신 글로벌 전략은 한반도에 어떤 영향을 미칠까? 동북아와 동아시아의 정세 변화에는 어떤 역할을 할 것인가? 통일한국을 준비해야 하는 우리에게 시진핑 신 글로벌 전략은 어떻게 작용할 것인가? 어떻게 해야 시진핑 신 글로벌 전략이 우리에게 유리하게 작용되도록 할 수 있는가? 효율적 편승 전략은 무엇일까?

이 문제에 대한 고민과 해법 찾기는 이제 시작이다. 이 문제의 해법 찾기에는 서로 다른 영역을 초월한 다양한 생각의 교류와 협력이 필요하다.

제2장
동북아 정세와 한반도 통일전략_이무형

한반도의 통일은 동북아 100년의 미래를 결정짓는 중대한 시대사적 가치이며 지각변동이라 할 수 있다. 한반도를 중심으로 시대사적 변화가 본격화되고 있는 이때, 우리에게는 그 변화를 능동적으로 이끌어갈 수 있는 판단과 결단이 필요하다. 프롤레타리아 독재정치와 계획경제를 선택한 북한과 자유민주주의 정치와 시장경제를 택한 남한이 역사적으로 어떤 과정과 성과에 도달해 있는지를 보면 시대사적 예견과 판단이 곧 나라와 국민의 생사를 가르는 문제임을 실감할 수 있다.

이러한 변화의 시기에 중국 정부는 동아시아의 미래를 내다보고 적극적인 변화를 실천에 옮기며 미래를 선도하기 위해 노력하고 있다. 이에 비해 미국은 중국의 부상으로 인해 미국을 축으로 하는 '힘의 균형(Balance of Power)' 상태가 깨질 것을 우려하면서도 동북아 문제보다는 중동 문제에 몰두해온 것이 사실이다.

한편, 통일의 당사자이기도 한 대한민국의 정치인들은 국내 정치에 연연해 한반도를 중심으로 한 동아시아의 변화에 대해 어쩌면 감조차 잡지 못하고 있는 실정이라 할 수 있다. 시대적 인식이 미흡한 정치인들은 오직 집권을 위한 정쟁만 일삼고 있다. 북한의 김정은은 핵실험과 미사일 개발을 떠벌이는 한편 난폭한 숙청과 갈피를 잡을 수 없는 예측 불가능한 정책으로 오히려 자신의 숨통을 조이는 동시에, 동북아의 평화를 위협하고 있다.

이러한 격변의 시기에 효과적으로 대비하기 위해서는 그 당사자는 물론 조력자에 대한 명확한 파악이 선행되어야 한다. 즉, 동북아의 대변화를 초래할 한반도의 통일을 논하기 위해서는 통일 당사자뿐 아니라 한반도를 둘러싼 주변국들의 입장과 이해관계를 파악해야 한다는 것이다. 아울러 통일에 대비하기 위해 필요한 준비와 통일 과정에서 발생할 수 있는 다양하고 복잡한 문제에 대해서도 충분히 대비해야 한다. 통일이 만능의 보검이 아니라는 점을 인식해야 하고, 재분단 또는 통일 후 발생할 수 있는 극심한 혼란에도 대비해야 한다. 통일이 축복이 아니라 재앙이 될 수 있다는 점에 대해서도 솔직하고 과감하게 논의하고 대비해야 한다는 것이다.

이 장에서는 동북아를 둘러싼 정세와 남북한 당사국, 그리고 주변국의 한반도 관련 정책을 중심으로 이야기를 진행시켜보려 한다. 또한 통일 이전, 즉 북한의 급변사태와 그 양상, 통일 과정에서 예상되는 다양한 변수들에 대해 살펴보는 한편, 통일 이후를 대비한 얼마간의 제언을 하고자 한다.

1) 동북아 정세

북한의 김정은이 새해 벽두부터 핵실험을 감행함으로써 한국은 말할 것도 없고, 동북아 및 국제사회가 큰 혼란에 빠진 바 있다. 지난 1월 6일 북한은 국제사회의 우려에도 불구하고 4차 핵실험을 감행했고, 북한 조선중앙 TV는 수소폭탄 실험을 성공적으로 진행했다고 발표했다. 이제는 실험 단계가 아니라 품질을 평가하고 다각화하는 시험단계에 와 있다는 주장이었다. 한술 더 떠 그로부터 8개월이 지난 시점인 9월 9일, 보란 듯이

5차 핵실험이라는 기습적 도발을 자행하기에 이르렀다.

북한의 이 같은 핵 도발로 국제사회는 충격과 혼란에 빠져들었다. 한미일 3국은 제재의 수준을 높여야 한다며 목소리를 높였고, 중국은 예의 신중한 태도를 취하고 있다.

시진핑 국가주석 취임 이후 이전 정권과 다르게, 대북 외교노선과 관련하여 미국과 한국에 무게중심을 두는 방향으로 정책을 전개해왔기 때문에 핵실험 이후의 태도에 관심이 모아지고 있다.

알려진 대로 시 주석의 동북아 외교노선은 원북근남(遠北近南), 반일친한(反日親韓)을 골자로 하고 있다. 한반도 외교노선인 원북근남, 즉 북과 멀어지고 남과 가까워지는 이 같은 노선은 이전 정권과 눈에 띄게 차별화된 외교노선으로 평가돼왔다.

중국은 원북근남 노선으로 한미 간의 국제관계에 새로운 변화 가능성을 유도해냈다. 시 주석은 미국의 염려에도 불구하고 중국 국가 열병식에 박근혜 대통령을 초청하는 데 성공했으며, 위안화 기축통화를 위한 AIIB[1]에 한국의 참여를 이끌어냈다.

또한 한국과의 친선을 강화하는 한편 반일친한 노선으로 한미일 3국 동맹을 흔드는 지렛대를 만들어냈다. 중국 정부의 변화된 외교노선은 동북아 미래 질서의 새로운 가능성을 시험하는 일련의 조치로도 볼 수 있다. 중국의 이 같은 외교적 노력으로 인해 국제사회에서 중국의 지위와 영향력은 높아졌고 북한은 더욱 고립되는 분위기였다.

그런데 북한의 4차 핵실험으로 중국 정부의 3년에 걸친 공든 탑이 크게 흔들리고 있다. 시진핑 주석은 새해 벽두부터 복잡해진 국제정세로 인

---

1) 아시아인프라투자은행(Asian Infrastructure Investment Bank): AIIB는 아시아·태평양 지역 개발도상국의 인프라 구축을 목표로 중국의 주도하에 설립된 금융기구로, 2016년 1월 공식 출범했다. 중국은 지분율 30.34%(1위)로 투표권 26.06%를 확보해 사실상 주요 안건에 대한 거부권을 갖는다. 인도(8.52%), 러시아(6.66%), 독일(4.57%), 한국은 3.81% 지분율로 5위를 차지했다.

해 골머리를 앓을 수밖에 없는 입장이 된 것이다.

시 주석이 풀어야 할 전략적 과제 중 하나가 북한 핵 문제이다. 북한이 핵 문제로 국제사회에서 갈등을 조장하고 동북아의 핵무장을 초래하는 것은 중국의 전략적 이해에 맞지 않는다. 또한 핵 문제로 북한이 고립될수록 이에 따른 중국의 외교적 부담이 커지는 한편 북한 체제의 붕괴 가능성을 높여 이로 인한 피해를 직접 떠안아야 하는 입장이기도 하다.

중국은 동서의 불안요인을 동시에 해결해야 할 입장이다. 서쪽은 소수민족 갈등으로 인한 테러 문제이고, 동쪽은 북한의 핵 문제이다. 중국 정부가 이 같은 문제를 해결하는 전략적 방식은 전체의 평화와 안정 유지를 전제조건으로 한다. 북한 체제의 붕괴로 인한 혼란과 부담을 떠안아야 할 나라는 한국도, 미국도 아닌 중국이다. 이 같은 문제에 대해 중국과 북한 외에는 한국조차 이를 제대로 인식하지 못하고 있는 것으로 보인다.

1990년대 후반 북한에서 대량 아사자가 발생하자 탈북자들이 속출했다. 탈북자들은 중국 동북지역으로 쏟아져 나왔는데 결코 바다로 뛰어들지도 휴전선을 넘지도 않았다. 지금도 여전히 한국으로 오는 탈북자들은 먼저 중국으로 탈출하는 게 일반적이다. 북한 체제가 붕괴되면 혼란사태가 중국 동북지역으로까지 번질 수밖에 없으며, 아직 중국 정부는 이 같은 혼란을 떠안을 준비가 되어 있지 않은 실정이다.

북한 수령체제의 생존과 존속을 위한 숨통은 동서남북을 아무리 둘러봐도 북쪽에 위치한 중국밖에 없다. 중국은 그들의 전략적 이해 때문에 호불호와 상관없이 북한의 숨통을 일정하게 열어줄 수밖에 없는 입장이다. 북한은 "너 죽고 나 죽자"는 이른바 '공갈 노선'으로 나오기 때문에 말이 통하지 않는 상대다. 북한의 숨통을 쥐고 있는 중국은 북한을 죽일 수도 있고 살릴 수도 있는 북한 체제의 생존 열쇠를 쥐고 있다. 따라서 중국 정부의 입장은 신중할 수밖에 없다.

중국 입장에서 북한의 핵무기가 현재는 잠재적 위험으로 작용하지만,

북한 체제의 붕괴는 중국 동북지역의 현실적인 핵폭발로 작용할 수 있다는 점에서 대단히 신중할 수밖에 없다. 중국 정부는 북한 체제에 대한 보호가 아니라 중국의 국가안정과 보호 차원에서 사태를 주시하고 있는 것이다.

한미일 3국은 북한의 핵무기를 인정하고 정상적인 국가관계를 맺을 의지가 조금도 없다. 특히 우리 입장에서는 생존 문제이기 때문에 핵무기로 무장한 적국을 상대로 손을 놓고 있을 수는 없는 일이다. 따라서 중국은 이 같은 한반도발 국제적 모순과 정세 혼란을 해결해야 하는 대단히 어려운 문제에 직면해 있다.

북한의 4차 핵실험으로 동북아 정세가 요동치고 있다고는 하지만, 동북아에서 미국과 중국의 협력 기조는 당분간 유지될 것으로 보인다. 다만 중국의 유화정책에 대한 미국의 전략적 불신과 세력 경쟁이라는 추세는 바뀌지 않겠지만 지역 안정에 대한 공동의 이익을 기초로 한 협력관계는 유지할 것이다. 중국은 미국과의 과도한 경쟁과 미국의 견제 강화에 따른 부담과 경제상황이 악화됨으로써 미국에 대한 유화책을 강화할 것이다. 여기에 미국은 동북아의 안정 기조를 유지하면서도 균형관계를 유지하기 위해 중국의 유화 노력에 어느 정도 호응할 것으로 보인다.

아시아에서의 지역안정 유지에 전략적 이해를 갖고 있는 미국은 중국에 대한 견제를 위해 아시아로의 재균형을 지속하면서 포용과 견제의 복합적 정책을 지속할 것으로 예상된다. 특히 중국의 부상에 따른 반접근·지역거부(Anti-Access/Area Denial. A2/AD) 능력 증강이 야기하는 군사력 균형의 변화 조짐에 대응해 최첨단 무기 위주로 태평양 지역의 전력 강화를 위한 조치들을 지속할 것으로 보인다. 그리고 한국, 일본과의 동맹 강화를 추진하여 한·미·일 3각 협력의 수준을 높이기 위한 노력도 지속할 것이다. 2015년에 정비된 일본의 집단적 자위권 행사를 전제로 하는 안보법제와 개정된 미일 방위협력지침(가이드라인),[2] 아베 총리의 위안부 사과를 통한 한일관계 개선 변화 등 일련의 과정이 이 같은 전망에 힘을 싣고 있다.

중국은 2015년 아시아인프라투자은행(AIIB) 설립을 주도하는 등 경제적 자원을 활용한 영향력을 강화하고 장기적으로 지역경제 질서를 재편하려는 시도를 본격화하기 시작했다. 그런 한편으로 적극적 방어전략에 기초한 군사력 증강 노력도 가속화해왔다. 여기에 센카쿠 열도나 남중국해 지역에서의 군사적 행동을 통해 영토적 주장도 지속했다. 그 결과 미국의 재균형 의지가 강화되고 미국과 주변국들과의 안보 협력이 증대되는 결과를 초래하기도 했다.

따라서 중국은 향후 잠정적으로 미국과의 협상을 강화하고 영토분쟁 등으로 야기되는 군사적 갈등을 최대한 자제하면서 경제발전과 유화적인 외교정책을 취할 것으로 보인다. 그렇지만 미중 양국의 세력 경쟁은 지속될 것이다. 그렇다고 해서 냉전적 대결 구도는 물론 형성되지 않을 것이다.

미국은 지역 내 일본의 역할 강화를 지지하면서도 지역안정을 유지하기 위해 일본을 자제시키고 중국을 포용하는 정책을 지속할 것으로 보인다. 중국과 일본도 동북아 패권국으로서의 경쟁적인 관계를 변화시키지는 못하겠지만 조정이 가능한 수준의 안정적인 관계는 유지할 것으로 전망된다. 중국과 러시아의 안보협력은 방산협력 등에서는 강화될 수 있겠지만 미국과의 관계 악화에 대한 우려와 러시아의 장기적인 대중 전략 등을 고려한다면 제한적인 협력 수준에 머물 것으로 전망된다.

2015년 한중일 3국 정상회담 등을 통해 한중일 협력이 비록 초보적인 수준이지만 복원되었다고 볼 수 있다. 특히 일본의 TPP[3] 가입은 한국

---

2) 신 미일 방위협력지침 관련 법안: '가이드라인 법안'이라고도 한다. 1997년 9월 미국, 일본 양국이 개정한 미일 방위협력지침을 시행하기 위해 일본 정부가 마련한 법안. 구체적으로는 주변사태법안, 자위대법 개정안, 미일 물품, 역무(役務) 상호제공협정(ACSA) 개정안의 3개 법안으로 구성되었다. 핵심법안인 주변사태법안은 일본 주변지역에서 무력분쟁 등의 '주변사태'가 일어날 경우 미군에 대한 후방지원, 전투에서 부상한 미군의 수색·구조활동, 유엔 결의에 따른 선박검사 등을 담고 있다. 일본의 재무장과 군사대국화에 대한 우려로 한반도를 비롯한 주변국들의 강한 반대가 있었다.

의 가입을 촉진하고, 한국과 일본의 TPP 가입 전망은 정체되어왔던 한중일 FTA 협상의 새로운 전기로 작용하여 3국의 경제협력이 한층 강화될 것으로 보인다.

또한 한미일 3자 안보협력은 북한의 핵실험 등의 위협에 따른 대응을 중심으로 점차 강화될 것이다. 한국과 일본의 위안부 문제의 외교적 해결은 한일 안보협력의 가장 큰 장애물을 제거하면서 한일 양자, 한중일 3자 협력을 점차 강화시키고 있다.

이러한 한중일 3자 협력의 강화는 역내 국가들의 다자협력 노력을 자극할 것이며, 이는 미중 간의 세력 경쟁과 기존의 동맹체제와의 관계 설정이라는 과제가 없지는 않지만 제한적으로 지역안정을 보완할 수 있는 다자안보협력 체제 형성의 기초를 닦을 것으로 보인다.

(1) 한국

이승만 대통령은 미국의 영향 아래 자유민주주의와 자본주의 시장경제를 기초로 대한민국을 건국했다. 광복과 건국, 그리고 전쟁 후의 정치적 혼란으로 인해 국가발전의 길을 바로잡지 못하고 있을 때 박정희 소장의 쿠데타로 개발독재 정권이 세워졌다.

박정희 정권은 일본을 모델로 산업화를 추진했으며 산업화의 주역으로 대기업을 키우고 수출주도형 국가경제를 구축했다. 이 같은 박정희 정부의 개발정책이 성공해 한국은 타이완, 홍콩, 싱가포르 등과 함께 아시아의 4대 신흥공업국으로 부상하기에 이르렀다.

오늘 대한민국의 정치, 경제, 문화 등의 발전은 이승만과 박정희 버전의 연장선에 있다고 해도 과언이 아니다. 1992년 김영삼 문민정부가 탄생

---

3) 환태평양경제동반자협정(Trans-Pacific Partnership, 環太平洋經濟同伴者協定): 아시아·태평양 지역 국가들의 다자간 자유무역협정으로 미국, 일본을 비롯한 12개 참여국의 국내총생산 합계가 전 세계에서 차지하는 비중이 36.8%에 육박한다. 무역장벽 철폐와 시장개방을 통한 무역 자유화를 목적으로 한다. 중국의 부상을 견제하기 위해 추진됐다는 평가를 받는다.

하고 그 후 김대중 전 대통령이 여야의 정권교체를 실현했지만 노무현, 이명박, 박근혜 대통령으로 이어진 현재까지 기존의 국가발전 포맷은 혁신 없이 유지되고 있다고 보여진다.

박근혜 정부 들어서 '창조경제'라는 이슈를 내놓고 경제 혁신을 추구하고 있지만 아직 새로운 국부 창출의 전략과 구조를 구축하지 못하고 있다.

또한 공장이 해외로 이전하면서 한국 지역경제의 생산력이 바닥나고 국가재정을 투입해야 지역 경기를 유지할 수 있는 상황에 처해 있다. 대기업 역시 해외로 이전하면서 국가경제발전의 기둥 역할에서 멀어져갔다. 뿐만 아니라 국가경제의 기둥역할을 담당해온 대기업이 2대, 3대로 세습되면서 국가경제를 세습하는 바람직하지 않은 구조적 문제를 만들어내고 있다.

국가발전을 위한 새로운 노선과 정책을 제시하고 이를 실현하기 위한 노력을 기울여야 하는 정치권은 오히려 시대인식에 가장 둔감한 집단으로 전락했다. 대한민국의 정치경제구조에서 유감스럽게도 중국 같은 정경 일체화된 모순이 발견되고 있는 것이다.

권력으로 자본을 축적하는, 즉 자본을 목적으로 하는 중국의 정경일체와는 달리 한국은 집권을 목적으로 하고 있으며, 경제적 이권과 지방정치의 밀접한 연관성이 정치경제적 모순을 키워왔다고 할 수 있다. 정치적 기득권을 유지하기 위해 국가재정을 이용하는 정경유착의 폐해는 지역경제를 망쳐놓고 있다. 또한 집권을 위한 여야의 정치적 경쟁이 국가발전을 위한 국민적 집중성을 방해하고 있다. 위정자들의 사리사욕이 전환기의 시대에 국가와 역사 발전의 대의를 망각케 하고 있는 것이다.

따라서 대한민국 창조경제의 핵심은 크게 두 가지 방향으로 집중되어야 한다.

첫째, 제조에서 서비스로, 즉 공장에서 시장으로의 전략적 사고 전환이어야 한다. 대기업 중심의 수출주도형 경제에서 시장 중심의 소비자 수입형 경제로 발전해야 한다.

이를 위해 한글을 비롯해 영어, 중국어, 일본어 등 세계 주요 언어를 공용어 수준으로 사용하여 사회와 시장을 세계화해야 한다. 한국 정부는 중국의 주요 유통업체에 의존하는 방식으로 당장의 매출을 높이는 데만 집중하고 있다. 이는 자칫 잘못하면 우리 시장을 중국 유통업체에 넘기는 결과를 낳을 수 있다. 국내 시장을 다언어화해서 아시아 소비자들을 국내 소비자로 끌어들이는 더욱 적극적인 사고와 정책의 전환이 필요하다. 이를 위해 주변국과의 관계를 개선하는 한편 주변국 기업을 활용할 필요가 있다.

아시아 시장은 통합되고 있다. 한국의 국제관계는 대단히 높은 수준이다. 한국 여권으로 무비자 입국할 수 있는 나라가 155개국가량이며 유럽, 미국, 동남아 등 주요 나라 및 지역과 FTA협정을 실현해서 세계에서 FTA 추진이 가장 빠른 나라이기도 하다.

이미 우리는 국내 시장의 세계화를 위한 국제적 인프라를 구축했으며 이를 적극적으로 활용하고 발전시키는 일만 남아 있다. 이 같은 인프라의 활용도가 떨어지는 원인은 정치인의 국제적 인식과 감각이 떨어지고 세계화 추진 인재를 확보하고 있지 못하기 때문이다.

가까운 중국에서만 연 1억 명의 관광객을 유치할 수 있다. 우리는 한류 콘텐츠로 아시아에서 전통적 국가 인식의 틀을 가장 먼저 넘어선 나라로 발전하고 있다. 아시아 대중의 관심을 한류 콘텐츠만큼이나 집중시키고 있는 항목이 없다. 이와 같은 전반적 조건과 환경은 서울을 비롯해서 국내 시장을 아시아의 센트럴 마켓으로 성장, 발전시킬 수 있는 크나큰 잠재력이라고 볼 수 있다. 국가적 차원의 집중성과 함께 관련 정책과 제도, 재정이 조금만 집중되어도 실질적이고 가시적인 효과를 볼 수 있을 것이다.

둘째, 창조경제의 핵심은 통일이다.

통일은 우리가 원하든, 원하지 않든 북한 왕권통치체제의 붕괴로 인해 돌발적으로 이뤄질 가능성이 매우 높다. 이로 인한 한반도의 대혼란은 이미 적지 않은 전문가들이 예견하고 있다. 하지만 결과적으로는 북한 역시 산업화의 길로 갈 수밖에 없다. 곧 이것은 대한민국 산업화 시장의 제2 수출국 출현이라는 경제적 의미이기도 하다.

북한의 체제 붕괴 후 정치적 안정성을 얼마나 빨리 회복하느냐가 관건이겠지만 북한 역시 산업화의 길로 갈 수밖에 없으며, 이 같은 산업화의 요구는 중국과 같이 북한에서도 남한 대기업의 기술과 자본, 브랜드를 찾게 될 것이다. 한국 대기업을 비롯한 중소기업들은 언어 및 문화적 동질성이 있는 저렴한 노동시장을 확보하게 될 것이며, 사회기반시설 및 산업화 개발사업에 참여할 수 있는 기회를 얻게 될 것이다.

북한 자체의 경제적 가치뿐 아니라 남북의 경계가 해체되면 남한 시장과 경제는 육로를 통해 중국과 연결되는 효과를 기대할 수 있다.

중국 관광객 연 1억 명 유치는 육로 개통을 전제로 할 때 가능하다. 베이징역과 서울역을 고속철도로 연결해야만 가능한 수치이다. 앞으로 2년 후에는 베이징역에서 선양역을 거쳐 신의주 앞 단둥역까지 2시간 반 거리로 단축된다. 이 같은 고속철도를 연결하면 베이징-서울 간 거리를 5시간 이내로 단축시킬 수 있다. 베이징에서 금요일 저녁 기차로 서울에 와서 여행과 쇼핑을 하고 일요일 저녁에 돌아가는 관광쇼핑 코스가 실현될 수 있다는 이야기다.

현재의 한중관계 발전은 한중 간 고속철 연결로 꽃이 필 가능성이 대단히 높다. 이와 같은 한중 간 육로 개통은 분단 이전의 동아시아 국제관계 시대를 복원하는 역사적 의의도 있다.

당장의 국내외 경제 상황을 보면 절망적이지만 동아시아의 미래는 희망적이다. 특히 우리의 입장에서 국내 정치경제 현황은 답답한 상황이지만 우리의 의지와는 무관하게 시대는 우리에게 밝은 미래를 열어줄 것이다.

(2) 북한

광복 후인 1948년 9월 9일 김일성이 주축이 되어 사회주의 독재정권과 계획경제를 기초로 조선민주주의인민공화국을 세웠다. 사회주의 정치체제의 본질은 반제반자본이라는 명목 아래 국가의 권력과 자산을 혁명세력의 소유물로 제도화하는 체제였음을 지난 20세기 역사가 증명해주었다.

무산계급의 해방을 강조했던 북한 사회주의 체제의 실제는 자산계급의 재산을 혁명집권세력의 소유로 강탈했으며, 일반 대중은 지주의 토지를 소작하듯이 여전히 국가의 토지를 소작하는 소작농의 처지로 전락했다. 이와 같은 북한 사회주의 체제의 모순은 사회 생산력 저하의 원인으로 작용했으며 그 모순이 점차 심화되었다.

북한의 김정일은 이 같은 체제의 모순에도 불구하고 사회주의를 수령절대주의로 변질시키는 작업을 진행했다. 북한은 김정일 시대를 거치면서 기존의 사회주의 이념과 체제를 수령을 절대화하는 수령절대주의 이념과 체제로 더욱 변질되었다.

20세기 냉전시대의 사회주의 국가들은 마르크스-레닌주의 이념을 기초로 무산계급 독재와 계획경제, 국가 소유라는 정치경제적 시스템으로 정치경제적 평등 및 인민생활의 풍요를 실현하려고 시도했다. 하지만 이 같은 역사적 실험이 자체의 모순으로 실패하자 구소련 등 동유럽 사회주의 국가들은 체제가 붕괴되었고 중국, 베트남 등은 개혁개방 정책을 통해 점진적 변화를 추구하는 방식으로 마르크스-레닌주의에 기초한 정치경제 체제의 모순을 극복했다.

반면 김정일은 1994년 「사회주의는 과학이다」라는 글을 통해 "여러 나라에서 사회주의가 좌절당했지만 과학으로서의 사회주의는 의연히 인민의 마음속에 살아있다"고 강변하고, "여러 나라에서 사회주의가 무너진 것은 과학으로서의 사회주의의 실패가 아니라 사회주의를 변질시킨 기회주의의 파산을 의미한다"고 주장했다. 그리고 "사회주의는 기회주의에 의해 일시 가슴 아픈 곡절을 겪고 있지만 그 과학성, 진리성으로 인해 반드시 재생되고 종국적 승리를 이룩하게 될 것이다"라고 주장하며 개혁개방으로 새로운 발전을 모색하는 중국을 사회주의 진영의 수정주의 혹은 변절자라고 비난했다. 김정일은 이 논문을 발표한 후 군사제일주의 노선을 세우고 사회주의로 포장한 군부독재의 세습체제를 더욱더 강화하는 길에만 모든 역량을 집중했다.

김정일은 주변 사회주의 국가들이 개방개혁으로 나가자 위기를 느꼈으며 체제 수호를 위한 유일한 대책은 자체의 무력을 증강하는 것이라고 믿었음에 틀림없다. 북한의 김정일은 이 같은 자기 신념에 입각해 지난 1990년대부터 미사일, 핵 등의 무력을 꾸준히 강화시켜왔다.

북한은 1993년 5월 사정거리 1천 km의 노동 1호 미사일 시험발사를 시작으로 사정거리 1,300km의 노동 2호 미사일을 개발했으며, 1998년 8월 31일, 2006년 7월 5일, 2009년 4월 5일 대포동 미사일을 발사했다. 그리고 2006년 10월 9일 풍계리 핵실험장에서 1차 핵실험을 시작으로 2009년 5월 25일, 2013년 2월 12일 핵실험을 단행했다. 2016년 1월 6일에는 수소탄이라고 주장하는 4차 핵실험과 연이은 9월 9일의 5차 핵실험으로 국제사회의 공분을 사기도 했다.

지난 20여 년 동안 일관되게 진행된 북한의 무력 증강은 협상용이 아니라 대미, 대남 적대적 대결 구조에서 자기 체제를 수호하는 최후의 보루라는 신념에 따른 것이다. 김정일은 "인민을 믿고 인민에 의거하여 백전백승"할 수 있다고 주장했지만 북한 전 지역을 요새화하고 비공개적으로 숨어서 행동했다. 이는 미국과 남한의 공격으로부터 늘 위협을 느끼며 겁을 먹고 있었다는 반증이다.

김정일은 관저와 별장 주변, 평양 도시 주변을 휴전선만큼이나 무력을 집중해 전쟁에 대비했다. 김정일의 관저와 별장 근처에는 군부대를 배치했으며, 지하 터널을 만들어 만일의 사태에 대비했다. 평양 주변은 군부

대뿐 아니라 지하 무기시설을 갖추고 요새화해서 폐쇄된 북한 안에 또 하나의 성을 쌓아놓았다. 북한이 이와 같이 철저하게 폐쇄의 성을 쌓고 '인민'이 아닌 '무력'에 생명선을 걸고 있는 이유는 '수령'을 위한 군부독재체제이기 때문이다.

국가와 대중이 한 인간을 위해 존재하는 북한의 정치·경제 체제는 정상적으로 유지될 수 없기 때문에 국방위원회, 즉 김정일은 국방위원장이라는 공식 직함으로 북한을 군대가 지배하는 국가로 더욱 개악시켰던 것이다.

이 같은 반시대적 체제의 모순은 200만에 달하는 아사자를 만들어냈고 수많은 북한 주민이 북한을 이탈하기 시작했으며 사회적 가치관과 인간성을 파괴시켰다.

중국공산당은 개혁개방 정책을 통해 "인민이 배부르고 등 따뜻한" 원바오(溫飽) 시대를 열고 13억 인민의 의식주 문제를 해결한 반면, 북한은 수많은 주민을 굶겨 죽이고 사회와 가정을 파괴했다.

그럼에도 불구하고 김정일은 당시 20대 후반의 김정은에게 유산으로 왕권을 물려줘 북한의 정치이념과 체제가 사회주의는커녕 전근대적 왕권 통치체제임을 재입증했다.

정치경제적 모순이 극에 달한 권력을 물려받은 '어린 왕' 김정은은 자기 생명과 자리 보전에 대한 불안과 위협을 느꼈음이 분명하다. 불안한 어린 왕은 더욱 포악해졌고, 군사적 도발에 집착하게 됐으며, 허위와 거짓으로 자신의 치부를 포장하고 있다.

김정은은 자신이 최고 존엄임을 과시하기 위해 장성택, 현영철 등 체제의 실세들을 처형했다. 이로 인해 역으로 왕권체제를 내부적으로 약화시키는 결과를 가져왔다. 북한의 수령절대체제는 지역적으로 평양, 정치적으로 군부와 노동당을 중심으로 체제의 기득권 세력을 구축하고 이를 중심으로 체제를 유지해왔다.

김정일의 경우는 불충한 관료를 지방으로 보낸 뒤 다시 불러들여서 수령에게 충성하도록 길을 들였다. 김정일은 체제 안정을 위해 본보기로 일반 주민을 처형하는 사례가 많았던 반면, 김정은은 최고위급 관료를 처형하는 극단적인 방식으로 자신의 권세를 과시하고 관료들을 길들이려고 하고 있다. 이로 인해 김정은 권력은 그의 불안한 심리만큼이나 불안해진 상태이다.

한편 북한의 경제는 이미 장마당 경제가 전면화된 상황이다. 북한 주민은 더 이상 계획경제가 주민생활의 안정을 보장할 수 없다고 생각하고 있으며 스스로의 생명과 생활을 책임져야 한다고 믿고 있다. 탈북이라는 방식으로 한국으로 돈을 벌러 가는 북한 주민이 생겨났으며, 남쪽으로 간 가족으로부터 송금을 받아서 생활하는 가정이 적지 않고, 수시로 남한의 가족들과 연락을 주고받고 있는 실정이다.

북한사회는 주민생활과 바닥경제가 이미 개혁개방 시대로 진입했다. 반면 김정은을 비롯한 권력 상층부는 자리 보전에만 연연해 돌발적이고 난폭한 행동을 하고 있다.

북한의 왕권체제는 이미 붕괴상태에 진입했으며, 머지않아 역사적 일대사건으로 김정은 시대는 막을 내릴 것이다.

(3) 미국

미국은 경제회복을 위해 본격적이고 공세적인 외교정책을 펼치지는 않을 것으로 보인다. 오랜 경기침체에서 벗어나 회복세에 들어선 마당에 다시 눈을 다른 곳으로 돌리기는 어려울 것이기 때문이다.

미중관계는 대체로 좋은 관계를 유지하고는 있지만 중국의 방공식별구역[4] 선포, 센카쿠 열도와 남중국해 문제 등으로 긴장감이 지속되고 있다. 그러나 미국은 중국의 국제적인 역할에 대해 인정하고 있으며, 양국의 상호 의존성 역시 인정하고 있다. 그렇지만 미중관계가 동등한 관계라는 것을 인정하고 있는 입장은 아니다.

미국의 대북 정책은 북한이 핵 폐기의 진정성과 검증 가능한 조치를 취해야 대화한다는 전략적 인내에 기반을 두고 있다. 그러나 연이은 핵실험으로 인해 대북제재의 강도가 높아질 것이며 이로 말미암아 북미관계가 경색될 것이 분명하다. 2015년까지 경제 문제와 중동 문제 등으로 인해 북한 문제는 오바마 행정부의 관심권에서 벗어나 있었다. 하지만 2016년은 이란 핵 문제가 해결되는 등 미국이 중동 문제에서 다소 유연해질 수 있는 여건이 조성되었고, 연이은 핵실험에 대해 명징한 대응이 없을 시 자칫 동북아에서 핵무장 도미노 현상이 생길 수 있기 때문에 북한 문제에 대한 오바마 행정부의 관심과 개입이 높아질 것으로 예상된다.

즉 미국은 강력한 대북 제제와 아울러 '완전하고, 검증 가능하며 되돌릴 수 없는 핵 폐기 정책(CVID: Complete, Verifiable, Irreversible Dismantlement)'에 입각하여 북한을 압박하고, 중국 또한 외교적으로 압박할 가능성이 높다. 이로 인해 미중 간 갈등이 조성될 수도 있다. 그렇지만 북한이 핵시설 가동 중단과 핵개발 동결 등의 요구에 응한다면 대화에 임한다는 입장은 유지할 것으로 보인다.

한편 미국은 지역의 동맹국과 협력국들을 통해 지역의 패권과 안정 유지를 추진하고 있다. 이와 같은 입장은 경제력 회복에 따른 자신감과 안보 부담에 따른 정치적 부담을 감소시키고 외교적 압박을 통한 영향력 확대로 나타날 것으로 전망된다. 이 같은 구상 속에서 미국은 한일관계가 복원되고 한미일관계가 강화되기를 바라고 있다.

이 구상이 현실화되면 미국이 강하게 추진하고 있는 글로벌 미사일방

---

4) 중국 방공식별구역(CADIZ: Chinese Air Defense Identification Zone): 방공식별구역은 '영공'과는 별개의 개념으로, 국가안보 목적상 군용항공기의 식별을 위해 설정한 임의의 선으로 국제법적으로 관할권을 인정받지는 못한다. 하지만 분쟁방지를 위해 주변국과의 협의를 통해 중첩되는 구역이 없도록 조정하는 것이 관례이다. 중국은 방공식별구역에 이어도를 포함시켰는데, 한국과 일본의 방공식별구역과 일부 겹치기 때문에 논란이 된다. 방공식별구역은 앞에 자국의 영문 이니셜을 붙여 표기한다.

어(MD) 체계[5] 구축에 힘이 실릴 것이다. 한국은 중국의 강한 반발 때문에 MD 체계 참여를 유보하고 있지만, 한국형 미사일 방어체계를 구축하고 있는 사정은 동시에 MD 체계 참여 명분으로도 활용될 수 있다. 북한의 4, 5차 핵실험 이후 이에 대한 중국의 반응이 없어 한국 정부에서 MD 가입 검토를 언급하자 곧바로 중국이 대북제재에 동참하겠다고 발표한 것을 보면 대중국 협상으로 유효한 카드임이 분명하다.

미국은 MD 체계가 구축되면 핵 미사일, 핵테러로부터 세계평화를 방어한다는 목적과 함께 군사적 패권 유지라는 목적을 동시에 추구할 수 있게 된다. 이와 같은 차원에서 미국은 한일관계 복원과 한미일관계 강화를 요구하는 것이다.

또한 미국은 대북 억지력 강화를 모색하고 있다. 이를 위해 한미 양국은 2015년 한미 연례안보협의회의(SCM)에서 4D 체계(탐지-식별-결심-타격), 즉 킬체인을 구축했다. 지속적인 북한의 핵도발과 무력도발에 대비한 이와 같은 한미 간 억지력 강화는 앞으로도 계속될 것으로 보인다.

(4) 중국

13억의 중국은 세계 인구의 4분의 1이 넘는 큰 나라다. 중국공산당은 개혁개방정책으로 정치적 안정 속에서 점진적인 정치경제적 개혁과 사회적 개방으로 13억의 인구를 먹여살리는 정치적 능력을 입증했다.

중국은 개혁개방 이후 사회주의 이념과 체제에 따른 역사적·사회적 문제를 극복하는 과정에 있다고 볼 수 있다. 과거 사회주의 체제의 핵심 제도인 계획경제와 국유제, 공산당 독재정치를 점진적·단계적으로 개혁하는 방식으로 발전을 모색하고 있다.

---

5) 미사일방어체제(Missile Defense): 미국 본토가 대륙간 탄도미사일 공격을 받을 경우 고성능 요격미사일을 발사해 요격함으로써 미국 본토 전체를 방어한다는 미국의 미사일 방어 전략. 중국과 러시아가 자국을 겨냥하고 있다고 주장하며 강하게 반발하고 있다.

중국공산당은 정치적 안정 속에 경제적 개혁을 추구했다. 계획경제를 시장경제로 바꾸고, 국유제는 국가 소유권을 유지하면서 사용권을 분배하는 방식으로 바꾼 것이다. 또한 시장을 자본주의 국가들에 개방하여 기술과 자본을 흡수해서 뒤늦은 산업화를 추진해 역사적 성과를 냈다.

개혁개방 30년 중국 산업화의 성공 비결은 크게 세 가지이다.

첫째, 중국공산당의 정치적 안정성에 따른 정책의 일관성을 보장했다.

둘째, 한국, 타이완, 홍콩, 싱가포르 등 산업화 모델이 분명했다. 광의적 개념에서 한중수교 후 한국이 대중국 교역에서 수백억 달러의 흑자를 낼 수 있었던 이유는 중국으로 산업화 모델을 수출할 수 있었기 때문이다.

셋째, 중국 인민의 발전에 대한 욕구와 상대적으로 높은 문화 수준 때문이다.

중국은 개혁개방 30년 만에 미국과 비교되는 G2로 부상했다. 하지만 중국은 여전히 개혁개방의 연장선에 있다. 여전히 과거 사회주의 체제의 모순을 극복하는 과정에 있다고 볼 수 있다. 현재 중국 정치경제의 핵심적 모순은 과거 사회주의 체제의 유물이다. 계획경제를 시장경제로 바꾸고 시장을 대외 개방했지만 국유제의 연장선에서 사용권만 제한적으로 분배했다.

이 같은 개혁개방 체제는 관료의 부정부패를 양산했다. 토지 사용권을 분배해서 토지를 활용하기 위해서는 누군가 국가를 대신해서 땅 주인 행세를 했어야 했다. 이 같은 지주 역할을 권력의 핵심 관련자들에게 맡길 수밖에 없었다. 이와 같은 분배구조는 권력이 곧 자본이 되는 '정경일체'의 모순을 심화시켰다.

개혁개방 초기에 국가가 가장 신뢰할 수 있는 사람에게 국가의 재산을 맡기는 것은 필연적 결과였다. 하지만 개혁개방정책의 성공으로 일정한 발전단계에 올라선 중국은 새로운 단계의 발전을 위해 '정경일체'의 모순을 해결하지 않을 수 없다. 시진핑 정부의 부정부패 척결은 바로 이와 같은 구조적 모순을 해결하기 위한 전면적 노력이라고 볼 수 있다.

지난 2013년 11월 9일 베이징에서 제18기 중국공산당 제3차 전체회의가 열렸다. '3중전회'라고 불리는 공산당 전체회의는 공산당의 중요한 정책을 결정하는 가장 비중 있는 회의다. 시진핑 정부가 시작된 2013년 연말에 개최된 이 회의에서 시진핑 주석은 주요 노선을 선언했다.

시 주석은 이 회의에서 경제는 시장에 풀고, 정치는 제도와 법이라는 새장에 가두겠다는 노선을 선언했다. 이는 정경일체의 구조적 모순을 근본적으로 개혁하겠다는 의지를 천명한 것이다. 그 후 시진핑 정부는 성역 없는 부패 척결을 진행하며 총성 없는 개혁의 돌풍을 일으켰다.

시진핑 정부의 이 같은 성역 없는 부패 척결은 '정경일체'의 최대 수혜자인 장쩌민 전 주석과의 충돌을 피할 수 없게 했다. 장쩌민 시대의 기득권층은 시진핑 정부의 개혁에 보이지 않는 반기를 들고 부정 축재한 재산을 지키려 하고 있는 것으로 보인다. 근래 중국에서 발생한 주식 파동, 폭발 사건 등은 표면적으로 드러나지 않았지만 개혁을 경계로 한 권력 투쟁에서 파생되는 물결이라고 보면 될 것이다.

과거 한국의 경제성장을 경제학적 이론만으로 해석할 수 없었던 이유는 정치가 주도한 경제개발이었기 때문이다. 마찬가지로 현대 중국의 경제 분석을 보편적 경제학 이론만으로 해석해서는 정확한 분석과 예측이 불가능하다.

외부의 시각은 시진핑 정부가 시장경제를 후퇴시키는 작용을 하면서 정치적 영향력을 키우는 것으로 분석하지만 실제는 정반대이다. 시진핑 정부는 정치경제적으로 내재된 모순을 근본적으로 개혁하기 위한 정면승부를 하고 있다. 따라서 현재 중국을 정확하게 분석하고 미래를 예측하기 위해서는 시진핑 정부의 노선과 정책이 얼마나 안정적으로 추진되는지를 핵심사항으로 삼아야 한다. 시진핑 주석의 노선과 정책은 중국 역사발전의 정당성을 부여받고 있다. 시진핑 정부의 성공은 곧 중국 개혁개방 버전의 업그레이드라는 역사적 평가를 받게 될 것이 분명하다.

시진핑 버전의 중국이 들어서면서 한반도 외교 전략은 크게 바뀌고 있다. 그 변화의 배경과 원인을 분석하면 이렇다.

첫째, 중국 정부는 정치적인 측면에서 과거 사회주의로부터 상당히 자유로워졌다. 30여 년의 개혁개방 역사를 통해 시장경제체제로의 경착륙에 성공했으며, 개방시대 30년 동안 중국 인민의 시대인식도 상당히 바뀌었다.

둘째, 북한과 중국은 서로 다른 체제로 이미 너무 먼 길을 와버렸다. 김정일은 「사회주의는 과학이다」라는 문건에서 사회주의 국가들의 시장경제체제로의 변화를 배신행위로 규정했다. 결국 계획경제와 시장경제의 상호 이질적 경제체제의 북중관계는 멀어질 수밖에 없었다.

셋째, 3대째 왕권을 물려받은 김정은 군사독재정권이 불안하기 때문이다. 사회주의 계획경제 시스템의 문제는 20세기 후반에 역사로써 입증됐지만 북한은 계획경제를 고수해왔다. 갈수록 경제가 피폐해지고 정치체제의 정당성을 잃자 북한은 군사적 힘에 의존해서 수령체제를 유지하는 '군사제일주의' 정치노선을 고수하며 핵무기 개발에 집중해왔다. 더군다나 권력을 3대째 유산으로 물려주며 나라와 국민을 한 집안의 소유물로 전락시켰다.

북한 전체 교역액의 80% 이상을 차지하는 중국은 어느 나라보다 더 북한 내부 사정을 면밀히 파악하고 있다. 북한에 개혁개방을 권장하며 적극적인 지원까지 약속했던 중국 정부가 북한의 새 권력자인 김정은을 단한 차례도 만나주지 않고 서울에서 한중 정상회담을 가졌다는 사실 자체만으로도 중국 정부의 한반도 외교전략이 변화했음을 확인할 수 있다.

특히 중국 국경경비대가 북한 사회의 붕괴로 인한 국경 혼란에 대비해서 수차례 훈련을 진행해왔다는 사실은 중국 정부가 북한을 더 이상 정치외교상 전략적 가치가 있는 나라, 사회주의 동맹을 맺은 이념적 동지의 나라로 보지 않고 있다는 방증이다. 더 나아가 북한 붕괴에 따른 한반도를 중심으로 한 동아시아 국제질서의 새 버전을 준비하는 작업에 착수했다고 볼 수 있다.

그렇지만 중국의 대북정책은 북한의 전략적 가치 유지와 부담 관리에 중심이 맞춰질 것으로 예상된다. 중국의 대북 전략은 북한에 대한 포기가 아닌 미국으로부터의 전략적 자산을 유지하며 그 부담을 최소화하는 것이다.

따라서 중국은 전략적 부담을 최소화하기 위해 미국의 군사·안보적 영향력 확대를 불러올 수 있는 북한의 무력도발을 더 이상 원하지 않을 것이다. 2016년 1월 6일 발생한 북한의 4차 핵실험과 9월 9일의 5차 핵실험에 따른 대북제재와 이행 여부는 중국의 대북 정책을 가늠하는 지표가 될 것이며, 이에 따른 미국의 반응이 새로운 갈등으로 이어질지 아니면 안정의 지속을 유지할지 결정할 것으로 보인다.

북중관계의 가장 큰 관심사 중 하나인 북중 정상회담은 4차와 5차 핵실험으로 불거진 북한의 핵 문제를 중국의 주도로 핵 동결 또는 국제사회와의 협상 테이블을 만든다면 성사될 가능성이 없지는 않다. 이는 북중 경제협력으로 이어지고 김정은 정권의 안정을 지속시키게 될 것이다.

한중관계는 2015년 박근혜 대통령이 중국의 전승절 행사 참석, AIIB 참여 등 어느 때보다 우호적이다. 북한의 연이은 핵실험으로 한중관계가 시험대에 오르기는 했지만 경제협력 규모가 워낙 크기 때문에 안정적인 관계를 유지할 것으로 보인다.

2) 한반도 통일전략

(1) 북한의 급변사태 및 예상 시나리오

북한은 사회의 모든 기능이 비정상화되어 있거나 마비된 상황이다. 국가의 공식적인 경제는 무너진 지 오래이고 비공식적인 장마당경제가 공식 경제를 대체하고 있는 상황이다. 행정시스템도 공적 영역을 빙자한 뇌물과 부정으로 유지되고 있다. 그런데도 북한은 강력한 독재시스템과 무력으로 유지되고 있다. 그러나 독재를 유지하는 어느 한 축이 무너지면 사회 전체의 시스템이 일순간에 무너질 가능성이 높다.

급변사태가 예상되는 형태는 내전이나 쿠데타, 민중봉기, 전쟁, 중국의 개입이나 포기 등으로 나타날 수 있다. 현재 북한의 상황에서 민중이 조직적으로 봉기를 일으킨다는 것은 상상하기 어렵다. 워낙 철저하게 통제하고 억압의 강도가 가족과 친척에까지 미치는 등 혹독하기 때문에 현실적으로 발생하기 어렵다. 다만 장마당 등 허용되거나 관례화되어 있는 공간이나 규범에 대해 심한 규제나 관례를 벗어난 통제 등을 한다면 우발적으로 발생한 관과 민 사이의 충돌이 심각하고 대규모적인 유혈충돌로 발전하여 봉기로 확대된다든지, 혹은 그것을 가혹하게 진압하는 과정에 대한 불만으로 재봉기·재진압의 과정이 일어날 수도 있다.

쿠데타의 경우도 비슷할 것이다. 현재는 군에 대한 감시가 체계적이고 철저해서 쿠데타 발생이 현실적으로 불가능하지만, 만약 독재시스템에 틈이 생기면 쿠데타가 발생할 경우도 배제할 수 없다. 특히 감시시스템의 한 축을 담당하는 사람이 쿠데타에 관여한다면 이를 막기가 쉽지 않을 것이다.

중국은 다른 나라의 내정에 관여하지 않는다는 외교 원칙을 세우고 있다. 북한에 대해서도 마찬가지이다. 그래서 북한이 핵실험을 하고 국제적으로 지탄을 받더라도 북한 정권의 교체를 추진하지 않았다. 하지만 이 것을 절대적인 원칙으로만 볼 수는 없다. 북한의 호전성이 정도를 넘어서 거나 체제의 불안정성이 높아지면 중국이 개입할 가능성이 있다.

전쟁 가능성 역시 완전히 배제할 수 없다. 사전에 계획적으로 준비한 전쟁은 현실적으로 어렵겠지만 잦은 국지적 도발이 발생하고 확대된다면 전쟁이 일어날 가능성도 있다. 그러나 북한이 말과는 다르게 전쟁을 두려 워하고 있고, 남한 역시 그렇기 때문에 전쟁의 가능성은 매우 낮다. 그리 고 만에 하나 전쟁이 발생한다면 어떤 식으로든 중국이 개입할 것으로 보 인다. 중소 규모의 도발이 확대되어 전쟁 양상으로 번지려고 하면 중국이 적극적으로 개입할 것이다. 미국도 개입할 것으로 보이지만, 미국은 북한 과 특별한 관계가 없기 때문에 UN을 통한 소극적인 개입에 그칠 것으로 보인다. 만약 중국이 강하게 개입한다면 전쟁이 지속되기는 어려울 것이 다. 당장 중국이 북한을 도와주지 않으면 북한이 한미연합군을 막아낼 방 법이 없다. 마찬가지로 남한도 중국이 대규모 병력을 동원해서 전쟁에 개 입한다면 전쟁을 지속하기 어려울 것이다. 중국이 개입해서 전쟁이 중단 될 경우 정국이 매우 복잡해지기 때문에 혼란이 불가피하다. 그 혼란이 북 한 체제 붕괴로 이어질 수도 있고 아닐 수도 있다. 남한의 경우도 전쟁이 벌어진다면 상상하기 어려운 피해를 입을 수밖에 없다.

어떠한 경우든 북한에서 급변사태가 발생하면 한국, 미국, 중국 3개국 과 UN이 개입할 수밖에 없다. 이럴 경우 북한의 미래가 어떻게 결정될지 는 여러 가능성이 있다. 협상테이블에 나올 주요 안건으로는 북한의 주권 문제, 한미중 3국의 상호 간 견제 문제, 북한 핵 문제 등이 있을 것이다. 미 국은 중국에 대한 견제나 북한 주권 문제보다는 핵무기에 관심이 더 크기 때문에 중국의 개입에 거부감이 덜하고, 오히려 중국의 조기 개입을 촉구 할 가능성도 크다.

한국은 북한의 주권이 한국에 있다고 주장할 것이기 때문에 북한 주권 문제에 중국이 개입하는 것에 대한 우려와 거부감을 가질 것이다. 북한에 대한 중국의 영향력이 커지는 것과 중국이 통일에 적극적으로 협조하지 않을 가능성, 그리고 북한에 대한 남한의 우선권을 중국이 적극적으로 보장해주지 않을 가능성에 대한 우려다.

중국도 한국 개입에 대한 우려와 거부감이 있다. 한국이 개입할 경우 이에 대한 거부감이 큰 집단과의 유혈충돌 가능성이 있기 때문이다.

가능성이 높은 시나리오 중의 하나는 중국이 핵 문제 해결과 북한의 주권을 한국에 이양하는 문제에 대해 보장해주고, 중국의 북한 개입에 따른 비용과 명분에 대해 한국과 미국이 보장해주면서 중국이 단독으로 개입하는 것이다. 그러나 중국의 단독 개입에 대해 한국, 미국의 국민 사이에 부정적 기류가 있을 수 있고 중국 국민도 반대할 가능성이 크기 때문에 정치적으로 타협하는 문제가 쉽지 않을 것으로 보인다.

다음으로 한국, 미국, 중국 중심으로 UN이 개입하는 방법도 현실성이 높은 시나리오이다. UN이 개입할 경우 한국은 당사자이기 때문에 이 문제에서 배제될 수도 있다. 그러나 UN은 자체에 군사력이 없기 때문에 UN군을 조직한다고 해도 일사불란한 체계를 유지하기 어렵고, 비효율적으로 운영될 가능성이 높다. 북한처럼 해결해야 할 과제가 많고 복잡할 경우 비효율적인 UN군으로 이 문제에 대처하기는 매우 어려울 것이다. 가령 강력한 무장력을 가진 무장세력이 내전을 벌이고 있다든지, 복잡한 정치군사적 과제가 제기되었을 때 UN군이 이 문제를 적절히 해결하기는 어려울 것이다. UN군에서 한국군이 배제되면 더 많은 한계가 예상되고, 반대로 한국군이 개입하면 정치적으로 더 복잡해지는 딜레마에 빠질 것이기 때문에 쉬운 문제가 아니다.

급변사태는 먼저 핵 문제가 해결되고, 북한에 무장세력 문제가 기본적으로 해결되며, 치안이 안정되면 일단락되었다고 볼 수 있다. 핵 문제 해결로 미국은 북한 문제에 관심이 사라질 것이고, UN도 핵 문제와 동시에 무장세력으로 인한 내전 가능성이 사라지기 때문에 한반도 문제에서 관심을 거둘 것이다. 결국 북한 문제에 관심이 있는 국가는 한국과 중국일 것이다.

급변사태가 일단락되고 나면 정치 일정 등이 이슈가 될 것이다. 국제적으로 주권 문제가 합의된다고 해서 정치 일정을 한국이 마음대로 결정할 수 있는 것은 아니다. 정치 일정 역시 한·미·중·UN 사이의 합의가 중요하다. 특히 한중 간의 정치적 협의가 핵심적으로 중요하다.

중국은 주권 문제에 관한 협의 과정에서나 정치 일정에 관한 협의 과정에서 최대한 한국을 배려하려고 할 것이다. 한반도에 대한 미국의 관심이 멀어지고 북한의 주권이 한국으로 이양되는 마당에 한국을 배려하지 않을 이유가 없다. 이 과정에서 한중관계가 긴밀해지는 장치들이 필연적으로 마련될 것으로 보인다. 미국의 일부 전문가들이 한국이 통일로 가게 되면 한국 정부가 어떤 성향을 갖고 있느냐에 상관없이 결국 중국 쪽으로 기울 수밖에 없다고 우려하는 이유이기도 하다.

(2) 북한의 과도기와 난제

북한이 정치적으로 급변사태를 맞게 되었을 경우 곧바로 완전히 붕괴할 가능성보다는 유사한 체제가 과도기적으로 유지될 가능성이 높다. 김정은이 암살되거나 실각할 경우 심각한 정치적 혼란에 휩싸일 것이고 이를 수습하기는 대단히 어려울 것이다. 수습할 주체도 마땅치 않다. 따라서 북한은 체제 붕괴의 길로 갈 가능성이 높다. 하지만 동시에 구체제 혹은 구체제와 유사한 체제가 유지될 가능성도 배제할 수 없다.

그러나 누가 권력을 잡든 연합정권을 세우든 권력기반이 약하고 구축하는 데 많은 시간과 노력이 필요하기 때문에 권력을 구축하기 어렵고 지속 가능성도 높지 않다. 북한 내부의 유력인사들 상호 간의 신뢰도 약하기 때문에 설사 연합정권이 세워진다고 해도 지속하기 쉽지 않다. 그렇다고 연합정권 수립이 불가능하다는 것은 아니다.

중국이 개입할 것인지, 개입한다면 어떤 식으로 할 것인지도 중요한 문제다. 중국은 다른 나라의 내정에 개입하지 않는다는 원칙을 갖고 있지만 북한에 급변사태가 벌어진다면 이에 대해 다시 논의할 수밖에 없을 것이다. 군대를 투입하는 것은 투입 직전까지도 주저하겠지만 어느 시점이 되면 정치적으로는 개입할 가능성이 높다. 군대를 투입하지 않기 위해서라도 정치적으로 관여하려고 할 것이다.

중국이 개입하여 새로운 정권이 안정적으로 지속된다면 북한 정권을 유지하는 조건에서의 통일 논의도 이루어질 수 있다. 그럴 경우 권력 핵심이 누구인가에 따라 차이가 있겠지만 북한 기득권 세력의 기득권 보호 문제, 통일에 대한 공포심 등은 해결되기 어려울 것이다. 북한의 기득권이 재산 형태로 존재하는 것이 아니기 때문에 더욱 그럴 것이다.

이때 통일 논의는 다음의 몇 가지 방향에서 이루어질 것이다.

첫째, 실질적인 통일은 아니지만 통일이라고 포장해서 통일을 내세우는 경우이다. 예를 들면 국가연합 방식이다. 주권은 그대로 두고 형식적으로 통일이라는 포장을 씌우는 것이다. 국가연합 방식으로 남북의 격차를 줄이다가 나중에 전격적으로 통일하자는 데로 논의가 진전될 수도 있다.

둘째, 통일 논의가 완전히 결렬되고 북한이 중국에 의존하여 독자적인 생존과 개혁개방으로 가는 것이다. 남북이 공존하는 경우인데, 구체제와 유사한 정권이 개혁개방으로 생존할 수 있는지, 또는 연합정권이 개혁개방에 따라 생기는 혼란과 기회를 안정적으로 유지할 수 있는지가 관건이다. 중국이 북한 문제에 어느 정도 개입력을 가질지도 중요한 관전 포인트다.

셋째, 통일 논의는 진전되지 않지만 중국보다 남한에 경제적·사회적으로 더 많이 의존하여 개혁개방으로 가고, 분단을 유지한 채 우호적 관계가 되는 것이다. 이럴 경우 북한은 남한에 흡수될 가능성이 높다. 북한 주민의 통일에 대한 열망이 대단히 높고, 실제 남한과의 접촉이 빈번해지면 경제적·문화적으로 동화될 가능성이 높기 때문에 남한으로 흡수될 가능성이 높다.

넷째, 통일 논의는 진전되지 않고 북한 체제가 점차 불안해져서 붕괴되는 것이다. 붕괴에 따른 가능성에 대해서는 앞서 언급했다.

한편 북한의 장래는 급변사태가 일어날 가능성, 점진적으로 체제 변화가 일어날 가능성, 체제가 유지될 가능성으로 나눠볼 수 있다. 이 중에서 급변사태 가능성이 가장 높고, 이는 바로 통일로 이어질 확률이 높다. 점진적으로 체제 변화가 일어나서 통일로 발전할 가능성도 배제할 수 없다. 그러나 북한의 현 체제가 바뀌지 않는 조건에서 통일이 될 가능성은 없다.

이런 상황을 종합적으로 고려해볼 때 한반도가 통일될 가능성은 높다. 북한에서 급변사태 발생 가능성이 높고 적어도 체제 변화 가능성이 높기 때문이다. 하지만 통일 이후 재분단될 가능성도 있다. 통일 방식에 따라 다소 차이는 있겠지만 남북 각각의 정치인들이 정파를 이뤄 현란한 공약과 귀에 솔깃한 약속으로 혼란을 조장하거나 남북 간 지역감정을 조장하는 등의 문제가 생길 수 있다. 여기에 남북 주민 간의 갈등과 마찰 등도 빈번하게 발생할 수 있기 때문에 재분단 가능성을 높일 수 있다. 내전이나 봉기 방식으로 재분단이 이루어지기보다는 투표를 통해 재분단될 가능성이 높다.

남북한 사이의 적대감이 고조되어 재분단을 주장할 수 있고, 남한이 강력히 주장하거나 북한이 강력히 주장하는 경우가 있을 수 있다. 예측하기는 어렵지만 현실적으로 국민투표 형태로 재분단 여부가 결정되지 않을까 생각한다. 만약 재분단 찬성 의견이 압도적으로 높게 나오면 정치적으로 이를 막기는 어려울 것이다. 통일 이후 부작용이 클수록 재분단을 반대하는 움직임이나 논리는 힘을 얻지 못할 것이다. 그러나 재분단이 평화적으로 이루어질지, 재분단 이후 평화적인 상황이 유지될지에 대해서는 누구도 장담할 수 없다.

종합적으로 보면 재분단 가능성보다는 재분단되지 않을 가능성이 높다. 그러나 통일이 중요한 사건인 만큼 재분단 문제도 중요하게 다루어야 한다. 재분단에 대한 준비가 되어 있지 않은 상태에서 재분단 사태를 맞게 된다면 통일에 대한 준비가 되어 있지 않은 것보다 훨씬 심각한 혼란을 맞게 될 수 있다.

재분단 문제가 재분단을 선동하는 세력에 의해서만 발생할 문제인가를 보면 꼭 그렇지는 않다고 보인다. 선동을 가능하게 하는 토대가 있어야 그것도 가능할 것이기 때문이다. 통일 상태가 많은 고통과 실망스러운 결과를 초래하고, 이를 수습할 방안에 대한 공감대도 적을 때 선동할 수 있는 토대가 생길 것이다.

재분단은 실망스러운 일이지만 억지로 막을 수는 없을 것이다. 분명하게 재분단은 반대하지만, 강제나 억지로 재분단을 막아설 경우 더 큰 부작용과 혼란을 초래할 것이다. 따라서 재분단을 반대하고 통일을 유지하기 위한 정책과 남북 주민의 화합에 필요한 노력을 끈질기게 기울여야 할 것이다.

재분단 이후 재통일될 가능성도 추측해볼 수 있다. 통일 과정과 재분단 과정에서 발생한 천문학적인 사회비용을 감당하기 어려운 측면도 있을 것이고, 민주주의 체제에 대한 북한 주민의 이해와 의식이 높아진 것도 영향을 미칠 것이다. 재분단된다고 남북 주민 간의 모든 교류가 단절되지는 않을 것이기 때문에 주민 간 갈등도 다소 완화되어 있을 것이다.

이렇듯 통일 과정에서의 정치 불안 요소도 많지만 통일 이후의 정치 불안 요소도 많다.

첫째, 남북한 주민 모두가 피해의식, 불평등의식, 불공정, 부자유 같은 의식을 갖게 될 우려가 있다. 남한 주민도 그런 의식을 많이 갖겠지만 그에 비해 북한 주민 상당수가 그럴 가능성이 높다. 특히 북한 주민은 2등 국민이라는 열등감을 가질 가능성이 높다.

연변의 조선족은 한국 사람들이 조선족을 2등 인간쯤으로 취급한다는 불만을 갖고 있다. 단순한 불만을 넘어서 광범한 집단의식으로 자리 잡은 것 같다. 그 지역에 살고 있는 한국인 역시 조선족에 대한 불만이 있다. 같은 민족이라고 호의를 베풀었지만 조선족이 사기를 친다는 인식이 팽배한 상황이다. 시장경제체제와 서구적 요소를 경험하고 소득 수준도 북한에 비해 월등히 높은 조선족과도 그런 갈등이 있다. 더욱 우려스러운 것은 조선족과 한국인은 서로 다른 국적이지만, 통일 이후 남북한 사람들은 같은 국가, 같은 국민이기 때문에 서로에 대해 느끼는 불만이 훨씬 심하리라는 것이다.

또 남한은 북한의 정상화와 개발을 위해 막대한 세금을 써야 하기 때문에 결과적으로 다른 부분이 희생될 수밖에 없다. 대표적으로 복지 혜택이다. 자신에게 올 혜택이 점차 축소되고 제한되는 현실을 논리적으로는 이해하더라도 불만이 누적될 수밖에 있다. 만약 북한에 투자하는 예산이 북한 사회에 만연한 부정부패와 연루되고 그것이 알려진다면 누적된 불만이 한꺼번에 폭발할 수도 있다. 북한의 체제가 바뀐다고 해도 부정부패 같은 습성은 하루아침에 바뀌지 않기 때문에 그런 일이 벌어질 가능성은 매우 높다.

둘째, 북한 사람들은 경쟁시스템을 충분히 이해하지 못하고 적응하는 데 많은 시간이 걸릴 수 있다는 것이다. 경쟁시스템에 대해 논리적으로 잘 이해하지 못할 뿐 아니라 공정한 룰에 의해 경쟁하고 결과에 승복한 경험도 없다. 출신성분이나 권력배경, 뇌물에 의한 진학, 취업(장사) 등 모든 면에서 공정한 경쟁을 제약하는 전근대적 요소 속에서 생활해왔다. 그렇기 때문에 경쟁 자체는 물론 경쟁의 결과에 대해서도 적응하지 못할 것이다. 이러한 부적응은 반체제의식으로 성장할 가능성이 높다.

셋째, 특정 정치인이나 특정 정치세력이 정치적 입지를 위해 남북 간의 적대감이나 지역감정을 부추기며 선동할 가능성이 매우 높다는 것이다. 정치적 입지가 없는 정치세력들이 가장 쉽게 정치적 입지를 얻는 방법 중 하나가 지역감정의 조장이다. 조금만 부추기면 쉽게 달아오를 불만이 잠재되어 있는 상태에서 그런 정치세력이 선동하면 불만이 몇 배 더 증폭될 수 있다. 그런 세력들이 어떤 형태로 나타날지는 예측하기 어렵지만 나타날 가능성이 상당히 높고 빠른 속도로 성장할 것이다. 북한에서뿐 아니라 남한에서도 그런 세력들이 나타날 것이다. 남한보다는 북한에서 그런 세력들의 입지가 더 넓고 큰 폭발력을 가질 것이다. 정당 형태로 큰 영향력을 행사할 가능성이 많은데, 만약 연방제가 실시된다면 북한에서는 그런 세력이 집권할 가능성이 높을 것이다.

넷째, 북한 사회는 근대적 시민사회 경험, 근대적인 정부를 운영해본 경험, 근대적인 정치활동 경험이 전혀 없기 때문에 극단적인 방향으로 갈 가능성을 배제할 수 없다. 북한 사람들은 부지런하고 기술도 빨리 배우고 머리가 좋다는 장점이 있는 반면, 과격하다는 단점도 있다. 사적인 관계뿐 아니라 정치활동에서도 과격한 경향이 나타날 수 있다.

다섯째, 북한에서는 모든 규정을 지키며 정상적으로 살아갈 방법이 없다. 대부분의 공장이나 기업소의 공식 월급이 1달러인데, 최소한의 생계를 위해서는 적어도 30달러가 필요하다. 규정대로 살아갈 수 있는 방법이 전혀 없기 때문에 고위층이든 하위층이든 계층을 막론하고 합법과 반합법, 불법을 넘나들며 생활하고 있다. 체제가 변하더라도 이런 경향은 쉽게 없어지지 않을 것이고 정치활동에서도 나타날 가능성이 높다. 남한의 사회지도층이 볼 때 북한 사람들은 통제가 안 되는 힘든 존재가 될 것이다. 근대사회의 룰이나 시민사회의 기준으로 해결하려는 노력이 거의 통하지 않을 것이기 때문이다.

여섯째, 북한 사람들은 강요된 선전선동, 정치활동 연습을 해온 사람들이어서 정치활동 능력은 있지만 근대적인 시민의식은 거의 없다. 그들의 정치적 에너지를 불순한 정치적 목적의 세력이 이용한다면 감당하기 어려운 상황이 발생할 수 있다. 끔찍한 상상이지만 재분단될 수도 있고, 정치적 충돌, 나아가 유혈충돌, 군사적 충돌이 발생할 가능성도 배제할 수 없다.

(3) 통일을 위한 원칙과 제언

주권의 흡수

북한의 현 체제를 유지하는 조건에서의 통일은 불가능하다. 통일이 되면 체제가 붕괴할 것을 분명히 아는 김정은 정권이 하루아침에 개과천선하여 통일을 하겠다고 나선다는 가정 자체가 어불성설이라는 것이다. 어떤 가능성을 제기하더라도 통일은 북한의 현 체제가 붕괴되어야 가능하다. 북한이 붕괴되고 새로운 체제, 정부가 수립되어 남북한이 대등한 입장에서 통일하는 것은 형식논리상 이상적이지만 현실 가능성은 거의 없다고 본다. 북한에 새로운 정권이나 체제가 들어서서 안정화된다는 것도 극히 어렵다. 설사 새로운 정권이나 체제가 들어선다 하더라도 통일을 안정적으로 추구하는 것은 더더욱 어려운 일이다.

가장 가능성이 높은 것은 북한에 새로운 체제나 정권이 들어서기 전에 남한으로 흡수통일되는 것이고, 설사 형식적으로는 대등한 것처럼 보이더라도 내용적으로는 북한이 남한에 흡수되는 식으로 통일될 수밖에 없다. 흡수통일에 대한 개념이 명확히 정립되어 있지는 않지만 흡수통일의 가장 중요한 내용은 주권 문제다. 북한에 대한 주권이 한국 정부에 있느냐 없느냐를 기준으로 판단하는 것이다. 다음으로 군사권 장악 여부로 판단할 수 있다. 북한지역에 군대를 주둔시키는지의 여부와 관계없이 북한의 국방권이 한국 국군에 있다는 것을 명확히 하는 것이다. 따라서 통일 과정에서 주권 문제의 핵심은 군대 처리 문제와 북한의 주권이 한국으로 이양되는 문제가 인정받느냐 하는 것이다. 북한 정권이 존재하더라도 북한 군대는 완전히 해산하든지 최소한의 비율로 운영될 수밖에 없다. 북한 출신을 군대에 받아들이더라도 북한 출신들로만 구성된 부대는 일정 기간 편성하지 않는 것이 좋을 것이다. 주권을 흡수하지 않으면 유혈충돌 같은 위험이 더욱 높아질 것이다. 정치인, 고급 관료, 고급 군지휘관들이 과도기나 혼란기에 어떤 입장에 설지도 분명하지 않다. 체제 변동기에는 더욱 그렇다. 야심가들이 배타적인 권력을 구축하고 자신들의 기득권을 유지하면서 통일에 비협조적일 가능성도 있다.

흡수통일을 주장한다고 해서 연방제 자체를 배제하는 것은 아니다. 통일의 방법으로 연방제를 선택할 수는 없지만, 통일 이후의 국가시스템으로는 얼마든지 연방제를 선택할 수 있다. 연방제 통일과 흡수통일은 전혀 상관없는 문제인데, 북한에서 연방제 통일을 이야기해서 사람들이 혼란을 일으키는 것 같다. 김일성이 처음 연방제를 언급했을 때는 남한을 공세적으로 적화 흡수통일할 목적이었고, 나중에는 분단을 지속하기 위한 방어적 차원의 이야기였다. 현재 북한의 상황으로 볼 때 연방제 통일은 불가능하다. 연방제 통일을 하자마자 김정은 체제가 붕괴할 텐데 그것이 가능하겠는가? 남한 입장에서 볼 때 연방제 통일은 득이 많다. 연방제를 시작한 지 얼마 지나지 않아 북한 체제가 붕괴할 가능성이 높아지기 때문이다. 그런 현실을 잘 알기 때문에 북한은 연방제 통일을 하지 못한다. 김정은과 상당히 다른 성격의 세력이 집권하면 협상을 통해 연방제 통일을 할 수도 있겠지만 그럴 가능성은 매우 낮을 것이다.

결론적으로 흡수통일에 대한 개념을 정확히 해야 하고, 흡수통일과 연방제가 개념적으로 아무런 연관이 없다는 것을 분명히 해야 한다. 흡수통일 이후에는 연방제를 선택할지의 과제가 남는다. 현실적으로 부작용을 최소화하는 것이 가장 좋은 방안이라고 생각하지만 여러 가지 상황을 종합적으로 고려하면 연방제도 부작용이 없을 수 없다.

먼저 통일 이후 다양한 정치세력의 준동을 연방제에서 얼마나 적절히 제어할 수 있을지 의문이다. 북한 연방에서 자체 총선을 통해 자치 총리를 뽑을 경우 불순한 목적으로 북한 주민을 선동하는 세력의 득세를 효과적으로 제어하기 어려울 것이다. 남북 사이의 대립, 위화감, 적대감을 조장하고 고취하는 세력들도 생길 것이다. 한국의 지역감정도 그 자체에 거창한 목표나 지향이 있는 게 아니라 지역감정을 고취하면 표를 더 받을 수 있기 때문에 조장되었다. 한국은 지역적인 차이가 컸던 것도 아니고 지역감정이 심화될 조건도 없다. 그러나 남북관계에서 지역감정이 생긴다면 그 인화성은 굉장히 강할 것이다. 만약 북한지역에서 지역감정을 극단적으로 고취하는 세력이 집권당이 되고 집권 총리가 된다면 한반도가 어떤 방향으로 갈지 장담하기 어렵다. 연방제 방향으로 가는 것이 현실적이라고 생각하지만 예상되는 부작용을 최소화할 수 있도록 집중적인 노력을 기울이는 것은 매우 중요하다.

　　주권 문제가 해결되었다고 통일이 완성되었다고 볼 수는 없다. 북한 주민의 마음을 얻지 못하고 남북 주민이 화합하지 못한다면 내재된 갈등과 대립을 해결하기 어려울 것이다. 그렇기 때문에 먼저 북한 주민의 주인의식, 북한 지역의 대표성을 최대한 존중해주고 보장하는 조건에서 통일을 추진해야 한다. 통일 과정에서 일시적으로 과격한 상황이 발생할 수는 있다. 설사 거칠고 폭력적인 상황이 발생하더라도 최대한 북한 주민과 북한 지역의 대표성을 보장하고 존중하기 위한 노력을 기울여야 한다. 가령 북한의 기존 체제를 수호하려는 반군이나 게릴라가 있을 수도 있고, 기득권을 유지하기 위한 비합적인 세력이 존재할 수도 있다. 그 외에도 테러나 다양한 폭력행위 가능성이 있는데, 이를 진압하고 제거하는 과정에서 발생하는 불가피한 무력행사에 익숙해지고 관성이 생겨서 계속 그와 비슷한 방식으로 나아가서는 절대로 안 된다. 항상 북한 주민의 대표성을 보호해주기 위해 최대한 노력해야 한다.

그리고 북한 주민의 마음을 포용하고 남한 주민을 포함해서 남북한 주민을 정치적으로 화합하게 하고, 잘 단결하게 하고, 통일을 위해 필요한 에너지를 정치적으로 얼마나 잘 이끌어내느냐가 통일을 성공적으로 이끄는 핵심적인 관건이다. 정치는 항상 중요하지만 특히 통일시대에는 그 어느 시대보다 중요하다.

외교적 중립

통일 이후에도 미국과의 동맹관계, 우호관계를 유지·발전시켜야 하고 일본과도 그렇게 해야 하지만, 통일 과정에서 필연적으로 중국의 협력과 긴밀한 협조관계를 유지할 수밖에 없다. 또한 통일 이후 성공적인 통일체제의 유지와 운영을 위해서는 중국과의 협력은 필수적이다. 뿐만 아니라 정치·경제·외교 등 중국과의 종합적인 관계를 발전시키는 것이 대단히 중요하다. 따라서 중국과의 경제적인 관계뿐 아니라 정치외교적인 면에서도 긴밀하고 우호적 관계를 유지하기 위해 노력해야 한다. 중국과의 관계가 긴밀하다고 해서 미국과의 우호관계를 소홀히 해서는 안 된다. 중국과의 관계가 긴밀해질수록 미국과의 관계에 힘을 쏟아서 미국과의 지속적인 관계를 유지하도록 많은 노력을 기울여야 한다.

중국이 한반도의 통일에 대해 앞으로 어떤 입장을 취할 것인지 아직은 확실한 것이 없다. 중국의 이해관계나 그동안의 행적을 봐도 명백한 청사진은 없는 것 같다. 다만 북한의 주권 문제라든지 한반도의 미래와 관련해서 한국에 우호적인 입장이라고 추측된다. 그렇더라도 북한에 친중 성향이 농후한 신정권이 들어서면 중국 입장에서는 신정권을 도와 정치적·경제적 안정을 추구하려고 할 것이다. 결과적으로 중국은 신정권을 후견하는 방향으로 개입할 수밖에 없을 것이다. 신정권이 안정적으로 장기화되면 통일에는 부정적인 영향을 미칠 것이다.

미국과 일본 입장에서 북한에 친중정권이 수립되는 것은 달갑지 않은 일일 수 있다. 그러나 북한에 수립되는 신정권이 자유시장경제와 민주주의적 가치를 수용한 친중 성향의 정권이라면 크게 반대할 이유도 없고 명분도 뚜렷하지 않다.

통일 이후 주한미군은 한반도에 주둔할 가능성도 있고 명분이 없어서 철수할 가능성도 있지만, 한반도에 주한미군이 주둔하는 게 미국의 국익에 부합한다고만 볼 수는 없다. 중국 입장에서 미국과 육상에서 대치하는 것이 부담스러운 것처럼 미국도 중국과 육상에서 대치하는 것이 부담스럽기는 마찬가지다.

미중관계는 경쟁, 견제, 협조 등의 요소가 있지만 강력하게 충돌하는 것은 서로의 이해관계에 배치된다는 것이 일관된 입장이다. 그렇기 때문에 육상에서 대치하는 것을 원하지 않는다. 육상에서는 우발적인 사고 발생 가능성이 높기 때문이다. 한반도에 주한미군 기지가 없더라도 오키나와 등에서 얼마든지 중국을 군사적으로 견제할 수 있기 때문에 통일 이후 주한미군 주둔 문제에서도 유연함을 가져야 한다. 통일 논의에서 주한미군 주둔이 친미 성향으로 인식되어 중국의 반대를 받고 결국 통일에 비협조적인 태도를 보일 가능성도 있다. 따라서 어느 한쪽으로 기울거나 그런 우려로 비치는 선택은 최대한 자제해야 한다.

통일을 위한 국제적 환경을 조성하기 위해서는 일본의 역할도 필요하다. 일제의 지배를 받았던 과거 때문에 일본에 좋지 않은 감정을 갖는 것은 이해되지만 사실에 기초하지 않은 악감정이나 불만을 토로하는 것은 아무런 의미가 없다. 대표적으로 일본이 한반도의 통일을 반대한다는 주장이 있다. 한반도가 통일되어 자립적 시장구조와 경제 메커니즘을 갖게 되면 일본에 대한 감정이 좋지 않은 통일한국과의 경쟁이 치열해지기 때문에 반대한다는 것이다. 그러나 통일을 하면 통일한국이 경제적으로 강해지는 측면도 있지만 마이너스 효과도 클 것이다. 통일 비용은 물론, 북한의 SOC를 끌어올리고 남북 간의 사회적·문화적 격차를 극복해야 하기 때문에 마이너스 요인도 클 것이다. 그리고 한일관계를 경쟁 측면에서만 볼 필요도 없다. 과거에 비해 한일 간 경쟁 품목이 많이 줄어들었고, 일본이 제공해주는 기초재가 한국 산업에서 중요한 역할을 하는 등 보완적인 측면도 강해졌다. 과거의 역사를 빼면 일본을 특별히 경계할 필요도 없고, 통일 환경을 조성하기 위해서도 일본의 협조가 필요하다. 중국과 동북아의 패권을 다투고 있는 일본 입장에서 통일한국이 반일감정도 강한데다 친중 성향으로 갈 것이 우려된다면 어떤 입장을 취할지 예측하기는 어렵지 않다.

미국, 일본, 중국 중에서 한반도의 통일을 가장 반길 국가는 미국일 것이다. 통일이 되면 골칫거리인 북핵 문제가 해결되기 때문이다. 한국이 통일된 이후 어떤 방향으로 갈지 모르지만 자유민주적 가치를 보전하면서 갈 가능성이 가장 높다. 따라서 통일한국이 친미적인 방향으로 가지 않더라도 미중 사이에서 중간이나 약간 중국 쪽으로 기우는 것도 용인할 가능성이 높다.

중국으로서는 지금 당장 동북아 질서를 바꾸는 것이 굉장히 부담스럽기 때문에 현상 유지를 하려는 입장에서 북한 정권을 옹호하고 있다. 그러나 한반도가 통일되고 나서 통일한국이 일방적으로 미국 편만 들고 한미동맹이 매우 강력하게 유지되고 주한미군이 압록강과 두만강에 배치되는 것은 매우 부담스러울 것이다. 따라서 통일협상 과정에서 미군이 38선 이북 지역에 진주하는 것을 극력 반대할 것이다. 설사 주한미군이 계속 주둔하게 되더라도 38선 이북에는 주둔하지 않을 가능성이 높다. 미국 입장에서도 이를 강하게 주장할 이유가 크지 않은 상황에서 이 문제로 미국과 중국이 마찰을 빚을 가능성은 높지 않다.

통일 과정에서 한중관계가 가까워질 수밖에 없는 상황, 전통적인 미국과의 동맹관계 등을 고려할 때 한국이 취할 수 있는 외교적 행보는 중립화 쪽으로 모아져야 한다. 중국 입장에서 북한을 품고 있는 것보다 중립적

이면서 중국에 가까운 통일한국의 존재가 훨씬 낮고, 미국 입장에서도 핵 문제가 해결되고 자유민주적 가치가 유지되는 통일한국을 반대할 이유가 없기 때문이다.

국가시스템의 정비와 정치 리더십 강화

선진국이나 한국에서 성공하고 모범적이었던 그 어떤 것이라도 절대화하여 통일과정에 적용하려고 해서는 안 된다. 자유민주주의가 사회주의에 비해 우월하고 성공한 체제라고 하더라도 그것을 하루아침에 북한에 적용하는 문제는 신중히 검토해야 한다. 북한은 매우 낙후한 사회이기 때문에 북한 사회를 개발하고 발전시키는 과정이 필요하다. 기본적이고 가능한 선에서 자유민주적인 원칙을 지키는 것은 필요하지만 이를 절대화해서 적용하는 것에는 신중해야 한다.

한국과 싱가포르 등의 근대화 과정을 보면 권위주의를 동반하여 사회를 발전시켰다. 만약 이때 철저하게 자유민주주의 방식으로만 개발했더라면 오늘의 한국과 싱가포르가 존재할 수 있을지 되새겨봐야 한다. 따라서 남한식의 자유민주주의를 억지로 북한에 적용하는 것에 신중할 필요가 있다.

자유시장경제를 무조건 북한에 적용하는 것에도 신중해야 한다. 때에 따라서는 동원경제가 필요할 수도 있고 혼란기에는 배급경제가 일시적으로 운영될 수도 있는데, 자유시장경제를 절대적으로 적용해서 그러한 혼란시기에 적절히 대처할 수 있을지 등에 대해서도 검토해야 한다.

따라서 통일시대의 국가시스템은 현재와는 완전히 달라야 한다. 흡수통일을 한다고 해도 기존에 있던 한국의 시스템을 통일국가의 시스템으로 대체할 수는 없다. 매우 이질적인 체제가 만나서 통일하는 것이기 때문에 고도의 정치력이 필요하다. 그렇기 때문에 정치적으로 잘 훈련되어 정치적으로 능숙하고 타협과 설득, 대화와 소통에 능숙한 사람들이 정치 일선에 나서야 한다. 그런 사람들이 중심이 되어 통일시대를 주도해야 한다.

북한의 체제 변화나 통일 과정에서 저항 세력이나 혼란 조성 세력이 나올 수 있다. 통일 이후에도 혼란을 야기하는 요소가 지속적으로 있을 수 있고, 그에 대한 통제도 반드시 필요하다. 북한 주민은 발전된 시스템에서 안정되게 살아온 사람들이 아니기 때문에 변화된 환경에서 어떤 태도와 행동을 보일지 예측하기 어려운 측면이 있다. 사소한 선동이나 왜곡에 쉽게 현혹될 수도 있고, 그들의 생각이나 힘이 위험한 방향으로 분출될 수도 있다.

그럴 경우 적절한 통제가 필요하지만 그렇다고 지나치게 통제해서는 안 된다. 절제와 포용이 조화를 이루도록 해야 한다. 또한 생각이 다르고 이념이 다른 사람들, 정치적 지향이 다른 사람들을 배척하고 억압하는 방법으로 통제수단을 남용해서도 안 된다. 여러 면에서 다르고 때로 우려스러운 점이 있다 하더라도 현실적으로 가능한 범위 내에서 최대한 포용하는 태도를 취하는 것이 바람직하다.

예를 들어 남북한 상호 이주는 철저히 막아야 한다. 휴전선으로 수십만 명의 사람이 동시에 내려오면 막을 방법이 없다. 만약 그런 상황이 생긴다면 매우 확고하고 단호하게 초기 대응을 해야 한다. 당장 남한으로 오는 것을 막을 수 없더라도 남한으로 넘어온 직후 즉시 격리해서 적당한 시간이 흐른 후 북한으로 송환해야 한다. 바다를 통해 오는 사람들도 마찬가지다. 적절히 보호하다가 북한으로 돌려보내야 한다.

사실 이런 문제는 행정력만으로 해결할 수는 없다. 통일 이후 예상되는 종합적인 사회·문화·경제 상황, 남한에 체류하는 북한 사람들의 여러 가지 고충들에 대한 이야기들이 북한으로 전해져서 북한에 남아서 북한을 개발하고 정상화시키는 노력이 더 중요하고 더 낫다는 인식을 확산시켜야 한다.

그래서 정치적 리더십은 아무리 강조해도 지나치지 않다. 오히려 정치적 리더십에 대해 국민이 궁금해하지 않는 것이 문제다. 정부 형태, 국가 정체성 같은 문제들은 어떤 면에서는 비교적 단순하고 선택의 폭도 넓지 않다. 그런데 정치적 리더십은 결코 쉬운 문제가 아니다. 한국 사회는 시스템화되어 있기 때문에 큰 문제가 아닐 수 있지만 통일국가는 다르다. 시스템이 하나도 갖춰져 있지 않다. 시스템을 만든다 하더라도 그것이 효과적으로 기능하기 위해서는 다양한 형태의 정치적 역량이 필요하다. 시스템이 잘 기능하더라도 다양한 형태의 갈등과 모순을 조정하고 잠재적 에너지를 끌어오기 위한 정치적 리더십이 매우 중요하다.

3) 글을 맺으며

동북아를 둘러싼 각국의 이해관계가 복잡하고, 통일에 이르는 과정과 그 이후 또한 우리에게 많은 과제가 주어져 있다. 동북아 100년의 흐름을 좌우할 한반도 통일이 갖는 의미가 말해주듯 사소한 갈등이나 준비 부족이 큰 혼란과 분쟁을 초래할 수도 있다.

한반도가 시한폭탄의 뇌관이 될지 동북아 평화와 번영의 신호탄이 될지는 아직 아무도 모르지만 평화와 번영의 중심에 한반도의 통일이 있다는 점은 분명하다.

우리는 스스로 이 같은 상황에 대비하며 비전을 가지고 국가적 준비와 정치적 능력을 갖춰나가야 한다.

전환기 시대에 혼란의 시간을 줄이고 발전을 앞당기기 위해서는 선진 정치세력을 양성하고 그들이 출현할 수 있는 여건을 마련해주어야 한다.

한 시대의 역사는 개인이 좌우할 수 없는 영역이다.

국민적 의식 수준, 정치적 능력, 경제적 기반, 문화적 선진성 등이 중요하며, 무엇보다 시대를 이끌 수 있는 리더의 존재 유무가 관건이다.

시장에서 선점이 중요하듯이 미래 역사에서도 선점이 중요하다. 한반도 통일에 그 해답이 있다.

제3장
시진핑의 중국, 강대국 향한 질주_조용성

1) 들어가는 말

2011년 중국은 그야말로 불안하기 그지없었다. 상상을 초월한 관료들의 부정부패와 엄청나게 벌어져버린 빈부격차, 매일 쏟아지는 졸부들의 사치행각에 인민은 분노했다. 인민은 모이기만 하면 세태에 대한 불만을 토로했으며, 성난 민심은 금방이라도 끓어오를 듯한 기세였다. 서구의 언론과 학자들은 중국분열론이나 중국붕괴론을 목청 높여 외치고 있었다. 중국에 민주화를 위한 민중봉기가 일어나고 결국은 중국이 여러 개의 국가로 찢어질 것이라는 게 요체였다. 내부적이나 외부적으로 뒤숭숭한 중국이었다.

2012년 11월 시진핑이 중국공산당 총서기에 등극했고, 새로운 지도부가 구성됐다. 시진핑 체제가 들어선 후 4년여가 지난 지금의 중국은 어떠한가? 중국의 관료들은 자칫 잘못하면 부패분자로 낙인찍히는 현실에 바짝 몸을 엎드리고 있다. 최소한 겉으로는 부패가 일소된 듯하다. 벼락부자들의 사치행각 대신 마윈 회장을 대표로 하는 IT영웅들이 신문지상을 뒤덮고 있다. 농민공들의 월급은 지난 5년여 동안 2배 가까이 올랐다. 정치와 사회는 안정되어 있으며, 인민은 시진핑에 대한 무한한 지지와 신뢰를 보내고 있다. 중국인은 우주기술 개발과 항공모함, 대륙간탄도미사일 등 군사적인 굴기에 환호하고 있다. 미국을 뛰어넘는 세계 일류 강대국이 되겠다는 중국몽(中國夢)은 현재 전 중국인의 뚜렷한 비전이다. 요즘은 중국붕괴론을 이야기하는 서방학자의 목소리도 들리지 않는다.

분명히 과거 후진타오의 중국과 시진핑의 중국은 다르다. 시진핑은 '썩어빠져 금방이라도 쓰러질 것만 같던 중국'을 어떻게 '활력 넘치는 단결된 중국'으로 개조했을까. 시진핑의 리더십에 대한 분석은 앞으로도 더 활발한 논의와 분석이 필요할 것이다. 이 장에서는 시진핑이 보여준 통치의 기술에 대해 간략하게 소개할 예정이다.

시진핑이 내세운 슬로건인 '중국몽'의 요체는 미국을 뛰어넘는 강대국 건설이다. 강대국 대열에 올라서기 위해서는 군사력의 뒷받침이 필요하다. 지난 4년간 시진핑의 중국은 국방력 강화에 막대한 자금을 쏟아부었으며, 여러 가지 상징적인 성과들을 거뒀다. 군사력 분야에서 중국은 얼마나 많은 발전을 이뤄냈는지에 대해서도 짚어보기로 한다.

그리고 마지막으로 우리나라를 둘러싼 한반도관계를 중국의 입장에서 조망해본다. 북한의 5차 핵실험 강행과 끈질긴 미사일 기술 개발에 더해 한반도 사드 배치 결정으로 중국의 셈법은 더욱 복잡해졌다. 강대국 대열에 올라서기 위해서는 한반도의 안정이 필요하지만, 그렇다고 해서 북한의 핵개발을 마냥 지켜만 볼 수도 없는 일이다. 북한의 핵개발을 저지하자면 한반도의 안정이 깨질 수 있다. 이에 더해 우리나라의 사드 배치는 중국 입장에서는 받아들이기 어려운 상황이다. 갈수록 복잡해지는 한반도 정세, 중국은 이에 어떻게 대처하고 있을까?

2) 시진핑의 중국 장악과 국력 결집

(1) 시진핑의 매서운 정풍운동, 화룡점정 저우융캉

2010년 저우융캉(周永康) 공산당 정치국 상무위원의 고민은 '퇴임 후의 안전'이었다. 2012년 11월이면 자신이 퇴임하고 시신밍 체제가 들어설 예정이었다. 시진핑이 공산당 총서기에 등극한다면 강력한 정풍운동을 벌일 것이라는 예상은 2010년부터 심심찮게 나오고 있었다. 신 지도부의 정풍운동 차원에서 '상무위원'은 더할 나위 없이 좋은 먹잇감임을 저우융캉도 잘 아는 바였다.

개혁개방 이후 상무위원은 처벌하지 않는다는 묵계가 있었지만, 개혁개방 이전에 상무위원이 처벌된 전례가 있었기에 저우융캉은 안심할 수 없었다. 퇴임 후 안전을 걱정하기는 다른 상무위원들도 마찬가지였다. 털어서 먼지 하나 안 나올 정치인이 어디 있겠는가? 게다가 당시 중국은 급속한 경제성장을 배경으로 부패가 만연해 있었다. 다른 상무위원들과 다른 점이 있다면, 저우융캉은 퇴임 후 자신을 비호해줄 원로세력이 없다는 것이다.

저우융캉은 장쩌민 주석과 동고동락했던 상하이방이 아니었다. 후진타오와 리커창이 버티고 있는 공청단파도 아니었다. 덩샤오핑 가문이나 리펑(李鵬), 주룽지(朱鎔基) 같은 강한 원로 정치인의 '라인'도 아니었다. 저우융캉은 상하이방 핵심인사이자 과거 교분이 두터웠던 쩡칭훙(曾慶紅)의 지원으로 성장해온 인물이다. 하지만 쩡칭훙은 시진핑을 차기 총서기로 등극시킨 킹메이커다. 그가 내세운 인물이 차기 총서기로 내정된 이상 쩡칭훙으로서는 저우융캉을 비호해야 할 정치적 이익이 없어진 셈이다. 결정적인 순간 저우융캉을 버리더라도 시진핑의 손을 들어줄 것이 눈에 보였다.

운명적인 보시라이와의 연합

퇴임 후 그를 보호해줄 원로가 없을 것임을 직감한 저우융캉은 자신의 후계자를 물색하기 시작했다. 그 후계자를 차기 상무위원에 진입킨다면, 후계자가 상무위원회에서 자신의 보호막 역할을 해줄 것으로 여긴 것이다. 저우융캉의 눈에 띈 인물은 보시라이(薄熙來)였다. 보시라이는 능력이 출중하고 야심만만했다. 다만 본인을 내세우는 성향이 강해 당내 비토세력이 있었다. 따라서 당내 지원세력이 필요한 상황이었다. 저우융캉은 '퇴임 후 안전'을, 보시라이는 '자신의 상무위원 진입 지원'을 매개로 두 사람은 손을 잡았다. 저우융캉은 보시라이가 서기로 있던 충칭시를 자주 찾아 힘을 실어주며 가까운 관계를 유지했다. 2010년 이후 베이징 정가에서는 저우융캉이 정법위 서기 자리를 보시라이에 물려주려 한다는 설이 돌았다.

하지만 2012년 2월 왕리쥔의 미국 망명기도 사건이 발생했고, 이로인해 보시라이는 궁지에 몰렸다. 보시라이 사태는 금세 국제적인 이슈로 떠올랐다. 보시라이를 처벌해야 한다는 목소리가 안팎으로 높아졌다. 공산당 정치국은 물론 원로들도 보시라이의 처벌이 불가피함을 인정했지만, 저우융캉은 마지막까지 보시라이의 낙마를 막기 위해 동분서주했다.

결국 보시라이는 직권남용과 비리혐의로 처벌됐고, 보시라이를 지켜내지 못한 저우융캉은 '부패정치인의 비호세력'으로 전락하고 말았다. 저우융캉은 이후 정치력이 쇠약해진 채 2012년 11월 상무위원직을 퇴임했다. 퇴임 후 안전을 위해 보시라이를 선택했던 수가 자충수가 되고 만 것이다. 정치적인 흠집을 남긴 채 퇴임한 그는 새로 들어선 시진핑 지도부에게 어찌 보면 '손쉬운 먹잇감'이었다.

그리고 그가 퇴임하자마자 화가 닥쳤다. 2012년 12월 그의 오른팔이었던 리춘청(李春城) 쓰촨성 부서기가 체포된 것. 이를 시작으로 이후 1년 8개월 동안 저우융캉의 옛 부하들은 모조리 체포되거나 낙마했다. 고위관료와 국유기업 회장들만 34명이 체포됐다. 게다가 저우융캉의 아들, 동생들, 동생들의 가족, 부인까지 체포되어 조사를 받거나 기소됐다. 저우융캉과 관련해서 모두 350여 명이 체포됐다. 1년 8개월 동안 저우융캉을 타깃으로 한 '표적수사'가 진행된 셈이다. 끈질기고 집요한 수사에 상무위원의 처벌을 반대했던 원로그룹들조차 입을 닫을 수밖에 없었다. 그리고 2014년 7월 23일, 중국 당국은 저우융캉에 대한 조사내용을 공개했다.

공산당의 공식발표가 나자 중국 매체들은 일제히 저우융캉과 그 일가의 비리행위와 사생활에 관한 소문들을 앞다퉈 보도하고 나섰다. 저우융캉은 순식간에 중국 인민에게 부패의 원흉이 됐고, 시진핑은 과감하고 강단 있게 전직 상무위원까지 내친 '정풍운동의 영웅'으로 자리매김했다. 시진핑으로서는 인민의 지지와 공산당 내 강한 리더십을 확보하는 데 성공했으며, 이를 토대로 그가 계획한 개혁에 강한 드라이브를 걸 태세다. 반면 저우융캉의 파란만장했던 정치인생은 비참한 모습으로 막을 내리게 됐다.

넘치는 능력과 추진력, 초고속 승진

저우융캉은 1942년 장쑤(江蘇)성 우시(無錫)의 시첸터우(西前頭)촌에서 태어났다. 학업성적이 빼어났던 그는 1958년 지역 명문인 쑤저우(蘇州)고등학교로 추천입학됐다. 성적은 줄곧 1위였고, 리더십이 있어서 반장도 독차지했다.

저우융캉은 베이징 8대 명문 중 하나인 베이징석유대학에 진학했다. 문화대혁명이 한창이던 1967년 저우는 헤이룽장(黑龍江)성 다칭(大慶)유전 수습사원으로 발령받았다. 3년 후 그는 랴오허(辽河)유전으로 옮겨 이곳에서 15년을 근무했다. 랴오허는 우리나라에 '요하'라는 이름으로 유명하다. 저우융캉은 고속승진을 거듭했고, 랴오허유전 석유탐사국 국장까지 올라갔으며, 유전이 위치한 판진(盤錦)시 시장도 겸임했다.

이후 1985년 국무원 석유공업부 부부장(차관)으로 영전해 베이징에 입성했다. 1988년 석유부가 국영석유회사들로 나눠지자 페트로차이나로 자리를 옮겼고, 1998년 페트로차이나 사장(장관급)에서 물러나면서 32년 석유인생을 뒤로했다. 32년 동안 석유업계에서 동고동락하며 다져진 네트워크는 저우의 든든한 정치자산이 되었지만, 지금은 모두 몰락했다.

1998년 저우융캉은 신설된 부서인 국토부의 초대 부장에 임명됐다. 그해 그는 중공 지도부들에게 편지를 써 서기동수(서쪽의 천연가스를 동쪽으로 운반해오는 계획)를 건의했고, 계획을 관철시키는 강한 추진력을 보이기도 했다. 1년 후인 1999년 57세의 저우융캉은 쓰촨성 서기로 발령받는다. 그의 능력을 아낀 공산당 지도부가 그로 하여금 지방정부 경력을 쌓게 하기 위함이었다. 저우융캉은 자신의 비서 출신인 지원린과 귀융샹을 쓰촨성에 데리고 갔다. 이 밖에도 쓰촨성에서 리충시, 리춘청 등의 새로운 휘하들을 만들었다. 이들 역시 현재 모두 체포됐다.

저우융캉은 쓰촨성에 착임하자마자 현지 인민의 게으름과 타성을 질타하며 강력한 경제개발 드라이브를 걸었다. 페트로차이나, 차이나모바일 등 대형 국유기업 회장들을 초청해 쓰촨성에 투자할 것을 설득해 결국 투자를 유치했다. 쓰촨성 경제에 활력이 돌았지만, 그 틈바구니에서 측근들과 가족들은 축재를 했다.

강한 성격과 불도저 같은 추진력을 높게 산 중공중앙은 2002년 저우융캉을 공안부장으로 임명했다. 공안계통에서 일해본 적이 없는 그였지만, 공안부장으로 취임한 후 공안수칙 5개항을 발표하고 엄격히 수행토록 해 공안의 군기를 잡았다. 5개항은 음주운전을 하지 말며, 낮술을 금하라는 등의 간단하면서도 구체적인 행동지침이었다. 5개항을 필두로 공안부에는 개혁의 바람이 불었고, 조직은 쉽사리 장악됐다. 저우융캉의 권력은 드높아졌고, 그를 따르는 인사들은 눈덩이처럼 불어났다. 이와 함께 부패의 그늘도 짙어져만 갔다.

2007년 10월 17차 당대회에서 저우융캉은 쩡칭훙의 지원을 받아 상무위원에 올라섰다. 그는 뤄간(羅干)의 후임으로 중앙정법위 서기직을 꿰찼다. 정법위 서기는 공안, 검찰, 법원, 무장경찰을 통할하는 막강한 자리다. 무소불위의 칼을 휘둘러서였는지 그에게 원한을 품은 사람들도 많아졌다. 2009년 가을에는 그의 고향인 시첸터우촌에 있던 아버지의 묘지가 파헤쳐지고 시신이 훼손되는 사건이 발생하기도 했다.

멸문지화를 당한 저우융캉 가족

저우융캉의 가족들도 모두 화를 당했다. 저우위안싱, 저우위안칭 등 두 동생은 형과 달리 초등학교만 졸업한 후 집에서 농사일을 했다. 하지만 저우융캉이 입신양명한 후 두 동생은 지역에서 위세를 떨쳤다. 교통정리를 하는 경찰에게 뺨을 올려붙이는 등 거침이 없었고, 경찰들은 시첸터우 사람들에게 각별히 조심했다. 저우융캉이 쓰촨성 서기로 일하는 동안 큰동생 저우위안싱은 우량예(五粮液) 지역대리상 자격을 따냈으며, 작은동생인 저우위안칭은 아우디 대리상 판권을 취득했다. 가만히 있어도 재산이 쌓여갔다.

두 형제의 집에는 끝없이 손님이 몰려들었다. 저우융캉에게 잘 말해달라는 청탁방문이었고, 고관대작들은 두 형제에게 연신 몸을 굽실댔다. 당시 저우위안칭의 아우디 차량 번호판은 '99999'였다. 다섯 개의 9가 있다고 해서 지역 내에서 '구오지존(九五之尊, '황제'를 뜻함)'으로 불렸다. 화는 2013년 12월에 찾아왔다. 경찰은 두 차례에 걸쳐 저우위안싱의 집을 압수수색했고 가산을 몰수해갔다. 몰수 이유는 '출처불명의 재산축적'이었다. 그는 지난 2월 암으로 사망했는데, 장례식은 초라하기 짝이 없었다. 그의 형제들과 조카들, 가족들은 아무도 나타나지 않았다. 작은동생 저우위안칭과 그의 아내도 지난해 12월 체포됐다. 두 형제의 아들들도 권력의 그늘 아래 축재를 했으며, 현재 구속된 상태다.

비슷한 시기에 저우융캉의 아들 저우빈(周濱)과 며느리 황완(黃婉)도 베이징에서 체포됐다. 저우융캉에게는 아들이 둘 있다. 큰아들이 저우빈이고, 둘째아들은 저우한(周涵)이다. 1972년생인 저우빈은 아버지의 보호 아래 서남석유대학에 진학했다. 이 학교에서 맺은 친구들이 훗날 저우빈을 대리해 기업을 경영하며 온갖 특혜를 누리게 된다. 이들 역시 모두 체포됐다. 미국 유학시절 만나 결혼한 황완은 전 석유부장 황위성(黃渝生)의 딸이다. 둘째아들 저우한은 2000년대 초 아버지와 극심한 갈등을 빚은 뒤 현재는 인연을 끊은 채 지내고 있다고 한다.

저우융캉은 대학시절 학교 동창인 왕수화(王淑華)와 결혼해 두 아들을 뒀다. 왕수화는 2000년경 의문의 자동차사고로 사망했다. 아내의 사망 후 저우융캉은 곧이어 2001년 28세 연하인 베이징대 출신 CCTV 기자인 자샤오예(賈曉燁)와 재혼했다. 자샤오예는 체포됐고, 자샤오예의 동생은 캐나다로 도피했다.

(2) 시진핑의 군부장악

시진핑 중국 국가주석이 군부 핵심에 발을 내디딘 것은 2010년 10월 공산당 17기 중앙위원회 5차 전체회의(17기 5중전회)에서 군사위 부주석에 임명되면서부터였다. 2007년 국가부주석 상무위원에 올라서며 차기 국가주석을 예약한 그였지만, 2010년 말이 되어서야 군부 요직에 진입할 수 있었다. 그만큼 군부의 벽은 높았다.

시진핑은 군사위 부주석에 오른 지 3개월 후인 2011년 1월 오랜 친구인 류위안(劉源) 상장(한국의 대장)을 총후근부 정치위원으로 끌어올렸다. 군수지원을 담당하고 있는 총후근부는 당시 군부 내 부패의 온상으로 지목되던 곳이다. 류위안은 총후근부 내 반부패 작업을 진행했으며, 2012년 2월 당시 총후근부 부부장이었던 구쥔산(谷俊山)을 면직시켰다. 이는 군부 내 반부패 활동의 서막을 알리는 신호탄이었다.

반부패, 군부에서 가장 강도 높았다

2012년 11월 제18차 전국대표대회(당대회)에서 공산당 총서기와 중앙군사위원회 주석에 오른 시진핑은 군부는 물론 사회 전체에 반부패운동을 전개했다. 저우융캉, 링지화(令計畫) 등 무수한 정계 거물들이 낙마했다.

하지만 반부패운동 바람이 가장 거센 곳은 군부였다. 2014년 3월 15일 쉬차이허우(徐才厚) 전 군사위 부주석이 낙마했으며, 2015년 4월 9일에는 귀보슝(郭伯雄) 전 군사위 부주석마저 부패혐의로 옷을 벗었다. 귀보슝은 2002년 11월에, 쉬차이허우는 2004년 10월에 부주석에 오른 인물로, 둘 다 장쩌민(江澤民) 전 주석이 부주석에 임명했다. 이들은 후진타오 주석 재임시절 군부 2위와 3위로, 전체 군부를 좌지우지했다. 2015년 4월 기준 집계로 시진핑 등극 이후 장·차관급 낙마인사 102명 중 무려 33명이 군부인사였다.

집권 후 군부 내 정풍운동을 통해 자신의 군부 내 영향력을 급속히 확장시키던 시진핑 주석은 2015년 11월 전군지휘관회의를 소집했다. 회의장소로 시 주석은 푸젠(福建)성 구톈(古田)을 지목했다.

86년 만의 구톈회의

86년 전인 1929년 12월에 열렸던 구톈회의에서 마오쩌둥은 '당의 군대지휘' 원칙을 세웠다. 당시 마오쩌둥은 홍4군 공산당 서기로 당의 지도자였으며, 홍4군 사령관은 주더(朱德)였다. 마오쩌둥과 주더는 협의를 통해 함께 군권을 행사했다. 하지만 구톈회의에서 원칙이 정해진 후 마오쩌둥은 공산당 서기 신분으로 홍4군의 군권을 독자적으로 행사했으며, 이 원칙은 현재까지 이어져오고 있다.

시 주석이 지휘관 회의장소로 구톈을 택한 의미는 명확했다. 공산당의 군대지휘 원칙을 더욱 명확히 복귀시키겠다는 것이다. 이는 시 주석의 군부장악과 일맥상통한다.

마오쩌둥, 덩샤오핑 집권기에는 본인들이 인민해방군 설립 주축이자 대원로였던 만큼 '당의 군대지휘' 원칙은 단 한 순간도 흔들림이 없었다. 하지만 장쩌민 전 주석과 후진타오 전 주석은 혁명원로도 아니며, 군 출신 인사가 아닌 관료 출신이었기에 군에 대한 장악력이 느슨할 수밖에 없었다. 그들의 집권기에는 군부의 자율성이 나날이 커져만 갔다.

경제적인 굴기를 바탕으로 댜오위다오(釣魚島, 일본명 센카쿠 열도)와 남중국해에서 미국, 일본과 경쟁하고 있는 중국은 군사전략을 방어에서 공세로 전환하고 있다. 이를 위해서는 인민해방군의 신속한 전투능력 제고가 급선무다. 일사불란한 지휘체계 확립을 위한 조직의 슬림화 등 구조조정도 요구된다. 시 주석으로서는 군부에 흩어져 있던 권력을 자신에게 집중시켜 강한 개혁을 밀어붙일 필요가 있었다.

시 주석은 2014년 11월 구톈회의에서 "당의 군대에 대한 절대적 영도는 '강군의 혼'이며, '군의 혼(군인정신)' 강화는 그 어떤 시기에도 흔들려서는 안 된다"면서 당에 대한 군의 절대 충성을 거듭 강조했다. 그는 "강한 군대, 싸워서 이기는 군대 건설에 솔선수범해야 한다"며 군부의 방향을 재확인했다.

2015년 군부개혁 급물살

2014년까지 군부 내 입지를 탄탄히 다진 시 주석은 구톈회의 이후 군부개혁에 박차를 가했다. 우선 2015년 3월 쉬차이허우가 사망한 이후 2015년 4월에 궈보슝을 부패혐의로 낙마시키며 군부 반부패 작업의 고삐를 당겼다. 그해 8월에는 10명을 대상으로 상장 승진인사를 단행했다. 2012년 말 1명, 2013년 6명, 2014년 4명에 이어 대폭의 승진인사였다. 시 주석 집권시기 상장 승진자는 모두 21명으로 늘었다. 현역 상장 38명 중 21명이 시 주석이 진급시킨 인사들인 셈이다.

9월 3일 베이징(北京) 톈안먼(天安門) 광장에서 개최된 '항일전쟁 승리 및 세계 반(反)파시스트 전쟁 승리' 70주년 기념 열병식에서 시 주석은 병력 30만 명을 감축하겠다고 선언했다. 비대한 군부조직에 구조조정을 단행하겠다는 의지의 표명이었다.

2015년 12월 24일부터 26일까지 개최된 중앙군사위원회 개혁공작 회의에서는 더욱 강도 높은 개혁안이 도출됐다. 7대 군구제(軍區制)를 폐지하고 5대 전구제(戰區制)를 도입하며, 전구와 군종(육군, 해군, 공군, 제2포병대, 전략지원부대)의 역할을 분리시키고, 연합작전 지휘체제를 확립하겠다는 내용이 포함됐다. 또 총참모부, 총정치부, 총후근부, 총장비부 등 4총부의 권한을 약화시키고 군사위원회의로 권력을 집중시키는 방향도 제시됐다.

이 같은 군부 개혁안은 대규모 구조조정을 수반할 수밖에 없다. 전구제 전환과 4총부 약화는 장성급은 물론 영관급들의 인원감축으로 이어진다. 강한 군대, 이기는 군대를 건설하겠다는 비전이 명확하더라도 군부개혁은 현실적으로는 첨예한 이익조정 과정을 거쳐야 한다.

자연스레 군부에서 불만의 목소리가 나왔다. 중국인민해방군 국방대학의 쑨커자(孫科佳) 부교수는 「해방군보」 기고를 통해 "군 개혁이 여러 동료 군인들의 이익을 건드릴 것"이라며 "개혁이 적절히 다뤄지지 않으면 군은 물론 사회의 안정이 위협받을 수 있다"고 경고했다. 이는 군부 내 보수파의 국방개혁에 대한 저항이 존재하며, 상당할 수 있음을 시사한다. 이는 또 시 주석의 군부 장악이 완벽하지 않은 상태임을 반영한다.

그리고 2015년 12월 16일 시 주석의 군부 최측근 인사인 류위안 총후근부 정치위원이 퇴임했다. 군부 반부패 작업에 공로가 큰 류위안은 인민해방군 기율위 서기로의 영전이 유력시되는 상황이었다. 류위안이 군부 기율위 서기로 이동한다면, 시 주석의 개혁은 더욱 탄력을 받게 됐을 터이다. 하지만 류위안은 조용히 퇴직했다. 관영매체는 그의 퇴임 사실을 보도하지 않았다. 퇴임 4일 후 옛 동료의 개인 블로그를 통해 공개됐을 뿐이다. 이를 두고 시 주석이 군 개혁안 수용과 류위안 퇴임을 놓고 군부 내 보수

파들과 거래를 했다는 말이 나온다.

시 주석은 2015년 12월 25일 인민해방군 기관지인 「해방군보」를 시찰했다. 「해방군보」는 시 주석 등극 이후 줄기차게 '당의 군사지휘' 원칙과 강군 육성을 제창해왔다. 이처럼 시 주석이 「해방군보」를 파격 방문해 무게를 실어준 것은 향후 벌어질 군부 내 여론전에서 「해방군보」가 선봉 역할을 해주길 기대하기 때문인 것으로 분석된다. 반부패의 명분과 군부개혁의 비전이 뚜렷한 만큼 군부 여론을 등에 업고 보수파들을 압박해나가겠다는 의도인 셈이다.

(3) 시진핑의 언론장악, 「옌황춘추(炎黃春秋)」

중국의 지식인들이 「옌황춘추」라는 월간지에 열광하던 시기가 있었다. 2000년대 후반에 최전성기를 구가했던 이 잡지는 정치개혁을 갈망하는 중국 지식인들에게 한 줄기 빛이자 한 모금의 물이었다.

이 매체는 관변이긴 하지만 비교적 독립적인 민간단체인 중화옌황문화연구소가 1991년 창간했다. 후야오방(胡耀邦), 자오쯔양(趙紫陽) 등과 함께 정치개혁을 주장했던 개혁 성향의 공산당 원로들이 창간 주도세력이었다. 후야오방과 자오쯔양은 중국의 민주화를 주창하다가 실각된 전직 중국공산당 총서기들이다. 창간인은 「광밍르바오(光明日報)」 총편집, 신문출판총서 서장을 역임한 두다오정(杜導正, 1923년생)이었다. 주로 역사 문제와 정치 이슈를 다루며, 원로급 인사들의 기고문이 다수 게재된다. 이 매체는 줄기차게 정치개혁과 입헌민주제, 헌정(憲政, 공산당이 아닌 헌법의 통치)을 주장해왔다.

2005년에는 정치개혁을 주장했던 후야오방 전 총서기에 관한 기사를 실었다가 단기간 판매금지 조치를 당하기도 했다. 2007년에는 자오쯔양 전 총서기를 찬양하는 내용이 담긴 톈지윈(田紀雲) 전 부총리의 글을 실었다. 과거 원자바오(溫家寶) 총리가 정치개혁과 민주화를 강조하는 발언을 하면 이를 적극 옹호하고 나선 것도 「옌황춘추」였다. 이 매체는 후진타오 집정 10년 동안 줄기차게 정치개혁을 주문했다. 이 기간 동안 여러 차례 판매금지조치를 받았지만, 창간을 주도했던 공산당 원로들의 지원 덕분에 가혹한 처분까지는 받지 않았다.

하지만 2012년 11월 태자당인 시진핑 집정 이후 상황은 돌변했다. 시 주석은 '중국공산당 1당 독재'와 '중국 특색 사회주의'에 대한 신념이 콘크리트처럼 굳은 지도자다. 「옌황춘추」가 주장하는 정치개혁과 민주화는 결코 받아들일 수 없는 사안이다. 그런데도 「옌황춘추」는 정치개혁에 대한 목소리를 키워갔다.

「옌황춘추」는 매년 베이징에서 신춘 단배식을 한다. 시 주석이 총서기에 등극한 이듬해인 2013년 2월 단배식에서 후야오방 전 총서기의 아들인 후더화(胡德華)가 200여 명의 지식인이 모인 자리에서 이제 막 공산당 총서기에 등극한 시진핑을 대상으로 비판적인 목소리를 냈다. 2014년 단배식에서도 민주화에 대한 목소리가 나왔다. 마오쩌둥 전 국가 주석의 비서를 지낸 리루이(李銳)는 당시 "죽을 날이 멀지 않았다면서 헌정(입법정치)이 시행된다면 영혼이 돼서도 미소를 지을 것"이라며 정치개혁을 촉구했다.

「옌황춘추」 길들이기 첫 단추는 주관기관 교체

그동안 지켜보기만 하던 중국의 감독당국은 이때부터 「옌황춘추」에 대한 조치를 취하기 시작했다. 중국의 언론과 출판 등을 담당하는 국가신문출판광전총국은 2014년 9월 15일 「옌황춘추」의 주관기관을 2개월 내로 문화부 산하 중국예술연구원으로 변경할 것을 지시했다. 이로 인해 독립된 매체였던 「옌황춘추」는 중국 국무원 문화부 소속 매체가 됐다. 중국 당국이 문화부를 통해 「옌황춘추」의 편집권을 간섭하겠다는 뜻이 분명했지만, 관할권이 옮겨가는 과정에서 잡음 하나 나지 않았다. 이는 중국의 허약한 언론현실과 막강한 당국의 힘을 반영한다. 그리고 정부의 직접적인 감독에 놓인 「옌황춘추」의 앞길은 가시밭길 그 자체였다.

2015년 3월에 개최 예정이던 신춘 단배식은 당국의 압력으로 취소됐다. 「옌황춘추」 기자들과 외고진, 지지자인 지식인들이 모일 예정이었지만 무산됐다. 자오쯔양 전 당 총서기의 비서였던 바오통(鮑彤)은 "이번 사건은 당국자들이 전임자들조차 두려워하고 있다는 것을 보여준다"고 비판했지만 메아리는 없었다.

신문출판광전총국은 2015년 5월 「옌황춘추」에 경고문을 발송했다. 그동안 당국의 「옌황춘추」에 대한 구두경고는 많았지만, 서면경고는 처음이었다. 잡지에 게재된 기고들이 정부의 검열을 거치지 않았다는 게 이유였다. 과거와는 달라진 정부의 태도에 「옌황춘추」는 위축됐다. 이어 양지성(楊繼繩) 「옌황춘추」 총편집이 그해 6월 사임했다. 정부가 사직을 종용했다는 소문이 돌았지만, 양지성 총편집은 입을 꾹 다물었다. 다만 퇴임 직전 그는 "「옌황춘추」가 다당제 민주주의와 권력 분립, 당 지도자와 가족 관련 이야기, 티베트와 신장(新疆)위구르자치구 독립 주장, 1989년 톈안먼(天安門) 진압, 종교 문제 등 8개 분야를 다루지 않겠다"며 "「옌황춘추」가 존속할 수 있도록 약간의 여지를 달라"고 당국에 요청한 것으로 알려졌다.

경영진 교체 이은 필진 교체까지

이후 「옌황춘추」는 문화대혁명, 후야오방 평가 등 민감한 사안들에 대한 편집권을 두고 당국과 크고 작은 갈등을 빚어왔다. 그러다가 지난달 14일 중국예술연구원은 「옌황춘추」의 창간인인 두다오정(杜導正) 사장, 후야오방 전 총서기의 아들인 후더화(胡德華) 부사장, 쉬칭취안(徐慶全) 총편집을 면직시키는 인사발령을 냈다. 면직대상인 경영진들은 이에 극렬히 반항하며 즉각 정간을 결정하고, 경영진 교체 취소를 요구하는 소송을 베이징 차오양(朝陽)구 법원에 제기했다. 하지만 차오양구 법원은 2015년 7월 22일 아무런 이유를 설명하지 않은 채 소송을 기각했다.

소송이 기각되던 날 중국 베이징시 시청(西城)구 문화위원회는 「옌황춘추」가 불법출판물을 발행, 판매했다는 신고를 접수했다고 밝히고 현장조사를 실시했다. 현장조사에서 불법출판물이 발견되지는 않았지만, 컴퓨터자료와 서고자료, 재무부서 회계자료, 직원들의 소지품 등이 샅샅이 조사됐다. 결국 「옌황춘추」 경영진은 힘없이 물러나야 했고, 새로운 경영진이 들어섰다. 구 경영진이 결정한 「옌황춘추」의 정간사태는 일어나지 않았다.

그리고 새 「옌황춘추」 경영진은 2015년 8월 16일 중국 공군의 대표적 매파인 다이쉬(戴旭) 대교(大校, 한국의 준장)와 중국 상무부 산하 싱크탱크의 메이신위(梅新育) 연구원, 대표적 마오이스트 학자인 궈쑹민(郭松民) 등을 신규 필진으로 선임했다. 선임된 3인의 필진은 그동안 「옌황춘추」를 공격해온 극좌파 인사들이다. 메이신위와 궈쑹민은 「옌황춘추」를 공격하다가 욕설을 한 혐의로 「옌황춘추」 전 편집장에 의해 고소를 당한 적이 있었다. 「옌황춘추」를 창간한 인사들의 시각에서는 '결코 있을 수 없는 일'이 벌어졌지만, 상황은 종결됐다. 중국 당국의 「옌황춘추」 '점령작전'은 이렇게 완성됐다.

「옌황춘추」는 대표적인 중국의 개혁 성향 잡지로, 정치개혁과 입헌민주주의를 지지하는 거의 유일한 매체였다. 하지만 이제 「옌황춘추」 역시 중국공산당의 선전정책을 충실하게 실행하는 별다른 특색 없는 하나의 잡지로 '전락'하게 됐다.

(4) 시진핑에 열광하는 중국 인민

중국에는 정치인의 지지도 조사가 없다. 과연 우리나라식으로 시진핑 국가주석의 지지도를 조사해보면 얼마나 나올까? 최소 70% 이상은 나오지 않을까 하는 게 많은 이들의 예상이다. 최대 90%까지 내다보는 이들도 많다. 기실, 시진핑 주석에 대한 중국 인민의 애정과 지지는 높다. 시 주석이 다녀간 식당은 연일 매진행진을 기록하고, 그가 먹었다는 음식은 그날 각 식당에서 불티나게 팔려나간다. 그가 지방시찰이라도 가면 지역 주민이 자발적으로 나와 손을 흔들고, 그의 손이라도 한번 잡아보기 위해 몸싸움 경쟁을 벌이며, 그의 발걸음이 멀어져갈 때까지 박수를 멈추지 않는다.

시진핑이 총서기 후계자로 공표된 것은 2007년 11월, 정식 1인자로 등극한 것은 5년 후인 2012년 11월이다. 후계자 등극 후 9년이 지났고, 총서기 등극 후 4년이 지났다. 집권 초 허니문 기간은 이미 지났지만, 시진핑 주석에 대한 인민의 신뢰와 애정은 날이 갈수록 더욱 깊어져가고 있다. 지지도 높은 지도자가 명확하고 확고한 미래비전을 제시하면, 국민은 비전과 희망을 갖는다. 최소한 중국 사회에는 '절망'의 그림자가 없고, 거리의 사람들에게는 활력이 넘친다.

2014년 9월 9일 스승의 날을 기념해 베이징사범대를 방문한 그에게 학생들은 환호성을 연발했다. 학생들은 미리 준비한 '시다다신쿠러(習大大辛苦了, 시진핑 아저씨 수고하십니다)'라는 표지판을 들어 올렸다. 학생들은 전날 표지판을 만들며 호칭을 '시 주석'으로 할지 '시다다'로 할지를 놓고 고민했다고 한다. '다다'라는 말은 시진핑의 고향인 산시(陝西)성 방언으로 '삼촌' 또는 '아저씨'를 뜻하는 친근한 표현이다. 학생들은 '시다다'로 불러도 시 주석이 기분 나빠하지 않을 것이라고 확신했다고 한다. 당일 학생들이 들고 있는 표지판을 본 시 주석은 잠깐 멈춰서서 활짝 웃으면서 '하오(好, 좋다는 뜻)'를 연발했다.

이 한 장의 사진에 중국 인민은 과거 1984년 건국 35주년 기념행사에서 베이징대 학생들이 '샤오핑니하오(小平你好, 안녕하세요 덩샤오핑)'라는 현수막을 달고 자전거 행진을 하던 모습을 떠올렸다. 당시 덩샤오핑은 문화대혁명의 10년 질곡을 끝내고, 지긋지긋했던 사상투쟁에 종지부를 찍었으며, 인민을 배고픔에서 해방시켰다. 덩샤오핑의 리더십은 아직까지 중국인의 찬사를 받는다. 현재 시진핑의 인기가 당시 덩샤오핑의 인기에 못지 않다는 것이 현지 장년층의 반응이다. 많은 중국인과의 소통 결과 시진핑 열기의 원인은 크게 세 가지로 정리된다. 친서민 행보, 반부패 활동, 명확한 비전 제시.

'인민과 함께' 친서민 행보

시진핑 주석은 친서민 행보를 강화하며 인민에게 '항상 함께한다'는 인식을 심어주고 있다. 후덕하고 평범한 옆집 아저씨 같은 그의 인상 역시 친서민 행보와 상당히 잘 어울린다. 시진핑의 친서민 행보에 중국 인민은 감동하여 기꺼이 박수갈채를 보내고 있다.

2013년 7월 21일 공개된 시 주석의 모습이 대표적이다. 시 주석이 후베이(湖北)성 우한(武漢)의 한 콘테이너 부두를 시찰하던 날이었다. 폭우가 쏟아지자 시 주석은 바지를 걷어붙이고 우산을 들고 현지 시찰을 진행했다. 바지를 걷어붙인 모습도 친근감을 더했지만, 그보다는 시 주석이 직접 우산을 받쳐들고 있는 모습이 인상적이었다. 중국의 지도자들은 과거 비서들 혹은 지방정부 지도자들이 우산을 받쳐주었다. 사진 속 시 주석의 모습은 일반인의 모습과 다름없었고, '탈권위'의 인상을 심어주기에 충분했다.

2013년 12월 28일, 시진핑 주석이 베이징의 허름한 만두가게를 찾아 줄을 서서 만두를 주문하고 직접 계산한 뒤 쟁반에 만두를 받쳐들고 탁자로 가서 일반 손님들과 이야기하는 모습이 인터넷을 통해 전해졌다. 당시 시 주석이 계산한 식사비는 21위안(약 3,600원)이었다. 중국의 네티즌들은 앞다퉈 '감동적이다'라는 반응을 올렸다.

또 다른 대표적인 장면은 2014년 2월 25일 연출됐다. 베이징에 지독한 스모그가 6일째 지속되던 날이었다. 베이징에는 "인민은 스모그에 생명이 단축돼가고 있는데 국가지도자들은 중난하이에서 최고급 공기청정기를 돌려대고 있다"는 불만이 돌았다. 시 주석은 베이징의 대표적인 후통거리인 난뤄구샹(南鑼鼓巷)을 방문해 주민과 대화를 나눴다. 중국 「신징바오(新京

報)」는 "함께 숨쉬며 생사를 함께한다(同呼吸, 共命運)"는 평가를 내렸다.

18만 명 낙마, 전방위 반부패운동

2010년대 후진타오 정권 말기에 중국 인민의 부패에 대한 불만은 극에 달했다. "국가는 부자지만, 국민은 가난하다(國富民窮)"라는 냉소가 전 사회에 팽배했다. 공무원들은 권력을 이용해 기업에 특혜를 제공하고 뒤로는 검은돈을 챙겼다. 검은돈을 중국에 둘 수 없어서 해외로 빼돌리기 위해 갖은 방법이 동원됐다. 사회 곳곳에 벼락부자가 생겨났고, '졸부'들은 흥청망청했다. '홍얼다이(紅二代, 공산당 고위간부 자제들)', '관얼다이(官二代, 고위관료 자제들)'라는 신조어가 등장한 것도 당시였다. 이들이 벌이는 상상을 초월한 사치행각은 전 사회에 비애와 상실감을 제공했다. 하지만 인민은 속수무책으로 분노를 삭힐 따름이었다.

시진핑 주석은 2012년 11월 총서기 등극 후 곧바로 정풍운동에 착수했다. 등극 다음달인 2012년 12월 리춘청 쓰촨성 부서기가 낙마했다. 이후 무려 18만 명의 관료가 부패혐의로 낙마했다. 특히 "상무위원은 처벌하지 않는다"는 당내 묵계를 깨고 저우융캉 전 정법위 서기를 파멸시켰다. 정풍운동은 더 강해질 태세다. 반부패운동을 진두지휘하고 있는 왕치산(王岐山) 기율위 서기는 더욱 강력한 사정활동을 예고하고 있다. 당연히 인민은 무릎을 치며 속이 시원하다는 반응이다.

이와 함께 시 주석이 제창한 '8항 규정'은 공무원들의 허례허식에 철퇴를 가했다. 예산남용과 사치스런 출장, 관용차의 사적 사용, 화려하기 그지없는 정부행사 등을 원천적으로 봉쇄했다. 정부예산 집행에 엄격한 제한을 가해 낭비요인을 막았다. 중국 공무원들을 만나보면 "지금은 예전과 다르다"는 말을 연발한다. 2011년만 하더라도 대학생들이 선망하는 직업 1위가 공무원이었다. 하지만 지금은 공무원에 대한 인기는 시들해졌다. 현직 공무원들조차 박봉에 민영기업으로 옮기는 경우가 많은 현실이다.

공산당 개혁, 명확한 비전 제시

시진핑 주석이 틈날 때마다 외치는 단어는 '개혁'이다. 2013년 11월 개최된 중국공산당 18기 중앙위원회 제3차 전체회의(3중전회)의 주제는 '개혁개방 심화'였다. 3중전회에서 시진핑 총서기를 정점으로 하는 공산당은 거의 모든 사회 분야를 망라한 개혁 방향 지침을 내놓았다. 이어 2014년 11월 개최된 4중전회는 '의법치국'이 주제였다. 입법부, 사법부, 행정부, 공산당 등에 대한 법치원칙이 천명됐으며 이를 위한 지침들이 문건으로 발표됐다. 헌법의 지위도 한층 격상시켰다.

3중전회의 주된 내용은 정부의 권한을 시장에 이양하자는 것이며, 4중전회는 자의적인 권력사용을 배제하고 법에 의한 권력사용을 지향하자는 것이다. 두 가지 모두 권력자 입장에서는 '권한약화'라는 의미를 지닌다. 다시 말해 시진핑 주석 스스로가 자신의 권력을 축소시키고, 향후 권력남용의 여지를 줄였다는 의미도 된다. 이에 중국인은 시 주석의 개혁의지를 신뢰하고 있다.

중앙당교 공산당역사과 셰춘타오(謝春濤) 교수는 "시진핑 주석은 40여 년 공직자 생활을 거치면서 16번의 자리이동이 있었다"며 "장기간 지방정부 지도자로 일하면서 온갖 사회갈등, 사건사고, 자연재해, 경기변동을 겪어냈다"고 소개했다. 이어 "하늘에서 뚝 떨어진 지도자가 아닌 수십 년 동안 준비해온 지도자이기에 스스로 명확한 비전과 신념을 가지고 있으며 이 같은 점이 인민으로부터 좋은 평가를 받고 있다"고 평했다.

3) 시진핑 군사굴기와 강경외교의 길

(1) 중국의 군사대국화, 2015년 열병식

중국의 2014년 국방예산은 1,294억 달러로, 우리나라 돈으로 치면 142조 원에 달한다. 지난해 우리나라 전체 정부예산 357조 원의 40%에 달하는 수치다. 영국의 국제전략문제연구소(IISS)에 따르면 2014년 국방예산 1위는 단연 미국(5,810억 달러)이었으며, 중국이 큰 차이로 2위를 차지했다. 사우디아라비아, 러시아, 영국 등이 뒤를 이었다. 우리나라의 국방예산은 344억 달러로 세계 10위였다.

중국 정부가 공개하는 국방예산은 매년 10%대의 증액을 거듭하고 있다. 중국 국방예산의 전년 대비 증가율은 2010년 7.5%, 2011년 12.7%, 2012년 11.2%, 2013년 10.7%에 이어 2014년 12.2%를 기록했다. 2010년 5,321억 위안이었던 국방예산은 지난해 8,082억 위안으로 51.88% 증가했다.

하지만 미국과 영국 등 서방세계는 중국이 국방예산을 축소 발표하고 있다며 의심의 눈초리를 거두지 않고 있다. 미국 국방부 보고서는 중국의 국방예산이 실제로는 발표치보다 20% 이상 많을 것이라고 적시하기도 했다.

축소 발표 여부에 논란은 있겠지만, 중국이 군사대국으로 올라서기 위해 아낌없이 투자하고 있음은 누구도 부인할 수 없다. 장기적인 대규모 투자로 중국은 막강한 무기들을 만들어내고 있다. 스텔스 전투기, 대형 수송기, 대륙간탄도미사일, 잠수함탄도미사일, 폭격기, 신예 탱크 등 최첨단 신무기들을 시험하면서 속속 실전에 배치하고 있다.

6년 만의 대규모 열병식

부쩍 증강한 군사력을 대내외에 과시하기에 가장 효과적인 정치행사는 열병식이다. 군사대국의 열병식은 그 나라의 군사력을 고스란히 드러내며, 경쟁국을 두렵게 하고, 우방국가들에게는 안심하게 따라오라는 메시지를 전하는 의미가 있다. 또한 국민에게 자부심을 안겨주며, 지도자를 중심으로 일치단결하게 하는 효과도 있다.

중국은 제2차 세계대전 승리 70주년을 기념하기 위해 '중국의 항일전쟁 승리 및 세계 반파시스트 전쟁 승리' 국가기념일인 2015년 9월 3일 베이징 톈안먼(天安門) 광장에서 대규모 열병식을 개최했다. 신중국 성립 후 중국은 이제까지 14번의 열병식을 거행했다. 가장 최근 개최된 열병식은 건국 60주년을 맞은 2009년 국경절 때였으며, 그 이전은 건국 50주년이던 1999년이었다. 2015년 전승기념일 열병식에 선보였던 무기들은 굴기하고 있던 당시 중국의 가능성을 보여줬다.

(2) 미군 이기겠다는 중국군, 2020 프로젝트

2015년 12월 24일부터 26일까지 3일 동안 베이징 징시(京西)호텔에서 개최된 중앙군사위원회 개혁공작회의를 주재한 사람은 중공중앙 총서기, 국가주석, 중앙군사위원회 주석, 중앙군사위원회 군개혁심화영도소조 조장이라는 네 가지 신분으로 참석한 시진핑이었다.

이 회의에는 판창룽(范長龍), 쉬치량(許其亮) 중앙군사위원회 부주석을 비롯해 창완취안(常萬全) 국방장관, 팡펑후이(房峰輝) 총참모장, 장양(張陽) 총정치부 주임, 자오커스(趙克石) 총후근부장, 장유샤(張又俠) 총장비부장, 우성리(吳勝利) 해군사령관, 마샤오톈(馬曉天) 공군사령관, 웨이펑허(魏鳳和) 제2포병대 사령관 등 8명의 중앙군사위원이 모두 참석했다. 이 밖에도 주요 군간부 200여 명이 회의를 함께했다.

중국 인민해방군 주요 간부 200여 명은 2박 3일 동안 머리를 맞댄 회의를 통해 '역사적인' 군개혁안을 내놓았다. 시진핑 주석은 "군 개혁은 중국몽(中國夢), 강군몽(強軍夢)을 실현하는 시대적 요구"이며 "개혁작업을 전면적으로 추진해 중국 특색 강군의 길을 확고하게 걸어야 한다"고 목소리를 높였다. 중앙군사위원회 개혁공작회의가 내놓은 개혁안은 이렇다.

전구 도입, 연합작전체제 설립

개혁안의 핵심은 전구(戰區)체제 도입이다. 이미 중국공산당은 2013년 11월에 개최된 제18기 중앙위원회 3차 전체회의 결정문에서 "전군사위원회 연합작전지휘기구와 전구연합작전지휘 체제를 구축해 연합작전 훈련 능력을 강화한다"고 비전을 밝힌 바 있다. 과거 중국군은 7대 군구(軍區) 체제를 갖추고 있었다. 현대전을 치르기에 현행 군구의 조기경보범위는 좁다. 시속 수천 킬로미터의 미군 F-22 등 초음속 전투기는 발견 시 이미 몇 개 군구를 지나갔을 수 있다. 그렇기 때문에 군구가 아닌 범위가 넓은 전구체제로 전환한다는 방침이다. 중국군의 7대 군구는 동·서·남·북·중의 5대 전구로 개편됐다.

5개로 개편된 전구에는 연합작전지휘권이 부여됐다. 인민해방군에는 육군, 해군, 공군, 제2포병대, 전략지원부대가 존재한다. 현재 5개의 병종이 연합해 작전을 수행할 때, 임시적으로 군구에 연합지휘기구가 구성된다. 임시적인 지휘기구로는 5개 병종의 유기적인 협력을 이끌어내기가 힘들다. 전구의 사령관은 지역 내 각 병종에 대한 지휘권을 가지게 된다.

이 밖에도 전구사령관은 인터넷작전, 정보작전, 특수작전, 우주전, 전쟁환경, 타격결과평가 등을 통할한다. C4ISR(군대지휘자동화시스템)이 도입되는 것이다. 중국국방대학 전략연구소 전 소장인 양이(楊毅)는 "코소보 전쟁과 이라크 전쟁을 참고하면 기존의 작전지휘체제로는 현대 정보화 전쟁을 이길 수 없다"고 말했다.

전구의 상급지휘체계인 중앙군사위원회도 연합작전지휘권을 갖는다.

과거에는 중앙군사위 산하 총참모부가 연합작전지휘를 맡고 있었지만 군종별 연합지휘와는 거리가 멀다. 군사전문가 쑹중핑(宋忠平)은 앞으로는 중앙군사위가 총체적인 지휘와 명령을 내리고 전구 사령부가 이에 따라 작전을 실행하는 방식으로 운영될 것이라고 분석했다.

전구와 군종의 역할분담

시 주석은 이번 회의에서 '중앙군사위-전구-부대'의 작전지휘체계와 '중앙군사위-군종-부대'의 부대건설체제를 추진하겠다고 강조했다. 이는 전구와 군종의 역할분담을 의미한다.

중국군이 미군을 참고해 육군, 해군, 공군, 제2포병대 등 군종별 사령부가 군정(軍政)을 맡고, 전구 사령부가 군령(軍令)을 맡게 되는 식이다. 군종별 총사령부가 책임지는 군정은 부대 건설과 장비, 후방 근무, 군사 편제 개혁 등을 맡는다. 평시에는 군정이 실무를 담당하지만 전시가 되면 군정은 군령을 보좌하게 된다. 전구 연합지휘센터가 책임지는 군령은 평시 가상의 적을 설정해 전술을 연구하게 된다. 전시가 되면 작전지휘권 전체를 틀어쥐고 전투를 수행하게 된다.

중국 인민해방군 최고 의결기구는 중국공산당 산하 중앙군사위원회다. 개혁안은 "중앙군사위가 모든 것을 총괄하며, 전구가 군령을 맡고, 군종이 군정을 맡게 될 것"이라고 명확히 했다. 전구의 기능이 대폭 강화된만큼 중앙군사위원회 위원에 전구 사령관이 진입하게 될 것으로 예상된다. 현재 중앙군사위원회는 총참모부, 총정치부, 총후근부, 총장비부 등 4개 총부의 이름으로 의사결정을 했다. 하지만 개혁안은 향후 군사위가 직접 의사결정을 하도록 했다.

군사전문가인 홍위안(洪源)은 "이번 개혁안은 신중국 성립 이후 가장 중대한 군 개혁"이라며 "육군사령부는 강한 해군, 강한 공군과 동시에 강한 육군을 건설해내겠다는 인민해방군의 의지표명"이라고 말했다.

(3) 러시아와 밀착, 군사동맹 방불

시진핑 중국 국가주석과 푸틴 러시아 대통령이 2015년 9월 4일과 5일 중국 저장(浙江)성 항저우(杭州)에서 개최된 G20 정상회의에서 또다시 만났다. 시 주석이 2013년 3월 국가주석에 등극한 후 18번째 갖는 푸틴 대통령과의 회동이었다. 3년 6개월 동안 18차례 정상회담을 가지게 된 것이니 중러 양국 정상은 평균 두 달여 만에 한 차례씩 만난 셈이 된다. 일국의 정상이 타국의 정상을 두 달에 한 차례씩 만나는 일은 결코 흔한 일이 아니다. 그만큼 중국과 러시아가 국가이익을 매개로 똘똘 뭉쳐 있음을 뜻한다.

시진핑, 푸틴 두 달에 한 번씩 만나

시진핑 주석은 2012년 11월 열린 제18차 중국공산당 전국대표대회에서 공산당 중앙위원회 총서기에 올랐다. 그리고 이듬해인 2013년 3월 개최된 전국인민대표대회(전인대)에서 중국 국가주석에 오르며 시진핑 시대를 열었다. 그해 전인대는 3월 17일 폐막했다. 시 주석은 5일 후인 22일 러시아를 방문했다. 주석직에 오르자마자 급하게 러시아를 찾은 것이다. 이것이 시진핑 주석의 첫 번째 외국방문이었으며, 푸틴 대통령과의 첫 번째 정상회담이었다. 시 주석의 부인 펑리위안(彭麗媛) 여사도 동행했다. 두 정상은 "중국과 러시아의 협력은 국제질서의 균형추"라며 양국의 밀월기를 선언했다.

이어 두 지도자는 5일 후인 27일 남아프리카공화국 더반에서 열린 제5차 브릭스(BRICS) 정상회의에 함께 참석했다. 그 후 2013년 9월 5일 러시아 상트페테르부르크에서 열린 G20 정상회담에서도 두 정상은 정상회담을 진행했다. 이어 9월 13일 키르기스스탄 비슈케크에서 개최된 상하이협력기구(SCO) 정상회의에서도 두 정상은 단독회담을 진행했다. SCO 정상회의는 중국과 러시아가 주도하는 중앙아시아 지역 내 정치경제 협력체다.

이어 2013년 10월 7일 인도네시아 발리에서 개최된 APEC(아시아·태평양경제협력체) 정상회의에서 두 정상은 그해 다섯 번째 정상회담을 진행했다. 발리 APEC 회의기간 중 푸틴 대통령은 61세 생일을 맞았고, 시 주석은 케이크를 전달했다. 이렇게 시 주석과 푸틴 대통령은 2013년 다섯 차례의 회동을 가졌다.

2014년 다섯 차례, 2015년 다섯 차례 회담

2014년에도 다섯 차례의 만남이 있었다. 2014년 시 주석의 첫 번째 해외순방지는 역시 러시아였다. 서방언론들이 우크라이나 문제로 그해 2월 러시아의 소치 동계올림픽 개최에 대해 지속적으로 문제를 제기하고 있는 상황이었다. 일부 서방국가 지도자들은 동계올림픽 참석을 거절했다. 하지만 시진핑 주석은 동계올림픽을 보름 앞둔 시점에 방문계획을 선포해 러시아에 힘을 실어주었다. 그리고 시 주석은 2월 6일 소치 올림픽 개막식에 참석했으며, 개막식에 참석한 각국 지도자 가운데 처음으로 푸틴 대통령과 회담을 했다.

이어 5월 푸틴 대통령이 시 주석의 초청으로 중국을 국빈방문해 정상회담을 진행했다. 푸틴 대통령은 방중기간 중 상하이(上海)에서 개최된 아시아 교류 및 신뢰구축회의(CICA) 정상회의(아시아신뢰회의)에도 참석했다. 그해 4월 크림 반도가 러시아에 병합된 데 대해 서방의 다수 국가들은 러시아를 비난했지만 중국은 러시아 편에 섰다. 푸틴 대통령은 방중기간 동안 "중국은 신뢰할 수 있는 친구로, 러시아 외교정책의 우선순위에 있다"고 발언했다.

7월 14일 시 주석은 제6차 브릭스 정상회의(15~16일)를 앞두고 브라질 포르탈레자에서 푸틴 대통령과 정상회담을 가졌다. 이어 두 달 만인 그해 9월 11일 타지키스탄의 수도 두샨베에서 열린 상하이협력기구(SCO)

정상회의 자리에서 양국 정상은 또다시 정상회담을 가졌다. 그리고 그해 11월 9일 베이징에서 개최된 APEC 정상회의에서 두 정상은 2014년의 다섯 번째 정상회담을 진행했다. APEC에서 아베 일본 총리를 굳은 표정으로 맞았던 시 주석은 푸틴 대통령은 환한 표정으로 환대했다.

2015년에도 양국 정상은 다섯 차례 회동을 했다. 러시아가 모스크바에서 개최한 제2차 세계대전 승전 70주년을 기념하는 대규모 열병식을 하루 앞둔 5월 8일, 두 정상은 정상회담을 개최했다. 시 주석은 푸틴 대통령에 대해 "우리의 위대한 친구"라고 극찬했다. 두 정상은 "일방적으로 전 세계적인 범위의 미사일방어시스템을 개발하고 배치하는 것은 국제관계에 부정적 영향을 미칠 것"이라며 미국의 미사일방어체계(MD)를 강력히 비판했다.

이어 세계경제가 그리스 경제위기로 요동치는 가운데 그해 7월 8일 러시아 서부지역인 우파에서 열린 브릭스 정상회의 기간 동안 두 정상은 또다시 회동했다. 9월 3일 중국은 베이징에서 항일전쟁 승리 70주년 열병식을 개최했고, 푸틴 대통령은 이 자리에 참석했다. 푸틴 대통령은 톈안먼(天安門) 망루에서 시 주석의 옆자리를 지켰다.

11월 15일 터키 안탈리아에서 열린 G20 정상회의 기간 동안 또다시 두 정상은 정상회담을 진행했으며, 11월 30일 프랑스 파리에서 개막한 제21차 유엔기후변화협약 당사국총회(COP21)에 참석한 두 정상은 비공개 양자회담을 가졌다.

2016년 시 주석과 푸틴 대통령은 세 차례 회동을 진행했다. 6월 23일 우즈베키스탄의 타슈켄트에서 열린 상하이협력기구 회의를 계기로 양자 회동을 했으며, 이틀 후인 25일에는 푸틴 대통령이 중국을 방문했다. 이날 두 정상은 정상회담을 개최해 또다시 의견을 교환했다. 푸틴 대통령은 "중러 관계는 압도적인 파트너십"이라며 "양국 신뢰가 전례없는 수준에 도달했다"고 평가했다.

항저우 G20에서 양국은 18번째 정상회담을 진행했다. 남중국해와 동중국해, 한반도 사드 문제를 두고 미국의 압박을 받고 있는 중국으로서는 러시아의 도움과 공동보조가 절실한 상황이다. 러시아 역시 크림 반도 침공사태로 인해 서방세계로부터 고립된 상황인 만큼 중국과의 밀착이 더욱 필요하다.

중국과 러시아의 밀월은 미국을 정점으로 한 서방과의 대결 구도에서 형성됐다. 러시아는 동유럽과 중동 지역에서 미국과 맞서고 있다. 특히 우크라이나 사태 이후 미국의 압박이 거세다. 중국은 동아시아에서 미국과 대치하고 있다. 대만 문제, 동중국해 분쟁에 이어 남중국해 분쟁과 한반도 사드 배치에 이르기까지 미국의 대중 압박이 거센 상황이다. "적의 적은 나의 친구"라는 인식하에 중러 양국은 서로를 돕는 것이 자신을 돕는 것으로 받아들이고 있다. 그렇기 때문에 중러 양국이 미국으로부터 받는 압박이 클수록 중러 밀월은 깊어질 수밖에 없다. 이 같은 상황을 반영해 최근에는 안보 분야에서의 협력까지 깊어지고 있다.

양국은 2016년 9월 12~19일 중국 해역에서 진행할 예정인 '해상연합-2016' 훈련을 진행했다. 연합훈련은 사상 최대 규모로 펼쳐지며, 남중국해 해역에서 양국 해병대가 상륙훈련을 진행하기도 했다. 또한 러시아의 최첨단 무기들이 2016년부터 중국에 인도되기 시작한다. 양국은 2015년 11월 수호이(Su)-35 24대를 중국에 수출하는 계약을 체결한 바 있다. 수호이-35는 2016년 말부터 인도되기 시작한다. 또한 러시아가 2014년 중국에 공급하기로 계약을 체결한 첨단 S-400 방공미사일 역시 2017년 말 인도가 시작된다. 첫 번째 포대는 2017년 12월부터 2018년 1월 사이에, 두 번째 포대 분은 2019년 5~6월에 인도될 계획이다.

(4) 항저우 G20 중국, 서방세계와 대충돌

2016년 9월 4일과 5일 중국 저장(浙江)성 항저우(杭州)에서 개최된 주요 20개국(G20) 정상회의에서 의장국인 중국이 서방국가들과 곳곳에서 충돌을 빚었다. 강국으로 올라서서 세계 주도권의 헤게모니를 바꾸려는 중국과 이를 저지하기 위한 서방세계들의 기싸움이 곳곳에서 벌어졌다.

우선 중국은 개회사에서 "글로벌 경제 거버넌스를 개혁해야 한다"고 목소리를 높여 서방사회를 겨냥했다. 시진핑 중국 국가주석은 4일 오후 중국 저장성 항저우에서 개막한 G20 정상회의 개회사를 통해 "G20 회원국이 끊임없이 글로벌 통화 금융시스템을 개선해나가야 한다"면서 "글로벌 경제 거버넌스를 개혁해야 한다"고 포문을 열었다.

중국, "글로벌 경제 새 판 짜자"

시진핑은 구체적으로 ① 국제금융기구의 지배구조 개선 ② 국제통화기금(IMF)의 특별인출권(SDR) 역할강화 ③ 글로벌 금융안전망 구축 ④ 금융 통제·관리 강화 ⑤ 글로벌 조세 시스템 및 반부패 분야 협력 등을 거론했다.

미국과 유럽, 일본 등 서방 선진국 정상들이 대거 참석한 G20 개막식에서 시 주석이 서방세계가 주도하고 있는 국제금융기구, IMF 개혁 등을 촉구한 것은 명백히 서방세계를 겨냥한 것이다. 미국과 서방이 주도해온 국제 경제질서의 문제점을 부각시키면서 중국 주도로 '국제질서의 새 판'을 짜나가겠다는 메시지인 셈이다.

하지만 서방세계에서는 세계경제의 회복과 보호무역주의 문제에서 중국이 정작 자국부터 돌아봐야 한다는 주장이 집중적으로 제기됐다. G20 기간 동안 외신들은 중국이 G20 회의를 계기로 세계경제의 주도국으로서 위상을 확인받으려 하면서 자국의 발전모델을 홍보하려는 시도를 하고 있다고 보도했다.

외르크 부트케 주중 유럽연합(EU) 상공회의소 회장은 연례보고서를 통해 중국의 경제개혁 진행 상황에 대해 "매우 실망스럽다"면서 "중국이 시장을 더 개방하지 않으면 보호무역주의의 확산을 막기 힘들게 될 것"이라고 말했다. 부트케 회장은 유럽에서 일고 있는 보호무역주의 정서도 중국의 시장개방 지연에 따른 반작용이라고 지적했다. 그러면서 "중국이 앞으로 보호무역주의 조치를 내놓을까 우려스럽다"고 덧붙였다.

중국시장에 진출한 외국계 기업들은 금융, 행정, 물류 등에서 중국 당국의 차별적 대우가 중국 기업들이 외국에서 받는 대우보다 훨씬 지나치다는 불만도 나왔다. 아울러 중국의 철강·석탄 분야의 생산과잉이 세계경제의 회복을 더디게 만드는 주범이라는 볼멘소리가 국제사회에서 터져나오고 있다. 도날트 투스크 EU 정상회의 상임의장은 G20에 참석하는 유럽 정상들에게 서한을 보내 "철강 등의 산업 분야에서 공급과잉을 해소하기 위해 보조금 축소 및 시장왜곡 조치 철폐 같은 효과적인 행동이 절실하다"고 밝혔다.

남중국해 등 사안마다 미국과 대립각

외교안보 문제에서 중국은 미국과 정면충돌했다. 2016년 9월 3일 진행된 미중 정상회담에서는 남중국해 분쟁, 한반도 사드 배치 등이 논의됐다. 4시간 동안 진행된 대화에도 불구하고 첨예한 견해 차이는 좁혀지지 않았다.

정상회담에서 가장 강한 충돌을 빚은 사안은 남중국해 문제였다. 오바마 대통령은 중국 측에 유엔 해양법협약에 따른 의무 준수의 중요성을 강조하며 중국이 인정치 않고 있는 국제중재 판결 수용을 강하게 촉구했다. 그러면서 "미국은 이 지역의 동맹국 안보를 흔들림 없이 지켜나갈" 것이라면서 일본, 필리핀 등 중국과 해상영유권 갈등을 빚고 있는 동맹국의 안보를 수호할 것이란 점도 분명히 했다.

이에 대해 시 주석은 "중국은 남중국해 영토주권과 해양권익을 확고부동하게 수호해나갈 것"이라면서 "미국이 남중국해 지역의 평화안정에 건설적인 역할을 발휘할 것을 희망한다"고 오히려 미국 측을 압박했다. 시 주석은 직접 당사국과의 협상을 통한 평화적인 해결을 강조하며 아세안(ASEAN·동남아시아국가연합) 국가들과 함께 노력해 남중국해 평화·안정을 지켜나갈 것이란 점도 부각시켰다.

시진핑 주석은 사드 배치 문제에 대해 "미국이 사드를 한국에 배치하는 데 반대한다"며 "미국 측에 중국의 전략적 안전(안보) 이익을 실질적으로 존중할 것을 요구한다"고 날을 세웠다. 이 밖에 오바마 대통령은 중국 내 종교의 자유 보장, 인권탄압 개선 등 중국의 약점을 건드렸다.

시진핑 주석은 4일 맬컴 턴불 호주 총리를 만난 자리에서도 신경전을 벌였다. 시 주석은 이날 20여 분 회담하는 동안 호주 총리에게 "공정하고 투명하며, 예측 가능한 투자환경을 조성해 달라"고 촉구하며 "이는 또한 호주 자체 이익과도 일치한다"고 강조했다. 호주 정부는 지난 4월 중국 측의 대규모 목장기업인수에 제동을 걸었다. 이어 지난달에는 주요 배전 사업체의 99년 장기임대사업이 중국 기업 쪽에 넘어가는 것을 막았다. 이에 대해 중국의 반발이 거세다.

시 주석의 불만 제기에 대해 턴불 총리는 "호주는 누가 어떤 조건으로 투자할 수 있는지를 결정할 주권을 갖고 있다"며 반박했다. 턴불 총리는 또 "중국 기업이 호주에 투자하는 쪽이 그 반대 경우보다 훨씬 수월하다"며 "보통 국가들은 외국인의 투자에 대해 대부분 동의하지만 때때로 반대한다는 점을 중국 측도 알고 있다"고 덧붙였다.

턴불 총리는 남중국해 문제도 언급했는데, 국제법에 따라 평화롭게 해결돼야 하며 미국은 앞으로도 수십 년 동안 아시아·태평양 지역의 지배력을 유지할 것이라는 입장을 밝혔다. 이에 대해 시 주석은 호주가 중국의 '핵심 이익'을 존중하도록 촉구한 것으로 알려졌다.

4) 시진핑의 뜨거운 감자, 한반도

(1) 시진핑, 한국에서 네 갈래 화살을 쏘다

2014년 7월 3~4일 한국을 방한한 시진핑 중국 국가주석은 한국에서 네 갈래 화살을 쏬다. 한국에서 파격적인 예우와 전 국민적인 환대를 받은 시진핑 주석은 한중관계를 더욱 공고히 하는 데 성공했다. 이와 동시에 미국, 일본, 북한, 대만에 강한 메시지를 주는 데도 성공했다.

첫 번째 화살은 미국을 향했다. 시 주석은 방한을 하루 앞둔 2일 헨리 폴슨 전 미국 재무장관을 만나 "미국이 중국의 기본적인 국가 상황과 대내외적인 정책을 객관적으로 인식하길 희망한다"며 미중관계에 대해 "꽃을 더 심고 가시를 키우는 것을 줄여야 한다"며 미국 측에 협력을 원한다는 메시지를 보냈다. 다음날 시 주석은 미군의 주둔지이자, 동북아의 혈맹인 한국을 찾았다.

정상회담을 마친 다음날인 4일 중국 외교부가 공개한 양국 정상회담에 대한 정리내용에서 중국은 아시아인프라투자은행(AIIB)과 아·태자유무역지대(FTAAP)를 거론했다. AIIB는 세계은행이나 아시아개발은행 등 미국과 그 동맹이 주도하는 세계 금융질서에 맞서는 성격을 지니고 있으며, FTAAP 역시 미국이 주도하는 환태평양경제동반자협정(TPP)을 겨냥한 것이라는 평가를 받고 있다.

두 번째 화살은 일본을 향한 것이었다. 시 주석은 4일 가진 서울대 강연에서 임진왜란과 노량해전을 상기시켰다. 그는 "400년 전 임진왜란이 발발했을 때 양국 국민은 적개심을 품고 어깨를 나란히 해서 전쟁터로 향했다"며 "명나라 등자룡(鄧子龍) 장군과 이순신 장군이 노량해전에서 함께 전사했다"고 말했다. 또한 "임진왜란에 참전했던 명나라 장군 진린(陳璘)의 후손은 오늘까지도 한국에 후손이 살고 있다"고 발언하며 일본에 대한 양국의 밀착공조를 촉구했다.

이어 시 주석은 박근혜 대통령과의 4일 비공식 오찬에서 일본의 집단 자위권 헌법해석 변경과 일본군 위안부 강제동원을 인정한 고노담화의 훼손 시도에 대해 우려를 표시했다. 전날 채택한 정상회담 공동성명과 기자회견에서는 일본과의 외교적 마찰 등을 우려해 일본에 관해 언급하지 않은 두 정상은 이날 비공식 오찬 자리를 빌려 우경화로 치닫고 있는 일본에 대해 고강도 경고 메시지를 보낸 것이다.

일본으로서는 한국과 중국의 정상이 한 목소리로 자국을 비난하는 발언을 내는 것이 곤혹스러울 수밖에 없다. 한중 양국의 강한 반발로 인해 국제사회에서 지지를 받기 어려우며, 동북아에서 깊어지는 고립은 아베 총리에게 정치적 부담이 될 수밖에 없다. 일본은 이에 대해 불편한 감정을 드러냈다. 「아사히(朝日)신문」은 4일 "중국이 한미일 3국 간의 협력을 교란시키고, 한국을 끌어들여 일본을 견제하려 하고 있다"고 평가했다.

세 번째 화살은 북한을 겨냥했다. 중국은 한반도 비핵화를 내세우고 있으며, 북한의 핵무기 개발에 강한 반대의 목소리를 내왔다. 북한이 핵무기를 보유하게 되면 동북아에 핵 도미노가 발생하게 되고, 일본과 대만이 핵무기 개발에 착수할 개연성이 높다. 이는 중국의 동북아 맹주 등극에 강력한 장애물로 작용한다. 그렇기 때문에 중국은 북핵 문제에 있어서는 일관된 목소리를 내왔다.

시진핑 주석은 4일 서울대 강연에서 "우리는 (한)반도에서의 핵무기 출현에 반대하고 대화와 협상을 통해 핵 문제를 포함한 조선반도(한반도)의 유관 문제를 해결해야 한다고 주장한다"고 밝혔다. 시 주석이 공개석상에서 '한반도 핵무기'에 반대한다는 말을 직접 한 것은 이번이 처음인 것으로 알려졌다.

더 나아가 시 주석은 "남북 쌍방이 남북관계 개선 프로세스를 계속 추진해야만 (한)반도 인민이 갈망하는 자주적·평화적 통일의 염원이 실현될 것"이라면서 "이 과정에서 중국 인민은 영원히 (한)반도 인민의 친구가 될 것"이라고 말했다. 이는 중국이 한반도 통일을 지지할 수 있다는 뜻이다. 현 상황에서 통일은 국력 차이에 의해 우리나라기 주도할 수밖에 없다. 따라서 이는 북한에 대한 강력한 경고 메세지일 수밖에 없다.

네 번째 화살의 타깃은 대만이었다. 대만 마잉주(馬英九) 총통은 2012년 재선에 성공한 후 중국과의 관계강화에 박차를 가하고 있지만, 대만 민진당의 강력한 반발에 부딪히고 있다. 내부의 정치적인 문제까지 맞물리면서 대만 내 반중정서가 강해지고 있으며, 친중파인 마잉주 총통의 정치적 입지 역시 좁아지고 있다. 중국으로서는 대만 내 친중파의 입지를 강화시켜야 하는 동시에 현지의 반중정서가 누그러지기를 원한다. 이 같은 상황에서 박 대통령과 시 주석은 2014년 내 한중 FTA 체결에 합의했다.

한중 FTA가 체결되면 우리나라 기업들의 대중수출이 늘어나게 된다. 특히 전자제품, 반도체, 석유화학, 자동차부품 분야에서의 수혜가 크다. 이중 전자제품, 반도체, 석유화학 분야는 대만이 강세를 보이고 있는 품목이기도 하다. 대만으로서는 중국시장에서 '가격이 낮아진 한국 제품'이라는 강력한 경쟁자를 맞아야 한다. 이는 대만의 경기와 고용상황에 직결될 수 있다. 마잉주 전 총통은 "한중 FTA가 대만 기업 등의 중국시장 점유율에 타격을 줄 것"이라면서 "걱정으로 마음이 급하다"는 발언을 내놓았다.

(2) 북핵 진퇴양난, 깊어지는 시진핑의 고민

시진핑이 제18차 공산당 전국대표대회에서 공산당 중앙위원회 총서기 겸 중앙군사위원회 주석에 올라선 것이 2012년 11월이었다. 그로부터 넉 달 후인 2013년 3월 전국인민대표대회에서 국가주석에 오르면 공식적으로 시진핑 시대가 개막하는 일정이었다. 평화로운 권력승계 작업 끝에 2013년 3월 화려하게 등장하고 싶은 시진핑 주석이었지만, 그사이 두 번의 골치아픈 일에 맞닥뜨리게 된다.

중공중앙 총서기에 오른 다음달인 12월 12일, 북한 최고지도자에 등극한 지 1년을 막 채운 김정은 북한 국방위원회 제1위원장은 광명성3호 장거리 로켓을 발사한다. 국제사회는 들끓었고, 더욱 강경한 대북 압박이 필요하다는 여론이 빗발쳤다.

　　중국 외교부는 즉각 "우리는 국제사회가 보편적 우려를 표시한 가운데 (로켓을) 발사한 것과 관련해 조선(북한)에 유감을 표시한다"고 밝혔다. 이후 두 달 후인 2013년 2월 12일 김정은은 제3차 핵실험을 실시했다. 중국 외교부는 3차 핵실험 당일 성명을 통해 "북한이 국제사회의 보편적인 반대를 무시하고 재차 핵실험을 실시했으며, 중국 정부는 이에 대해 단호한 반대를 표시한다"고 밝혔다.

　　시진핑의 국가주석 등극을 앞두고 국제사회의 '골칫덩이'인 김정은 제1위원장이 두 번씩이나 '잔칫상에 재를 뿌린' 격이었다. 시 주석을 비롯한 중국 지도부의 김 제1위원장에 대한 감정이 좋을 리 없었다. 시 주석과 김 제1위원장의 국가지도자로서의 인연은 이렇게 시작됐다.

시진핑, 김정은 첫 단추부터 험악

　　2013년 2월 제3차 핵실험 이후 국제사회에서 대북제재에 대한 목소리가 격앙되어갔고, 이는 고스란히 중국에게 쏟아졌다. 미국 등 서방사회가 대북 봉쇄를 해도 북한과 국경을 접하고 있는 중국이 대북 원조를 지속하는 한 봉쇄효과를 거둘 수 없다. 미국의 대중국 압박이 이어졌고, 우리나라 역시 공식·비공식 채널을 가동해 중국에 대북 압박을 주문했다.

　　중국은 국제사회의 따가운 시선에도 불구하고 북한과의 경제협력을 지속해나갔다. 송유관을 통한 원유 원조도 지속됐고, 식량이나 생필품 지원도 계속됐다. 지원규모가 늘었는지 줄었는지는 공식적으로 알려진 바 없다. 하지만 북중경협은 늘어나고 있었다는 게 정설이다.

　　어쩔 수 없는 상황으로 인해 원조를 지속하기는 했지만, 중국 지도부는 북한 정권을 차갑게 대했다. 2011년만 하더라도 김정일 국방위원장은 중국을 세 차례 방문하며 양국 간 고위급 교류의 황금기를 구가했다. 하지만 김정일 사후, 김정은 제1위원장 등극 이후 양국의 고위급 교류는 단절되다시피 했다. 중국의 냉랭한 태도에 북한의 불만도 높아갔다.

시 주석 집권 3년차인 2015년 들어 중국의 대외환경에 변화가 발생하기 시작했다. 남중국해 분쟁과 댜오위다오(釣魚島, 일본명 센카쿠 열도) 분쟁이 격화되면서 주변국과의 관계를 좀 더 우호적으로 전환시켜야 할 필요성이 높아져갔다. 중국의 지도자들이 베트남, 필리핀과의 경협에 공을 들였고, 대일본관계도 과거에 비해 유연함이 더해졌다.

10월 10일 북한 노동당 창건 70돌 기념행사를 모멘텀으로 북중 양국 간에도 해빙무드가 조성됐다. 당시 북한은 6차 장거리 로켓발사를 준비하고 있었다. 이에 대한 우려가 더해지면서 중국은 중국공산당 서열 5위인 류윈산(劉雲山) 상무위원을 북한 열병식에 참석토록 했다. 중국 상무위원의 북한 방문은 5년 만에, 김정은 등극 이후 처음으로 이뤄지는 일이었다. 결국 북한은 장거리로켓을 발사하지 않았다.

북중 양국 간에 잠시 해빙무드가 조성되나 싶었으나 2016년 1월 6일 북한이 4차 핵실험을 단행하면서 다시 냉각기로 돌아가 버렸다. 제4차 핵실험 이후 국제사회는 중국에 곱지 않은 시선을 보내고 있다. 그동안 유엔이 강도 높은 대북제재 조치를 취했지만 중국이 원조를 지속한 탓에 북한이 또다시 핵실험을 강행할 수 있었다는 불만이다. 그리고 2016년 9월 9일 북한은 제5차 핵실험을 감행했다.

(3) 중국의 한반도 3원칙과 '무늬만 대북제재'

'한반도의 비핵화 실현', '한반도의 평화·안정 유지', '대화와 협상을 통한 문제 해결' 이 세 가지는 오랜 기간 견지되어온 중국의 한반도 문제 3원칙이다. 2016년 9월 3일 중국 저장성 항저우에서 개최된 미중 정상회담에서 시진핑 주석이 오바마 대통령에게 다시 한 번 확인했던 사안 중 하나가 바로 이 한반도 문제 3원칙이다. 이 3원칙은 9월 5일 진행됐던 한중 정상회담에서도 시 주석이 박근혜 대통령에게 재차 강조했다. 이어 지난 9일 북한이 제5차 핵실험을 강행한 이튿날인 10일 중국 외교부가 내놓은 발표문에서도 이 3원칙은 또다시 등장했다.

북한의 핵실험 강행은 3원칙의 첫 번째인 '한반도의 비핵화'에 정면으로 배치된다. 그렇기 때문에 중국은 북한의 핵실험에 대해 강도 높은 비난을 내놓고 있다. 중국은 핵실험 이튿날 지재룡 주중 북한대사를 초치해 강한 항의의 뜻을 표출하기도 했다. 중국이 내세우는 3원칙의 첫 번째는 국제사회의 공감대와 비슷하지만, 3원칙 중 나머지 두 가지는 중국의 국가이익을 반영하고 있고, 이로 인해 상당한 입장 차이를 빚어내고 있다. 중국이 대북제재에 소극적인 이유 역시 3원칙으로 설명될 수 있다고 하겠다.

3원칙의 두 번째인 '한반도의 평화·안정 유지'에 나오는 '안정'이란 한반도에서의 전쟁은 물론, 북한 내에 '관리되지 않는' 급변사태가 일어나서는 안 된다는 뜻도 포함한다. 여기에는 북한에 '중국의 통제를 벗어나는' 급변사태가 벌어진다면, 북한에 친미정권이 들어설 수 있다는 우려가 담겨 있다. 한반도 사드 배치마저 '미국의 중국 견제'로 간주하는 중국이다. 북한에 친미정권이 들어선다면 중국이 내놓을 반발의 강도는 그야말로 '핵폭탄'급일 것이다.

3원칙의 세 번째는 '대화와 협상을 통한 문제 해결'이다. 중국은 구체적인 대화 플랫폼으로 6자회담을 지지하고 있다. 핵실험을 강행했던 지난 9일 화춘잉(華春瑩) 중국 외교부 대변인은 북한을 강력하게 비난하면서도 "중국은 6자회담의 틀 안에서 관련 문제를 해결할 것"이라는 입장을 강조했다. 또한 중국은 9일(미국 워싱턴 현지시간) 북한의 5차 핵실험에 대한 유엔 안전보장이사회(안보리) 회의에서 "단호한 반대"를 표명하면서도 6자회담을 통한 대화 해법을 지지한다는 기존 입장을 재확인한 것으로 알려졌다.

중국은 무력사용을 통한 북핵 문제 해결에 대해 강하게 반대하고 있으며, 제재를 통한 북핵 문제 해결에도 그리 적극적이지 않다. 앞서 왕이(王毅) 중국 외교부장은 2016년 2월 17일 "중국은 반도(한반도) 비핵화를 실현하는 것과 정전협정을 평화협정으로 전환하는 것을 (동시에) 병행해 추진하는 협상 방식을 제안한다"며 평화협정 추진을 공식적으로 제시했다. 우리나라가 추진하고 있는 '제재와 압박을 통한 북한 비핵화'는 중국의 기본입장과 거리가 멀다.

제재 거론 없이 북한 비난만

다시 말해 중국은 북한의 핵실험에 대해서는 결연히 반대하지만, 북한에 급변사태가 일어나는 것은 바라지 않고, 제재를 통한 해결보다는 대화를 통한 해결을 원칙으로 삼고 있는 셈이다. 북한의 핵실험을 반대한다는 차원에서의 대북제재에는 참여하겠지만, 대북제재의 수위가 북한 정권의 붕괴를 촉발하는 수준이 되어서는 안 된다는 것이 중국의 입장이다. 게다가 중국의 해법은 대화가 원칙이니 어디까지나 대북제재는 부수적인 수단일 수밖에 없다.

이 같은 입장에서 중국 당국은 북한의 5차 핵실험 이후 북한에 대한 강도 높은 비난을 쏟아내고 있지만, 대북제재에 대해서는 말을 아끼고 있다. 중국의 언론들과 학자들의 반응 역시 이와 비슷하다. 「환추스바오」는 10일 사설에서 "북한의 핵실험은 북한의 정치안전을 보장해주기보다 오히려 거꾸로 북한을 점차 질식하게 할 것"이라며 북한을 강도 높게 비난했지만, 향후 중국의 대북제재 수위에 대해서는 언급하지 않았다. 중국 당국자의 발언, 외교부의 성명, 관영언론의 사설, 석학들의 평론 등에서 중국이 더욱 강도 높은 대북제재에 나설 것이라는 신호는 어디에서도 읽어내기 힘들다.

서방세계에서는 이번에도 중국은 대북제재에 적극적으로 나서지 않을 것이라는 예상을 내놓고 있다. 「NYT」는 9일자 사설을 통해 "국제사회와 보조를 맞추는 듯하면서도 북한에 우호적인 중국의 '양면성' 때문에 오늘날의 북핵 위기가 왔다"며 중국에 대한 비판적인 시각을 드러냈다. 사설은 또 "대북제재의 성공 여부는 중국이 북중 교역 중단에 협력하느냐에 달려 있는데, 중국은 그렇게 할 것 같지 않다"며 "북한이 붕괴하고 한국 주도의 남북통일이 이뤄질 것을 우려한 중국이 줄곧 강력한 대북제재에 반대해왔다"고 설명했다.

스콧 스나이더 미국외교협회(CFR) 선임연구원은 "중국은 미국에 이익이 될 수 있는 (북한 내) 불안정을 초래하기를 원하지 않는다"고 말했다. 스나이더 연구원은 "중국의 최우선 관심사는 국경에서 안정을 유지하는 것"이라며 "북한의 생존을 위협에 빠뜨리기를 원하지 않는다는 의미"라고 강조했다.

군용물자 '민용' 둔갑해 유입

국제사회가 강도 높은 제재안을 내놓더라도 중국이 이를 적극적으로 이행하지 않으면 효과를 보기 어렵다는 사실은 이미 수차례 증명됐다. 특히 중국은 북한과의 '민생용' 무역을 허용하고 있다. 하지만 '민생용'과 '군용'을 판단하는 기준을 느슨하게 한다면 '군용'물자가 언제든지 '민생용'으로 둔갑해 북으로 유입될 수 있다.

북한이 열병식에서 자주 내세우는 무수단 미사일은 중국에서 들여온 미사일 운반용 대형특수차량을 이용해 이동된다. 이 차량은 '목재운반차량'이라는 명목으로 북한에 수출됐다는 것이 UN의 조사결과 밝혀졌다. 2010년 11월 5일 북한 임업성 림목무역총회사는 중국 후베이산장항천완산(湖北三江航天萬山) 특종차량공사와 대당 3,000만 위안(한화 약 50억 원)에 6대를 수입한 후 미사일 운반용 차량으로 개조해 사용하고 있다.

또한 '민생용'인 세탁기 통돌이 모터가 북한에서 '군용'인 원심분리기로 사용된다는 의혹이 제기된 바 있다. 북한은 핵 개발 과정에서 원심분리법을 채택하고 있는데, 이는 세탁기를 돌리듯 원통 속에서 육불화우라늄(UF6)을 고속회전시켜 원심력으로 우라늄-235를 분리하는 방식이다. 원심분리기가 고가인데다 반입이 불가능해 세탁기 모터를 보완해 활용해왔다는 것이다. 그래서 우리나라는 지난 3월 대북 유입 '특별 감시대상품목'에 세탁기 모터를 포함시켰다.

(4) 사드 배치 결정 10일, 특파원이 겪은 중국

우리나라가 미국과 함께 한반도에 사드 배치 결정을 발표한 것이 2016년 7월 8일이다. 이후 우리나라에는 중국이 경제제재에 나설 것이라는 공포심으로 뒤덮였다. 지난 10일 동안 중국은 공식적으로 제재에 나서지는 않았다. 중국이 정부 차원의 제재에 나섰다는 그 어떤 신호도 감지되지 않았다. 하지만 민간 차원의 자발적인 제재 움직임은 충분히 감지된다. 만약 민간 차원의 제재 역시 '중국의 제재'에 포함시킨다면 중국의 제재는 이미 시작됐다고 봐야 한다. 민간 차원 제재 뒤에 '검은 손'이 있는지는 모를 일이다. 사드 배치 발표 이후 10일 동안 기자는 많은 일을 겪었다.

명문대 학장, "한국 여행 자제하라"

9월 15일에 만난 베이징의 한 젊은 교수는 기자에게 당일 오후에 있었던 교무회의에서 나온 발언들을 들려주었다. 이 대학은 이름을 대면 누구나 알 수 있는 명문대학이다. 당시 교무회의를 주재한 단과대학 학원장은 20여 명의 교수들에게 "이번 여름방학기간 동안 미국, 일본, 필리핀, 대만, 한국으로의 해외여행을 자제하라"고 당부했다. 학원장은 격앙된 목소리로 각 국가별로 해외여행 자제의 이유를 설명하면서 한국에 대해서는 "(국제중재재판소의 남중국해 판결을 앞둔) 긴요한 시기에 중국의 등에 칼을 꽂은 국가"라고 말했다고 한다.

학원장의 발언은 이 대학교의 공식적인 입장이 아닌 개인적인 당부였다. 하지만 학원장의 지휘를 받는 교수들은 학원장의 당부를 무시하기 어렵다. 게다가 교무회의에 참석한 교수들은 모두 학과장의 발언에 동조하는 분위기였다는 전언이다.

  실제로 중국에서는 한국 여행 및 한국 제품 구매를 자제해야 한다는 여론이 비등하다. 한국을 방문하는 유커의 감소는 우리나라 경제로서는 악몽에 가깝다. 특히 지식인들 사회에서의 반한감정은 시간이 지나면 일반 인민에게까지 퍼져간다는 점에서 그 의미가 심각하다.

  익명을 요구한 한국의 한 업체의 이야기다. 현지투자건으로 중국 당국의 한 부서와 협상을 진행하고 있던 이 업체는 본사 사장이 8월 13일 베이징에 출장을 왔다. 사장은 14일 중국 부서 책임자와 미팅일정이 잡혀 있었다. 하지만 13일 밤 11시에 중국 측으로부터 면담불가 통보를 받았다. 사장의 출장을 기획했던 담당실무자들은 그야말로 비상이 걸렸다.

  다음날 아침 실무자 간 협상이 지속적으로 이뤄졌지만, 중국 당국 측은 "시기가 안 좋으니 다음에 다시 이야기하자"는 식의 대답만 내놓을 뿐이었다. 결국 출장을 온 한국 일행은 아무런 소득 없이 14일 한국으로 귀국해야 했다. 한국 손님들에게 미안했는지 중국 측 실무자는 이 업체의 대관 담당자에게 전화를 걸어 "중국 지도자들이 한국에 대해 비판의 목소리를 높이고 있는 상황이라 승진하고 싶은 공무원들은 한국과의 협상을 잠시 후순위로 미뤄둘 수밖에 없다"며 이해를 당부했다.

  중국공산당 대외연락부 초청으로 중국을 방문했던 남경필 경기도지사 역시 초청 주체인 쑹타오(宋濤) 대외연락부장(장관급)을 만나지 못했다. 14일 예정됐던 오찬간담회에 참석할 예정이었던 쑹 부장은 갑작스러운 개인일정을 이유로 13일 저녁 불참을 통보했다고 한다.

박누나에서 배신공주로

2015년 9월 3일 열병식 때 박근혜 대통령이 베이징을 방문해 톈안먼에 오르는 '망루외교'를 펼쳤다. 당시 중국인은 한국에 고마워했고, 박 대통령에 대한 찬사를 쏟아냈다. 서점마다 박근혜 대통령 관련 서적들이 좋은 위치에 진열됐으며, 한식당들은 식당 벽에 박 대통령의 사진을 걸어놓고 손님들을 모았다. 중국 네티즌들은 박 대통령을 '퍄오제(朴姐, 박누나라는 뜻)'라는 친근감 있는 호칭으로 부르며 환호했다.

하지만 최근 「시나웨이보」나 주요 매체 댓글에서 '퍄오제'라는 호칭은 아예 사라졌다. 대신 '배신공주(背叛公主)'라는 조롱 섞인 호칭이 나타났다. 네티즌들의 댓글은 극단적인 경우가 많다. 그렇기 때문에 이 같은 호칭 변화에 큰 의미를 부여할 수는 없겠지만, 중국 인민의 인식 변화는 뚜렷하다.

많은 네티즌들이 인터넷상에서 "한국 상품 불매운동을 전개하자", "한국에 가서 화장품을 사재기하지 말자", "한국에서 쓴 돈이 사드 배치로 흘러들어간다", "한국은 결국 미국 편이었다", "한국이 쓰디쓴 대가를 치르도록 해야 한다"는 등의 격한 댓글을 올리며 분노감을 표출하고 있다.

7월 12일 만난 중국 관영언론사 고위인사는 "중국의 최고지도자들이 사드 배치를 반대하는 메시지를 내놨기 때문에 중국은 한국을 어떤 식으로든 제재할 수밖에 없다"고 말했다. 중국 유력지에서 30여 년을 근무한 이 고위인사는 이어 "제재가 어떤 식으로 나타날지, 어느 시점에 나올지, 드러내놓고 제재를 할지 알 수는 없지만 중국은 반드시 한국을 제재할 것"이라고 예상했다. 특히 "사드 문제는 일회성 이슈가 아닌 장기적인 이슈"라며 "사드 배치 결정을 공표하고, 입지를 발표하고, 배치일정을 만들고, 사드를 한국에 들여오고, 설치하고, 정식 운용에 들어가기까지 사드 이슈는 지속적으로 한중관계를 괴롭히게 될 것"이라고 덧붙였다.

7월 14일 만난 중국 엔터테인먼트업체 A사의 대외협력 총감은 난감해하는 기색이 역력했다. 이 업체는 중국의 여느 엔터테인먼트업체와 마찬가지로 한국 연예계와 교류가 빈번하다. 한국 가수들과의 합동공연이나 한중 합작드라마를 연출해온 업체인 만큼 사드로 인한 한중 갈등에 예민한 반응을 보였다. 기자가 만난 대외협력 총감은 "최근 회사의 이사회가 회의를 개최했는데, 당분간 한국 연예인을 초청하거나 한국의 엔터업체와 합작추진은 보류하기로 결정했다"고 말했다. 그는 이어 "이 같은 결정의 정확한 배경을 알 수 없지만, 우리 회사의 사장이 공산당원인 만큼 정치적으로 민감하기는 하다"고 덧붙였다.

그에 따르면 추진 중이던 사업들은 축소해야 하며, 기획 중이던 올 연말 한중콘서트는 무산될 수밖에 없는 상황이라고 한다. 사드 배치로 인한 갈등이 문화계로까지 확산되고 있는 것이다. 이미 결정된 공연이나 합작이 취소됐다는 소식은 아직 들리지 않지만 기획 중이던 프로젝트들은 대거 취소될 것으로 예상된다.

(5) 중국 전문가들, "최강 제재에도 북은 핵 포기하지 않을 것"

역사상 가장 강력한 수준으로 평가받고 있는 이번 유엔 안전보장이사회의 2270 대북제재안이 과연 북한을 핵포기로 끌어낼 수 있을까? 이에 대한 논쟁이 뜨거운 가운데 「아주경제」는 중국 내 한반도 전문가들과 웨이신(微信) 좌담회를 개최했다. 웨이신 단체대화방에서 2시간여 이뤄진 본 좌담회에는 우페이(吳非) 지난(暨南)대학 교수와 량야빈(梁亞濱) 중앙당교 교수, 덩위원(鄧聿文) 전 「쉐시스바오(學習時報)」 부편집장이 참석했다. 또한 중국에서 국제 문제 TV 패널로 활동 중인 김상순 동아시아평화연구원 원장이자 중국 차하얼(擦哈爾)학회 연구위원이 함께했다. 좌담회의 주요 내용을 정리해본다.

① 제재안이 북한 핵포기를 이끌어낼 것으로 보는가?

량야빈: 핵을 포기하지 않을 것이다. 핵무기는 북한에 일종의 만능무기이다. 안보 문제를 해결해줄 뿐만 아니라 인민의 지지를 끌어내는 상징적인 의미가 있다. 그리고 제재의 피해는 고스란히 일반 인민에게 전가될 것이고, 권력자들은 결코 치명상을 입지 않을 것이다.

우페이: 결국은 핵을 포기할 것으로 본다. 제재로 인한 경제적 압박과 이로 인한 국가혼란사태로 인해 북한 정권이 붕괴할 가능성이 있다. 붕괴위험에 직면하면 핵을 포기할 것으로 본다.

덩위원: 제재로 인해 핵실험에 필요한 기술, 자금, 연료, 원료 등의 조달이 어려워질 것이다. 결국 북한은 대화에 나서겠지만 이는 지연전술일 뿐 그들은 핵개발을 멈추지 않을 것이다.

김상순: 제재가 효과를 거두려면 북한과 국경을 접하고 있는 중국의 적극적인 동참이 필수적이다. 특히 중국이 제재에 적극적이기 위해서는 미중관계가 원만해야 한다. 미중 간에 갈등이 발생한다면 중국의 제재가 느슨해질 수 있다.

② 북한은 왜 이렇게 핵에 집착하나?

덩위원: 그들은 재래식무기로는 국가안보를 지켜낼 수 없으며 핵무기만이 안보를 지킨다고 믿는다. 카다피와 사담 후세인의 말로를 보라. 학습효과로 인해 북은 결코 핵을 포기하지 않을 것이다.

량야빈: 우크라이나는 과거 미국, 러시아에 이어 가장 많은 핵무기를 보유한 국가였지만, 미영러의 안전보장 약속을 대가로 모든 핵무기를 포기했다. 하지만 결국 2014년 러시아는 크리미아를 병합했고, 우크라이나 동부의 친러시아 지역에서는 내전이 벌어지고 있다. 북한은 핵무기 포기가 스스로에게 위험을 자초할 것으로 여길 것이다.

③ 중국은 대화로 해결해야 한다는 입장인데…….

김상순: 미중 양국 사이에는 크게 북핵 문제, 남중국해 문제, 댜오위다오 문제, 양안관계 등 4가지 현안이 있다. 이는 양국이 서로 주고받을 것이 많다는 의미이기도 하다. 4가지 현안 중 가장 시급한 문제가 북핵 문제라고 볼 수 있다. 이를 두고 미중 간의 빅딜이 가능할 것이다. 양국은 과거 소련을 견제하기 위해 협력한 경험이 있다. 양국은 북핵 문제 해결을 위해 잘 협력해갈 수 있을 것이다.

덩위원: 북한 정권이 붕괴되지 않는 한 북한은 악착같이 핵무기를 보유하려 할 것이다. 현실을 인정하고, 6자회담을 재개해야 한다. 이로써 열릴 6자회담은 핵확산 방지와 추가적인 핵개발 방지 등을 논의해야 할 것이다.

④ 제재가 실효를 거두지 못한다면 국제사회의 다음 수순은 무엇일까?

량야빈: 철저한 해상봉쇄와 전수검역 등 더욱 강력한 제재가 나올 것이다.

김상순: 해상봉쇄와 대대적인 대북선전 등이 나올 수 있다. 국지적인 군사작전도 가능하다. 다만 이 경우 미국은 중국과의 협상을 통해 보조를 맞춰야 할 것이다. 이 과정에서 미중 간에 여러 형태의 협력이 나올 수 있다.

⑤ 이번 제재안의 키는 중국이 쥐고 있는데…….

량야빈: 중국의 협조가 중요하다. 외교부뿐만 아니라 공안, 사법부 등의 북중 국경지역에서의 밀무역을 금지시키는 등의 조치도 이뤄져야 한다.

김상순: 중국은 이번 유엔 안보리 제재안이 타결되는 데 큰 역할을 했다. 많은 유효한 재제방안을 내놓은 것도 중국이다. 제재안 실행의 키 역시 중국이 쥐고 있다고 본다. 하지만 중국을 움직일 수 있는 나라는 미국이다. 그렇기 때문에 결국은 미중 양국의 역할이 중요하다.

⑥ 한국은 어떤 역할을 해야 하나?

우페이: 한국은 중재자 역할을 잘 해내야 한다. 북핵 문제 해결에 있어서 한국은 빠질 수 없는 당사자이지만, 결정적인 역할을 하는 나라는 미중 양국이다. 미중관계가 삐걱댈 때 한국이 중재 역할을 잘 해내야 한다. 이를 위해 한국은 양국 사이에서 균형적인 시각을 갖춰야 할 것이다.

덩위원: 한국은 반세기 이상 미국과 동맹을 유지해왔지만, 중국과 교류가 원활해진 것은 20여 년에 지나지 않는다. 그렇기 때문에 한국 내 주류는 여전히 미국통이다. 또한 한국은 미국에 안보를 의존하고 있으며, 안보상 미국의 역할은 다른 그 어느 나라도 대체할 수 없다. 이로 인해 한국은 미국을 더 중시할 수밖에 없으며, 이는 한국이 중재자 역할을 하는 데 한계로 작용할 것이다.

제4장
시진핑 신 글로벌 전략과 한반도 딜레마 _김상순

1) 김정은의 핵 도발에 대한 한중의 이익 교환은 가능한가?

2016년 새해가 일주일도 채 지나지 않은 1월 6일 오전, 북한의 수소탄 실험 발표는 전 세계를 단번에 충격에 빠뜨렸다. 지난해 12월 12일, 어렵사리 성사되어 베이징을 방문했던 북한 모란봉악단의 공연 취소와 철수에 대한 분노를 인내하던 중국은 결국 폭발했다. 그러나 중국은 다음날 여지없이 무덤덤한 원래의 태도로 되돌아갔다.

한국의 기대는 실망으로 바뀌었고, 박근혜 대통령의 '망루외교'는 호사가들의 표적이 되었다. 미국의 중국 책임론에 대한 감정적 반발도 있었겠지만, 중국에게는 실용주의적 손익계산이 감정표출보다 더 익숙하다는 것이 필자의 생각이다. 호사가들의 말처럼 한중 외교에 근본적인 문제가 있는 것일까?

(1) 중국학계의 북한 핵실험에 대한 6가지 논쟁

북한이 제4차 핵실험(수소탄 실험)을 했던 1월 6일, 중국의 「궈관첸옌통쉰(國關前沿通訊)」은 '북핵 문제에 대한 중국학계의 6가지 시각과 논쟁(中国学界关于朝核问题的六种看法极其争论)'이라는 글을 발표했다. 이 글은 2013년 2월

12일 북한의 제3차 핵실험 이후 약 3개월간 진행된 중국학계의 북핵 문제에 대한 6가지 공개적인 논쟁, 즉, ① 무조건적 북한 지지론자 ② 현실주의론자 ③ 현상유지론자 ④ 제한적 제재론자 ⑤ 적극적 제재론자 ⑥ 북한 포기론자를 소개했는데, 이를 요약하면 아래와 같다.

첫째, '무조건적 북한 지지론자'들은 북한이 핵무기를 개발하는 것이 모두 미국의 위협 때문에 발생한 것이므로 북한이 핵무기를 개발하여 미국에 대항하는 것을 중국은 무조건 지지해야 한다는 것이다. 요약하면, 전통적인 이데올로기적 냉전 사고와 더불어 북한이 지정학적인 완충지대의 가치와 역할을 충분히 하고 있다고 판단하는 소수 학자들의 의견이다.

둘째, '현실주의론자'들은 중국과 국제사회가 북한의 핵 보유를 근본적으로 막을 수 없는 것이 현실이므로 핵을 보유한 북한이 중국에 적이 되는 것이 유리할지, 아군이 되는 것이 유리할지 생각해봐야 한다는 것이다. 이는 또한 다른 주변국들에게도 같은 현실이라는 점을 강조하고 있다. 즉, 북한 핵 보유를 핑계로 일본은 평화헌법 수정과 핵개발 등으로 가장 큰 이득을 취할 것이고, 미국도 부담은 크지만 일정한 이득을 취할 수 있으며, 러시아와 중국 및 한국도 어떤 현실적 이득을 취할지 고민해야 한다는 것이다.

셋째, '현상유지론자'들은 북한의 핵개발에 대한 책임은 한미에 있으므로 중국이 지나치게 자책할 필요도 없고, 중국의 대북정책이 실패하지 않았으므로 중국의 정책을 크게 조정할 필요도 없으며, 북중 간의 일반무역은 정상적인 관계로 유지해야 한다는 것이다. 요약하면, 비핵화와 안정을 동시에 이룰 수 없는 상황에서 한반도의 안정을 위해 중국이 북한 정권을 최대한 지지하고 북한 내부의 혼란 예방에 치중해야 하며, 경제교류는 유지해야 한다는 것이다.

넷째, '제한적 제재론자'들은 중국의 대북정책에 약간의 조정이 필요한데, 중국이 이제는 무조건 북한을 옹호할 수 없으므로 핵실험 반대와 경고를 해야 한다고 주장한다. 또한, 중국의 대북정책은 실패하지 않았고, 북한은 여전히 중국이 사용할 수 있는 카드이므로 북한과의 우호적 관계를 유지해야 한다는 것이다. 요약하면, 북한의 태도에 따라 한미와 협력하여 강력하게 제재할 수도 있고, 우호적으로 대할 수도 있어야 한다는 것이다.

다섯째, '적극적 제재론자'들은 중국의 대북정책은 실패도 성공도 아니지만, 북한의 핵 보유는 중국에 부정적인 작용을 하므로 이에 대해 반성해야 한다는 것이다. 이러한 관점은 네티즌의 많은 호응을 받고 있지만, 중국 정부는 이러한 주장을 아직은 정책에 반영하지 않고 있다고 한다.

여섯째, '북한 포기론자'들은 중국이 북한 원조를 완전히 중단하고 한미와 함께 북한을 제재해야 하며, 심지어 한국에 의한 통일을 지지해야 한다는 극단적인 자유주의학자들의 관점으로 네티즌들의 많은 지지를 받고 있다고 한다. 요약하면, 북한의 완충지대적 가치는 이미 상쇄되었으며, 허구적인 냉전의 이데올로기적 사고를 버리고 중국은 좀 더 미래지향적인 방향으로 국제사회의 새로운 질서를 선도해야 한다지만, 역시 소수 학자들의 의견일 뿐이다.

6가지 다른 시각은 순서대로 북한에게 유리한 측면에서 점차 한국에게 유리한 측면으로 필자가 순서를 선정했지만, 남북한 각각에게 일방적으로 유리한 시각은 소수 의견이라는 공통점이 있다. 개혁개방의 성공으로 중국의 한반도 정책은 점차 한국에게 유리하게 변해왔지만, 혈맹이라는 북중관계에서 이제 겨우 중국이 균형점에 선 것이다.

중국의 전통적 특성대로 남북한 등거리 외교의 '실용적 셈법'은 향후에도 오랫동안 지속될 것이다. 한중 외교에 문제점이 있는 것이 아니라 균형점에 이른 것 자체가 1차적인 성공이고, 이제 다음을 준비할 시점이라는 것이 필자의 생각이다. 이제 다음은 어떻게 해야 할까?

(2) 북한의 4차 핵실험과 중국의 국익 극대화

북한의 2016년 제4차 핵실험 이후 중국 정부의 대북정책 방향에 대한 중국 학자들의 예측과 조언을 살펴보면 우리의 생각과는 확연히 다르다는 것을 알 수 있다. 계속해서 중국 학자들의 6가지 논쟁의 결과를 살펴보자.

첫째, 중국의 대북정책은 근본적으로 변하지 않을 것이며, 제재의 강도를 높이지도 식량원조의 감소도 없을 것이다. 4차 핵실험에 대한 중국 외교부 대변인의 말은 2차(2009년)와 3차(2013년)보다 약했고, 북한 정권의 붕괴는 중국에게 더 큰 위협이므로 계속 북한에 대한 원조와 지지를 유지할 것이다.

둘째, 중국의 정책은 '현상유지'와 '제한적 제재'의 사이에 있다. 제재는 진행하되 기본적으로 표면적일 뿐이고, 한반도 급변사태를 예방하기 위한 군사적인 대안도 이미 준비되어 있다. 북한의 4차 핵실험 이후 '제한적 재재'의 방향으로 기울겠지만, 중국이 '적극적인 제재'를 선택하지는 않을 것이다.

셋째, 북한 핵실험이 북중관계 악화의 원인이 아니며, 북중관계의 악화가 북한 핵실험의 원인도 아니다. 2012년 초 김정은 집권과 2013년 말 장성택 처형이 북중관계 악화의 원인이다. 북한의 핵무기 개발은 이미 정해진 정책으로 어떤 국가도 막을 수 없고, 중국이 어떤 정책을 취해도 북한은 할 것이다. 북중관계 개선의 가능성은 여전히 존재하고, 중국이 표면적으로 질책하겠지만 실제로는 여전히 북한을 지지하고 식량을 원조할 것이다.

넷째, 중국의 대북정책은 이데올로기와 북한 정권의 정통성에 있는 것이 아니라 지정학적 현실주의 정치에 있다. 북한 핵무기 개발이 중국의 안보환경에 영향을 주지만, 북한의 혼란이나 정권 붕괴는 중국에게 더 큰 위험이다.

다섯째, 북한의 핵개발에 대해 중국이 겉으로만 '절대 반대'를 외칠 뿐 달리 저지할 수 없는 상황에서 중국의 대북정책은 중국의 손실을 줄이고 각국의 모순을 이용하여 중국의 국익을 극대화시키는 것에 중점을 두어야 한다.

위에서 소개한 중국 학자들과 우리의 판단은 확연히 다르다. 중국 외교부 대변인의 발언에서 이전과는 다른 몇 마디의 변화를 근거로 중국의 강력한 불만이 태도의 변화로 이어질 것이라는 우리의 기대는 기대로 끝났다. 노여움의 표시는 이전과 달랐으나, 불만의 강도가 오히려 약했다는 중국 학자들의 판단은 시사점이 크다. 처음부터 오판으로 기대를 가진 것도 우리이고, 실망하고 내부 비판에 자멸하는 것도 우리의 자화상이다. 중국은 처음부터 그 자리에 있었고, 한중 간의 외교는 '감정이입이 거부'됨을 이번에 제대로 체험한 셈이다.

(3) 중국에게 '논리적 설득'보다 '셈법 제시'가 우선

북핵 문제에 대해 중국은 언제나 ① 한반도 비핵화 ② 대화를 통한 평화적 해결 ③ 한반도 평화와 안정의 3대 원칙을 강조한다. 북한의 핵무기 개발 반대에 대한 중국 정부와 학자들의 의견은 같지만, 어떻게 반대할 것인가에 대해서는 두 가지로 구분된다. 첫째, "3대 원칙을 지킬 수 있을 것인가?" 혹은 "중국의 대북정책이 성공할 수 있을 것인가?"에 대한 논쟁이다. 둘째, "3대 원칙을 동시에 실현할 수 없는 상황이라면 어떤 것이 가장 중요한 것인지, 혹은 어떤 것에 우선적으로 치중해야 하는 것인지"에 대한 논쟁이다.

이 두 가지 서로 다른 쟁점에 대한 중국 학자들의 논쟁을 살펴보는 것은 매우 중요하다. 전통적으로 무조건적인 북한 지지를 주장하는 '친북한 파'는 이미 2013년 2월의 3차 핵실험 이후 현격하게 줄었고, 이번 2016년 1월의 4차 핵실험으로 거의 수명을 다했다고 보아도 무방하다.

반대로, "시대의 변화로 북한은 지정학적 완충지대에 대한 가치보다 이제는 중국의 전략적 부담이 되었다. 북한도 중국의 영향력에서 벗어나려 하므로 중국은 북핵 문제와 대북원조에 있어서 강성한 태도를 취해야 하고, 중한관계의 발전을 통해 동북아 지역에 새로운 전략거점을 확보해야 한다"는 이들의 의견은 우리를 분명히 설레게 한다. 그러나 북한 포기론을 주장하는 '친한파'의 주장과 이에 대한 네티즌의 상당한 지지에도 불구하고 역시 소수파라는 점이 현실이다.

따라서 한국의 일부에서 중국의 '북한 포기론'에 고무되어 마치 중국의 한반도 전략이 크게 변화하고 있다고 기대하는 것은 오판이다. 중국은 한반도에 대해 실용주의적인 국익의 손익 여부를 신중하게 계산하고 있는 것이 확실하다. 따라서 우리만의 생각에 집착한 '공동이익론'이나 '대박론' 등에 근거하여 '논리전개'를 통한 '설득'이라는 '허구적'인 접근법은 과감히 버려야 한다. 망상과도 같은 감정이입이 아니라 그들의 실용주의적인 '셈법'과 '고민'에 대한 현실적인 분석이 우선되어야 한다.

한미 양국이 중국의 강력한 북한제재 참여를 요구하는 것은 상대적으로 중국의 전략적 가치만 높이는 셈이다. 중국을 자극하는 중국 책임론 같은 방법 또한 중국의 반발로 대북제재 라인을 분열시키고, 오히려 북한에게 유리한 국면으로 반전된다. 중국 스스로 북한에 대해 강력한 제재를 하도록 할 수 있는 방안은 없을까?

(4) 중국의 원칙과 논쟁이 문제풀이의 출발점

중국이 3대 원칙을 지킬 수 없을 경우에 답이 있다는 생각이다. 즉 중국이 취할 수 있는 '차선책'이 무엇인지를 먼저 고민하고, '우선순위'를 먼저 분석해야 한다. 중요한 것은 중국이 3대 원칙을 지킬 수 없는 적절한 시점에서 미리 준비된 다양한 차선책을 중국의 반응에 따라 순차적으로 중국에게 제시하는 것이 필요하다.

이를테면 북한 급변사태 등에 대한 한중 공동 '위기 대응론'의 구상에 대한 준비된 제안은 중국에 대한 구체적인 협력전략이 될 수 있다. 한중 양국이 우호적이고 미래지향적인 전략적 차선책을 공동으로 준비하지 못한다면, 예측 불허의 불특정한 북한 급변사태나 돌발사태에 대한 후유증이 양국 모두에게 커다란 위협 요소가 될 것이다. 이 점은 중국의 실용주의적인 셈법을 스스로 동원하도록 하는 방법의 하나이고, 중국 스스로 셈법을 내보이도록 하는 방법에도 해답이 있다.

또한, 중국이 현재 펼치고 있고 주변국들과의 협력이 절실한 '일대일로' 전략, 'AIIB', '위안화 국제화' 등을 비롯한 중국의 신 글로벌 전략에 있어서 중국과의 어떤 협력이 중국의 한반도 전략변화로 유도될 수 있을지를 고민해야 한다. 즉 중국의 글로벌 전략에서 한중 공동이익 분야의 협력에 참여하는 것과 중국의 한반도 전략 변화를 연계시키고, 이를 매번 빅딜카드로 교환하는 외교적 전략·전술을 고민해야 한다는 것이다.

이를 구체화하기 위해 한중 간에 비공개 끝장토론을 전개할 때이고, 이제 서로의 '셈법'을 교환할 시점이다. 2015년의 'AIIB'의 참여나 박 대통령의 '중국 열병식 참여' 같은 결정처럼 향후에도 철저히 '국익'에 근거한 '셈법 빅딜'을 대중국 외교 전략·전술에 적극적으로 반영해야 한다.

2) 중국 '대열병식'과 통일한국 준비

(1) 숨겨둔 힘을 자랑하는 중국

중국의 국경절은 중화인민공화국 건국을 선포한 10월 1일이다. 1949년부터 1959년까지 국경절 행사로 마오쩌둥에 의해 11차례 연속해서 진행되던 열병식은 1984년 덩샤오핑, 1999년 장쩌민, 2009년 후진타오에 이어 2015년에 시진핑은 15번째 열병식을 주관했다. 중국의 역대 지도자들처럼 시 주석도 확고한 자신의 당내 위치와 지도력을 전 세계에 선보이기 위한 중요한 행사로 '전승절 열병식'이라는 특대형 이벤트를 준비했다.

G2로 올라선 시진핑 시대의 중국은 충만한 자신감으로 2015년부터 신창타이(新常態, New Normal)의 경제전략, 정치전략, 군사전략을 동시에 추진하고 있다. 즉 이미 서방의 주요 나라와 한국을 포함한 57개국이 참여한 아시아인프라투자은행(AIIB), 동방의 '마셜 플랜'으로 비유되는 '일대일로'의 선포, 그리고 미국의 반대와는 상관없이 진행되는 남중국해 인공섬과 군사기지 건설은 세계가 주목하는 중국 굴기의 현재진행형이다.

그런데 왜 시 주석은 과거와는 달리 10월 1일의 건국일이 아닌 '항일전쟁 및 반(反)파시스트 전승절'인 9월 3일로 열병식을 앞당겼을까? 그리고 미국을 비롯한 서방 주요국 정상들이 연이어 불참을 통지하고, 매체를 통해 참가 여부를 저울질하는 아베의 언론 전술에 초조해하던 중국은 한국의 참여를 갈망했다. 중국의 고민은 무엇이었을까?

(2) 중국의 '9·3 대열병(大閱兵)' 8대 특징과 10대 관전 포인트

중국 언론은 2015년 시진핑 '9·3 대열병'의 특징으로 8가지를 제시했다. 우선 영모부대(英模部隊, Heroic forces), 즉 항일전쟁에서 혁혁한 공을 세웠던 영웅적인 부대가 처음 대열병에 참여한다는 점이다. 여기에는 항일전쟁에 참여했던 팔로군(八路軍), 신사군(新四軍), 동북항련(東北抗聯)과 화남유격대(華南遊擊隊)가 있고, 이 부대들은 현 인민해방군에서도 그 혈통을 이어가고 있다. 이어서 ① 항일전쟁에 참전했던 노병(老兵)들의 열병식 참여 ② 50여 명의 장군들이 방진 대열의 선두에 서서 분열 지휘 ③ 국민당(國民黨) 노병의 열병 참여 ④ 외국 군대표단 및 열병단 참여 ⑤ 육해공군 및 제2포병단의 각종 신형 무기 공개 ⑥ 공군 항공 사열대의 신형 무기 공개 ⑦해군 함정 사열대의 신형 무기 공개 등이 있다.

전 세계를 향해 중국의 군사적 굴기를 보여주기 위한 중국의 고민은 무엇일까? 중국 언론이 꼽은 10대 관전 포인트에 일부 해답이 보인다. ① 미국의 오바마 대통령은 올까? ② 일본의 아베 총리는 올 생각이 있을까? ③ 아시아에서는 과연 몇 개국 정상이 참석할까? ④ 어느 수준까지 중국의 군사력을 공개할 것인가? ⑤ 노병(老兵)의 열병 방진을 구성할 것인가? ⑥ 베이징 시민은 지난해 11월 베이징 APEC에 이어 또다시 황금 휴식기와 맑은 하늘을 얻을까? ⑦ 제2차 세계대전 동맹국이었던 영국과 프랑스, 그리고 패전국 독일은 참여할 것인가?(중국, 외교 시험대에 오르다) ⑧ 대열병(大閱兵) 장소는 중일전쟁이 발발한 노구교(卢沟桥)일까? 아니면 중국의 상징인 톈안먼 광장일까? ⑨ (참여국들과의) '공동성명'이 나올까? ⑩ 항일전쟁은 국공합작의 승리, 대만 국민당은 참여할까?

위의 8가지 특징과 10대 관전 포인트는 기름과 물처럼 섞이지 못하는 중국과 서방의 현주소를 나타낸다. 중국 열병식에 대한 서방과 중국의 인식의 차이는 어디에 있을까?

(3) 왜 서방의 정상들은 톈안먼 대열병을 회피했을까?

왜 서방의 주요 정상들은 톈안먼 대열병을 보이콧(boycott)하는 것일까? 이에 대해 대만 중앙연구원의 린촨쫑(林泉忠) 교수는 홍콩 「밍빠오(明報)」 8월 24일자 기고문을 통해 이를 네 가지 요소로 설명했다. 즉 대열병의 목적에 대한 해석 차이, 대열병의 형식으로 평화를 호소하는 것에 대한 거부감, 현 질서를 힘으로 바꾸려는 중국의 '남해전략'에 대한 불만, 톈안먼에 대한 정서적 감정이 아직 남아 있다는 것이다. 이어서 린 교수는 중국이 국제사회에서 보편적인 이해를 구하기 위해서는 아직도 먼 길을 가야 하고, 중국이 추진하고 있는 '일대일로'의 국가전략도 이런 문제들을 회피하거나 간과해서는 안 된다고 강조했다.

중국의 의도와는 달리 해외 여론의 시각은 2015년의 대열병이 중국 국내의 결집력, 지도자의 개인 위상 제고, 현 체제의 안정적 발전에 있다고 평가한다. 중국은 서방이 중국의 평화적인 굴기를 오해하기 때문이라고 하는데, 그렇다면 중국은 어디에서부터 이 오해를 풀어야 할까? 서방이 중국을 오해하고 있는 것일까? 중국은 심각하게 이 문제에 대한 고민을 시작해야 한다.

(4) 봉황위성 국제시사 TV토론 현장에서 느끼는 중국의 오늘

현재 중국에는 현실과 미래에 대한 두 가지 상반된 중국의 내부 고민이 존재한다. 단단하게 준비된 근육질을 보이고 싶은 중국의 현실적 욕구, 그리고 G2 대국으로서의 세계 평화 질서 수호에 대한 거부할 수 없는 책임과 의무에 대한 인식 사이에서 중국은 고민에 빠져 있다.

이 고민에 대한 중국 내부의 생각은 어떨까? 필자는 2015년 8월 19일자 봉황위성 TV의 국제시사토론 프로그램인 「이후이시탄(一虎一席談)」에서 4명의 중국 군사전문가와 상하이의 일본 기업인(1명) 패널과 함께 이 문제를 포함한 토론에서 일부 중국의 내부적인 생각을 읽을 수 있었다(이 프로그램은 2015년 8월 29~30일에 방송되었다).

"이번 대열병에서 중국은 자국의 근육질을 보여주려고 한다. 어떻게 생각하는가?" 사회자의 질문에 대해 중국의 군사전문가들은 중국이 지난 19세기에 일본을 포함한 서양의 침략으로 상처받았던 자존심을 살려야 할 시기가 왔다는 점을 강조했다. 중국은 도광양회(韜光養晦)의 길고 긴 인내의 터널에서 벗어나 당당하게 준비되고 단련된 근육을 보여줄 시점이라는 것이었다. 녹화에 참여한 방청객의 표정이 점점 자신감으로 충만해졌다.

"중국의 굴기와 대열병이 주변국들에게 위협감을 주지 않기를 바란다"라는 취지의 발언을 하는 일본 패널의 표정이 당혹감을 감추지 못하자, 토론 현장의 분위기는 최고조에 달했다. 설계된 목적을 제대로 달성한 듯,

표정관리가 힘들다는 듯한 사회자의 짓궂은 눈길이 필자에게로 향했다. 그리고 필자의 말은 향후 많은 중국의 학자들로부터 인사를 받았다.

"중국의 굴기는 성공적이다. 지금쯤 서양을 향해 중국이 과거처럼 만만하지 않다는 것을 보여주는 것은 필요한 것일 수도 있다. 그러나 근육질을 보여주면서 어떻게 이것을 설명하는가가 더 중요하지 않겠는가?"

토론에 참여했던 패널과 사회자, 방청객, 그리고 현장의 스태프 등 모든 사람들이 필자의 이어질 말에 집중했다. 조용한 침묵 속에서 필자의 발언이 이어졌다.

"시 주석이 참여한 각국 정상들과 상의하여 '전승절'을 '아태 평화의 날'로 선포한다는 '공동성명'을 발표하는 것은 어떨까? 근육질을 보여주고 싶은 중국의 현실적 욕구 만족은 물론, 평화를 추구하는 대국의 미래지향적인 비전을 세계에 알릴 수 있는 방법이 될 수도 있지 않겠는가?"

뜨거웠던 현장의 분위기가 잠시 사색에 빠진다는 느낌은 필자만의 생각이었을까? 사회자의 일격에 당황했던 일본 패널의 얼굴에도 미소가 퍼졌다. 필자가 던진 화두의 핵심은 "중국은 이제 대국의 책임과 의무라는 미래를 생각해야 할 때"라는 것이었다.

(5) 한중 항일투쟁 역사 공조를 위한 중국 정부의 러브콜

2015년 9월 4일, 박근혜 대통령은 상하이 임시정부 청사 리모델링과 재개관 행사에 참석했다. 9월 3일의 중국 대열병식에 참석한 박근혜 대통령을 배려하여 상하이 임시정부 청사의 재개관이 열병식 다음날인 9월 4일에 개최된 것이다. 따라서 이번 박 대통령의 열병식 참석과 임시정부 청사 재개관 행사 참여는 한중관계의 현주소를 확인할 수 있는 상징적인 의미를 내포한다.

우리의 오랜 숙원사업으로 이명박 정부 때 중국 정부의 협조를 요청했으나, 주변 지역이 도심 재개발 지역으로 지정되어 임시정부 청사 건물도 철거 위기로 내몰리기도 했다고 한다. 다행스럽게도 박근혜 대통령과 시진핑 주석 간의 상호 신뢰와 협력의 흐름에 따라 중국 정부는 대한민국의 독립운동 유적지 보존에 적극적이다. 즉, 하얼빈 안중근 의사 기념관 개관, 시안 광복군 표지석 설치, 충칭 한국광복군 총사령부 현장 원형 보존, 상하이 임시정부 청사 리모델링 재개관 등에 중국 정부는 적극적으로 협조했다.

그 밖에 한중 위안부 문제 공동 대응, 일제 731부대 만행에 대한 공동 연구, 일본 과거사 부정에 대한 공동 대응 등 일제의 만행에 대한 한중의 역사 공조를 위한 중국의 러브콜은 뜨겁다. 아베의 우경화 전략과 과거사 부정에 대한 한중의 입장이 별반 다르지 않은 상황에서 아베로 인한 한중 관계의 밀월은 당분간 계속될 것으로 보인다.

한중의 이러한 밀월관계를 어떻게 북핵 문제와 북한의 위협에 대한 한중 간의 공동 협력으로 연결시킬 수 있을까? 어떻게 하면 미묘하게 멀어진 북중관계가 그대로 유지됨과 동시에 한중관계의 밀월이 북중관계보다 상위변수로 위치하면서 북한의 위협을 한중이 공동으로 방지할 수 있는 관계로까지 발전시킬 수 있을 것인가? 중국이 참여하는 북한에 대한 위협관리는 한국이 미국에게 제시할 수 있는 매력적인 카드가 될 수 있지 않겠는가?

(6) 박근혜 대통령의 능동적 외교전략

2015년 8월 20일, 청와대는 박근혜 대통령이 9월 3일 중국 전승절 행사에 참석한다고 발표했다. 이에 대한 중국의 반응을 베이징 현장에서 지켜보던 필자는 예상보다 더 폭발적인 중국의 환영무드에 놀랐다. 전승절 행사에 참석하는 정상들 중에서 러시아 푸틴 대통령을 제외하고 세계의 주목을 끌 만한 인물이 없던 중국으로서는 박근혜 대통령의 참석 발표로 다시 행사 준비에 엄청난 활력을 얻은 것이다. 필자의 핸드폰과 웨이신(微信, 위챗) SNS가 한동안 달아올랐다.

참석 여부를 여론전으로 저울질하던 아베의 불참 결정과는 대조적으로 심사숙고 끝에 '통 큰' 결단을 내린 한국에 대해 중국은 진심으로 환영했다. 미국도 한국의 결정을 존중한다는 공식 입장을 표명했다. 초기의 논쟁과는 달리 국내 여론도 박근혜 대통령의 결정에 수긍했다.

한미동맹과 한중경협의 득과 실을 매번 주변국의 상황 변화에 따라 계산해야 하는 한국의 입장은 미중 양대 강국도 충분히 인지한다. 게다가 사안별로 양분되는 국내 여론은 선택의 폭을 더욱 어렵게 하는 것이 현실이다.

결국 국가 핵심이익의 선택이 정답이다. 통일 이전의 국가 핵심이익은 국민의 안전을 지키기 위한 한반도 평화이고, 한미동맹과 한중관계의 연합이 해법이다. 한미중 모두가 아는 이 해법은 대한민국의 능동적이고 주동적인 외교적 선택으로 시작할 수 있다. 박근혜 대통령의 중국 전승절 열병식 참석은 그 가능성과 자신감을 확인하는 중요한 사례로 남을 것이다. 그리고 '빅딜'의 여지를 남길 수 있는 능동적 외교는 계속 이어져야 한다.

3) 중국의 한반도 전략 수정: 한반도 딜레마

(1) 중국의 한반도 전략 수정과 북중관계 딜레마

2016년 1월 6일의 북한 4차 핵실험과 2월 7일의 장거리미사일 발사,

이어지는 유엔 안보리의 '2270호 대북제재'는 역사상 최강의 제재라는 평가를 받고 있다. 그리고 중국에서는 다시 "중국은 북한을 포기해야 할까?"라는 주제가 화두가 되어 갑론을박으로 이어진다. 중국의 한반도 전략은 이미 2013년 2월 12일 북한의 제3차 핵실험으로 전환점을 맞았으며, 이번 제4차 북한의 핵실험과 이어진 북한의 미사일 도발로 인해 중국의 인내심은 폭발했다. 임계점을 넘은 북한의 도발이지만, 중국은 정말 북한을 포기할 것인가?

이는 오래된 주제이나, 냉랭해진 북중관계와 열정적인 한중관계로 인해 중국에서 다시 유행(?)하는 주제이다. 필자도 이 주제로 수차례 토론에 참여했고, 지난 2015년 10월 11일에 방영된 홍콩 봉황위성 TV의 국제시사 토론 프로그램 「이후이시탄」에 패널로 참석하여 5명의 중국 학자들과 이와 연관된 문제를 토론했다.

이번 토론의 원인은 장기간 은둔한 김정은과 북한 실세 3인방의 급작스러운 인천 방문에 있었다. 북한 권력구조의 변화 여부를 시작으로, 요약하자면 토론의 핵심은 중국의 한반도 정책 변화였고, 중국이 북한을 포기해야 할지를 포함하여 통일한국 이후의 주한미군 문제는 2015년 4월 19일에 방영(필자도 패널로 참가)된 "북한, 4차 핵실험을 할 것인가?"에서처럼 이번 토론의 종착점이 되었다.

2015년 9월 25일자 「허쉰왕(和訊网)」에도 같은 주제의 토론이 있었다. 양페이창(楊佩昌) 박사는 "중국은 북한과 작별할 때이고, 내정 불간섭 원칙을 버려야 할 시기가 되었다. 중국의 국력이 약했을 때는 덩샤오핑의 도광양회(韜光養晦)의 대외전략이 유효했으나, 오늘의 중국은 대외전략을 수정해야 한다. 타국에 대한 '내정 불간섭 원칙'을 수정하여 '간섭'할 수 있어야 하고, 간섭의 원칙은 '정의' 여부에 있다"며 지금이 북한을 포기할 시점이라고 주장했다.

재외대사(駐外大使)를 지낸 왕위성(王嵎生) 교수는 "중국이 북한을 포기

한다는 것은 매우 어리석은 생각이다. 북한이 부담이 되는 자산이고, 나쁜 카드(Bad Cards)이기는 하지만, 모든 일에는 양면성이 있다. 나쁜 카드를 좋은 카드로 만드는 것이 고수(高手)인데, 중국은 이러한 연구가 부족하다. 중국이 북한이라는 나쁜 카드를 사용할 때, 우리가 원하는 것을 주시해야 한다. 누구에게 우리가 원하는 것을 요구할 것인가? 그것은 미국이다. 이 관점은 유의할 가치가 있다"고 반대했다.

후센다(胡顯達)는 다른 글에서 "북한을 포기하는 것에 대해 중국에는 서로 다른 목소리가 있다. 적지 않은 주장이 김정은 정권을 포기해야 한다지만, 북한이 중국과 멀어지게 되면 중국의 민감한 지정학적 이익에서 일종의 포기할 수 없는 절대적인 손실이 된다"며 반대 의견을 보였다.

이처럼 중국이 북한을 포기해야 할까에 대한 찬성과 반대의 의견은 백중세이다. 그러나 '친북파'와 '친한파' 및 '현실주의파'의 손익계산으로 구분될 수 있는 한반도 정세에 대한 중국의 판단은 과거의 감성적 접근에서 이제는 현실적인 전략적 접근이 필요하다는 점에 있어서만큼은 분명히 공감대를 형성하고 있다. 그런데 북한이 탈냉전 시대에도 지정학적인 가치, 즉 중국에 '완충지대'로서의 전략적 가치를 지니고 있을까?

(2) '정상국가관계'라는 중국, '특수관계'를 강조하는 북한

북중관계는 흔히 '특수한 혈맹관계' 혹은 '전통적 우의관계'라고 표현하며 미사여구를 붙여 대외에 자랑하듯 선전해왔다. 그러나 이러한 표현에 익숙했던 중국과 북한의 관계는 중국의 강력한 반대에도 불구하고 북한이 2013년 2월 12일 3차 핵실험을 강행한 이후 급속히 냉각되었다. 그리고 2014년 7월 3일 시진핑 주석의 방한을 계기로 점차 점입가경의 묘한 상황으로 치닫고 있다.

2014년 7월 3일 시 주석의 방한 이후 심각하게 냉각된 북중관계를 언론보도를 기준으로 정리해보자. 7월 27일, 61주년 '정전협정 기념식':

김정은은 중국의 참전에 대해 언급하지 않음, 8월 1일, 중국 인민해방군 '건군 기념식': 북한 주중대사관의 고위급 무관들 불참, 10월 6일, '북중수교' 65주년 기념: 양쪽 모두 경축행사 취소, 상호 간 축전 무 그리고 10월 25일, 평양에서 중공인민지원군의 '6·25 참전 기념식'이 열렸지만, 결과는 같았다. 그리고 2015년에도 북중관계는 냉담했다.

북중관계를 '특수적 관계'에서 '정상관계화'하려는 중국과는 달리, 북한이 중국에게 강조하고자 하는 '전통적 혈맹'의 '북중관계'는 중국의 '국공내전'과 한반도의 '6·25전쟁'에서 함께 피를 흘린 '전우관계'를 배경으로 한다. 그런 의미에서 중국이 6·25전쟁에 참전하여 첫 전투를 벌인 '10월 25일'은 북한이 중국과 가장 중시해온 공동 기념일이다. 그럼에도 64주년 기념행사가 열린 평양 모란봉의 '조중우의탑(朝中友誼塔)'에 북한은 불참했다. 류홍차이(劉洪才) 주북한 중국대사가 대사관 직원과 유학생 및 화교 대표 등을 모아서 중국 단독으로 행사를 가졌다.

중국의 언론보도에는 류 대사가 "북한과 중국이 견고한 동맹이며, 중국과 북한 양국 군대가 조선전쟁 기간에 세웠던 깊고 두터운 관계를 대대로 이어가야 한다"는 점을 강조했다고 한다. 상호 간 엇박자로 심기가 불편한 북중관계가 류 대사의 이 말을 기점으로 화해와 관계개선의 전환점이 될 수 있을까? 중국은 정말 류 대사의 말처럼 북중관계를 전통적 혈맹이나 우호관계로 되돌리려는 것인가?

(3) 곪을 대로 곪아버린 북중관계, 마지막 패를 공개할 단계인가?

2014년 10월 28일자 「평황차이정(鳳凰財政)」에서 시사평론가인 후셴다(胡顯達)는 류 대사의 이러한 언급에 대해 "주북한 중국대사의 '흔치 않은' 이런 표현은 중국이 대북관계에 있어서의 전환을 알리는 전조일 수 있고, 중국이 이미 북한과의 악화된 관계를 개선하려는 것을 의미한다. 국제적 고립을 탈피하려는 김정은에게는 의심할 바 없는 최대의 복음(福音)이다"라고 평했다.

그러나 중국의 다른 언론 보도를 보면, 김정은이 중국에 대해 감정적으로 일관한다고 비평한다. 2014년 10월 31일자 「환추스바오(環球時報)」는 "30일로 예정되었던 중국 단둥과 북한 신의주를 잇는 신압록강대교의 개통일이 북한의 투자 부진으로 무기한 연기되었고, 북한은 북한지역의 진입도로까지 건설해줄 것을 요구했다"는 중국 측 시공사의 불만까지 소개했다.

2014년 11월 3일자 중국 인터넷 매체인 BWCHINESE 중원왕(中文网)은 "김정은이 건설 중인 평양국제공항 제2청사를 둘러보다가 '세계적 추세와 다른 나라의 장점을 취하고, 동시에 주체성과 민족성이 두드러지게 해야 한다고 했으나 그렇지 못하다. 이대로 시공하면 어떤 국가의 공항을 복제한 것이다'라는 지적과 함께 공사 중단과 재건설을 지시했다"며, 1일자 북한 「조선중앙통신사」의 보도를 소개했다.

이어진 BWCHINESE의 격앙된 보도 내용이 바로 북중관계의 현주소이지 않을까? "도대체 그 어떤 국가라고 한 것은 어느 나라인가? 김정은은 어째서 중국 색채를 제거하려는 것에 '광분(狂奔)'하는가? 중국은 중북 압록강 우의(友誼)대교 공사를 공기 내에 완공했으나 북한은 오히려 (공사를) 포기했다. 북중관계는 확실히 크게 퇴보하고 있고, 이미 카드놀이에서 각자 손에 든 마지막 패를 공개하고 승부를 결정하는 상황까지 근접해 있다."

작금의 북중관계는 분명히 전통과 혈맹을 강조하던 예전과는 거리가 멀다. 강력한 경고를 무시하고 3차 핵실험을 강행한 북한에 대해 분노와 경악을 금치 못한 중국은 시 주석의 파격적인 방한을 통해 한반도 정책에 대한 변화와 북한에 대한 경고의 신호를 보냈다. 그러나 북한은 오히려 한국을 먼저 방문한 시 주석의 행보와 북중 정상회담을 유보하는 중국의 태도에 격분했다. 중국과 북한 사이에 갈등의 골은 시진핑 주석이 관례를 깨고 한국을 먼저 방문했던 2014년 7월 이후부터 이미 심상치 않았다. 서로 마지막 패를 펼쳐야 할 때가 정말 다가온 것일까?

(4) 중국, 견고했던 대북정책의 수정: 북중관계의 '정상국가화'

시사평론가 무춘산(木春山)은 2014년 8월 22일자 「허쉰왕(和訊网)」의 기고문에서 북중관계가 냉담해지는 원인으로, "첫째는 북중관계를 정상화하고 비특수화(非特殊化)하려는 중국의 정책조정이고, 둘째는 갈수록 위험성을 증가시키는 북한의 대외(對外) 행위이며, 셋째는 증가하는 한중협력"이라고 정리했다.

중국은 지금 북한을 어떻게 생각하고 있을까? 무춘산은 "북중관계의 냉담한 배경 아래 시 주석의 방한은 중국의 대북정책이 조정되고 있다는 확실한 신호를 보낸 것이다. 중국의 대북 외교는 갈수록 이성적으로 가고 있고, (더 이상) 먼 길로 돌아가지 않는다. 북한이 원하든 원하지 않든 중국의 대북정책 조정에 대한 걸음은 멈추지 않을 것"이라고 정리했다.

중국의 한반도 전략에 대해 한국 정부와 학계에서도 깊은 관심을 갖고 지켜봐야 할 새로운 핵심은 이곳이다. "주목할 만한 현상은 중국의 대북정책이 이제 점차 중공중앙대외연락부(中共中央对外联络部, 이하 '중련부')의 손을 벗어나 중국 외교부의 주도권이 나날이 증가하고 있다는 점이다. 이것은 중국으로 보자면 좋은 일이다. 미래의 '정상적인 북중관계'는 중국의 동북아 이익에 부합한다. 북한이 해야 할 일은 적응이지 도전이 아니며, (북한은) 이 점을 주시할 가치가 있다."

주지하다시피 '중련부(中联部)'는 중국이 타국, 특히 사회주의 국가와의 당대당(黨對黨) 외교를 담당해왔고, 공산당이 통치하는 중국의 특성상 '중련부'는 중국 외교부보다 위상이 높다. 따라서 이 문장에는 '특수한 북중관계'를 담당했던 '중련부'의 임무가 외교부를 통해 '정상적인 북중관계'로 전환한다는 점과 북한은 적어도 중국에게만큼은 전면적인 개혁개방을 해야 한다는 숨은 의미를 내포하고 있다.

시진핑 시대의 대북정책은 분명히 변했고, '중북 정상화'라는 방향과 국익추구의 목표를 확실하게 설정했다. 북중관계의 미래는 북한에게 넘겨진 셈이지만, 북한의 선택은 2016년 제4차 핵실험과 이어지는 미사일 도발이었고, 선군정치와 핵병진전략을 수정할 기미는 보이지 않는다.

(5) 수정된 중국의 한반도 정책: 핵심분석과 미래전략 준비

탈냉전 시대에 세계의 시장경제체제에 순응하는 중국의 개혁개방은 더 이상 서방과 적대적 관계가 아니며, 복합적인 상호 의존관계를 형성하고 있다. 따라서 서방에는 중국을 공격할 필요성이 없어졌고, 미국의 경우를 가정해도 미국이 북한을 거쳐 중국을 공격하는 것은 효율적이지 못하다는 의견이 이미 중국에 존재한다. 만약 미중 간에 군사적 충돌이 발생한다면 전장은 육지가 아닌 해상과 공중이 될 것이고, 이는 북한의 지정학적인 전략적 가치가 이미 낮아졌음을 의미한다. 이러한 내용은 이제 중국 학자들과의 토론에서 자주 접하는 일종의 상식(?)이 되었다.

오늘의 중국은 북한을 냉전시대처럼 지정학적인 완충지대의 가치로만 판단하지는 않는다. 중국은 변했고, 분명하게 국익을 먼저 생각하고 있다. 현실적 실용주의를 추구하는 중국 외교의 특성상 중국의 한반도 정책은 남북한 '균형외교'와 '형평성'이 기준이고, 핵심은 중국의 '국익추구'가 우선이다. 전통적이니 혈맹이니 하는 비정상적인 특수적 관계보다 국익추구를 우선하겠다는 확실한 외교적 목표를 수립한 것이다.

따라서 중국의 민간 혹은 한국의 언론에서 자주 흥미롭게 거론되는 "중국은 북한을 포기할 것인가?"라는 주제는 더 이상 큰 의미가 없다. 향후 중국의 한반도 정책에 대한 논리의 핵심은 한반도에서 누가 중국에 더 이익을 줄 것인가에 있다. 중국은 북한이 더 이상 중국으로부터 조건 없는 무상원조와 편익을 기대하지 말고 중국의 국익을 함께 고려해야 한다고 충고하지만, 북한이 아직도 감정조절에 실패하고 있다고 중국은 판단한다.

한국도 북중 간의 갈등과 이로 인한 북중관계의 변화를 즐기기만 하는 시간은 이미 지났다. 이제 미래형 한중관계 전략개발을 고심해야 한다. 중국의 한반도 정책에 담긴 핵심을 보면, 결국 한중관계도 끊임없는 공동이익 추구를 기반으로 하기 때문이다. 만약 북한이 전향적으로 중국의 입장과 이해를 받아들여 중국이 원하는 방향으로 북중관계가 개선된다면, 예상되는 북한의 이중 플레이에 남북관계와 한중관계가 함께 휘둘릴 수도 있지 않겠는가?

중국의 한반도 정책과 전략은 중국의 국익에 의해 선택될 것이다. 따라서 중국을 활용하기 위해서는 무엇이 한중 간의 공동 이익이 될 수 있고, 무엇이 중국의 국익에 대한 직접적인 손실이 될지를 고민할 시점이다. 이것은 중국에 대한, 그리고 대북정책에 대한 해법 찾기의 핵심요소이기도 하다. 통일한국을 위한 복잡한 해법 찾기는 더욱 복잡해지고 있다.

4) 중국 '비둘기파' 외교관 vs. '매파' 언론 편집장의 외교전략 설전(舌戰)

(1) 우젠민 원장의 도발: "세계는 평화와 발전의 공존시대"

지난 2016년 3월 30일, 중국의 외교관을 전문적으로 양성하는 외교학원(外交學院)에서 "오늘의 세계를 정확히 인식하자"라는 제목으로 우젠민(吳建民) 원장의 특강이 있었다. 프랑스 대사를 역임했고, 외교부 외교정책 자문위원회 위원인 우 원장은 "「환추스바오(環球時報)」"의 문장은 때로 매우 극단적이며, 후시진(胡錫進) 편집장은 세계의 상황을 제대로 알지 못한다. 그들은 시대적 대국을 보는 눈이 부족하고, 시대적 주류가 무엇인지 모른다"고 비평했다. 우젠민은 또한 퇴역 장군인 뤄웬(羅援) 군사평론가에 대해

"그의 매파(강경파)적 논점은 시대적인 착오를 하고 있다"고 비평했다.

우 원장의 논점은 세 가지로 요약된다. 첫째, 현 세계의 흐름은 과거 '전쟁과 혁명'에서 '평화와 발전'의 시대로 전환하고 있다. 둘째, 중국은 시대적 화두의 변화를 정확히 인식해야 한다. 셋째, 중국은 3불(三不) 외교전략, 즉 영토를 확장하지 않고(不擴張), 패권을 추구하지 않으며(不覇權), 협력관계를 맺지만 동맹을 맺지 않아야(不結盟) 한다. 많은 문제에 직면한 중국은 발전을 추구하는 것만이 모든 문제를 해결할 수 있다고 강조했다.

(2) 후시진파의 우젠민에 대한 반론: "고상한 척하는 외교귀족의 병폐"

우젠민의 비평에 발끈한 후시진 편집장은 4월 7일자 「환추스바오」에서 "우젠민 대사의 비평에 대해 후시진이 말하다"라는 제목으로 반론을 제기했다. 후시진은 "단지 그들만이 외교를 이해하고, 그들만이 외교를 주도해야 하며, 언론이 한마디 거드는 것은 오히려 혼란을 조성하고 민족주의의 화근이라고? 우 대사의 생각은 전형적인 비둘기파로서, 소수의 전직 외교관의 생각일 뿐이다. 그들은 단지 외교성과나 외국과의 우호협력의 진전만을 보도하길 바란다. 문제를 건들지도 말아야 하고, 논지도 엄격하게 외교부의 기조에 따라 앵무새처럼 따라 하면 된다는 거다. 그들은 억울한 일을 당해도 언론이 보도하지 않기를 가장 바라며, 가급적 일을 크게 만들지 않고 덮으려는 어느 대사를 생각나게 한다"고 맞받아쳤다.

후시진은 "우 대사가 「환추스바오」를 통해 자기 문장을 발표할 때, 동시에 그의 생각과 상반되는 관점이 보도되는 것에 반대했다"며, "이것은 민주와 다원적 시대정신에 위배된다"고 우젠민을 헐뜯었다. "우 대사는 외교계에서는 전형적인 '비둘기파'이지만, 국내 언론매체의 '민족주의'에 대해서는 오히려 매우 '매파'적 태도를 가진, 일종의 대중과는 동떨어져 홀로 고상한 척하는 고관(高官)의 전형이다"라고까지 비판했다.

첸창밍(錢昌明)은 "첫째, 외교 문제에 언론이 왜 목소리를 내면 안 된다는 것인가? 단지 외교관만 말할 수 있고 민간의 목소리는 허용하지 않는 다는 것인가? 둘째, 지금은 아직도 제국주의 시대이자, 전쟁과 혁명의 시대이다. 대충 헤아려도 서방이 참여한 국지전쟁이 무려 23개이고, 아프간 전쟁은 13년이나 끌었다. 셋째, 지금은 금융패권과 군사패권을 독점한 미국의 초강력 단일패권시대이고, 중국은 유사 이래 가장 큰 위기를 정면으로 맞이한 시대이다"라며 우젠민에게 반발했다. "평화는 구걸하는 것이 아니라 싸워서 지키는 것이다"라는 첸창밍의 논지와 비슷한 시각으로 뤄웬(羅援) 장군을 지지하는 군부와 연관된 인사들이 후시진을 지지하며 우젠민을 비평했다.

(3) 우젠민의 반격: "전체적 국면을 제대로 좀 보라"

우젠민은 4월 8일자 「환추스바오」에 "남해 문제는 감정을 안정시키고, 전체 국면을 보면서 해결에 대한 믿음을 가져야 한다"라는 제목으로 후시진파를 공격했다. 우젠민은 "미국이 단지 중국을 불편하게 하려고 건드려야 보겠지만 남중국해에서 중국과 전쟁을 바라지는 않을 것이다. 언론이 문제의 본질을 전체적 국면으로 제대로 좀 봐야 한다"고 후시진파에 반격했다.

그는 "(「환추스바오」처럼) 서방의 언론보도를 맹목적으로 좇을 필요도 없고, 너무 과장된 보도도 필요없다. 국제관계의 중심이 대서양에서 태평양으로 전이되는 역사적 배경하에 아시아 각국의 굴기로 인한 영토분쟁이 남중국해 문제의 본질이다. 문제는 이러한 역사적 변화는 진행 중이고, 따라서 영토분쟁은 조정기가 필요하다"고 지적했다.

또한, "첫째, 시대의 주제는 '전쟁과 혁명'에서 '평화와 발전'으로 변했다. 둘째, 남중국해에서 중미 모두 전쟁의 의지는 없다. 중국의 국방전략은 방어형이고, 아프간 문제도 해결하지 못한 미국은 남중국해에서 중국과 전쟁을 할 힘이 없다. 셋째, 중미 간, 중국과 아세안 국가 간에는 '발전'

이라는 공동이익이 여전히 존재한다"며, 남중국해 문제는 적절히 해결할 수 있다고 주장했다.

즉, "남중국해 문제는 전체를 봐야 한다. 첫째, 세계적 측면으로 보면, 어떤 대국이나 국가 연합체도 남중국해 영토분쟁을 자국의 정책목표로 삼지 않으며, 아시아의 성장은 모두가 바란다. 둘째, 남중국해 문제는 당사국 간의 문제 중의 하나일 뿐이지 전체가 아니다. 셋째, 각국의 입장은 다르나, 평화적 해결은 모두 찬성한다. 넷째, 각국의 다른 입장이 영원불변하다고 볼 수는 없다"고 우젠민은 강조했다.

(4) 우젠민 지지파의 반응: 「환추스바오」는 편향성의 대명사

천지빙(陳季冰)은 "「환추스바오」의 안중에는 세계가 서로 학살하는 암흑의 무림일 뿐"이라는 제목으로, 우젠민에 대한 후시진의 비판은 논박할 가치도 없다고 주장했다. 천지빙은 "후시진의 우젠민에 대한 비판은 문제의 본질과는 상관없이 독자들의 판단을 흐리게 하고 문제를 편향적으로 유도하려는 의도가 있다. 「환추스바오」는 이런 식으로 독자들로부터 환영을 받는 매체가 되었다"며, "「환추스바오」의 보도 방식은 민족주의와 애국주의적 음모론이 논점의 기본이다. 중국은 사방에 둘러싼 적대 세력들을 참살해야 한다는 식의 음모론적 논지는 아편처럼 쉽게 널리 퍼진다. 어떤 문제도 일단 동기가 의심되는 음모론에 이끌리게 되면 의미 있는 토론 전개는 어렵다. 「환추스바오」가 환영을 받으면 받을수록 중국 사회와 세계에 대한 중국인의 인지 능력은 왜곡되기 마련이다"라고 「환추스바오」의 병폐를 지적했다.

지린(吉林)대학 손싱제(孫興杰) 교수는 "이러한 궤변이 「환추스바오」의 논점 흐리기 방식이다. 「환추스바오」는 민족주의의 감정을 자극하여 마치 애국적 언론인 척한다. 「환추스바오」는 이데올로기와 민중에 기초한 논지를 반영하는데, 이런 논점에 대해 일반 민중은 비판을 목적으로 연구하지 않고 대부분 수용한다. 「환추스바오」의 상업화는 상당히 성공적이고, 어떤 경우에는 중국 대외정책 혹은 상황을 대변한다고 여겨지기도 한다"고 비꼬았다.

마리밍(馬立明)은 "후시진과 우젠민의 변론으로 본 중국 학술계의 유아병"이라는 제목으로 「환추스바오」의 문제점에 대해 지적했다. "첫째, (「환추스바오」는) 국제관계에 대한 중국의 연구가 국가이익의 추구에서 출발해야 하고, 애국이라는 선명한 정치적 입장을 견지해야 한다고 주장하는데 이건 궤변이다. 학문은 객관적 논리를 존중해야 발전한다. 둘째, 중국의 전통 지식인은 권력 의존도가 너무 높다. 서양의 학문은 '도(道)'와 '권력'이 상대적으로 독립적이고 상호 균형을 이루지만, 중국은 '도'와 '권력'의 구분조차 없다. 좁은 의미의 민족주의적 관점이 만연한 것이 중국학계와 「환추스바오」의 문제점이다. 미국이나 일본을 비평해야 정확한 정치적 논점이고, 미국이나 일본에 유리한 표현에 대해 '속마음을 알 수 없다', '팔이 밖으로 굽었다', 심지어 인터넷 댓글로 '매국노'나 '간첩'이라고 몰아붙인다."

양청자이(楊成在) 교수는 "중국이 만약 민족국가와 국가이익 중심주의의 자아한계를 초월하지 못한다면 중국의 굴기는 단지 꿈일 뿐이다"라며, "우리가 진정으로 우려할 것은 중국이 얼마나 세계를 이해하고, 외교수단으로 어떻게 일대일로와 연관된 국가들의 마음을 움직일 것이며, 우리의 연구가 협력 과정에서의 중대한 장애물에 대한 도전을 예견할 수 있는가에 있다. 중국이 세계에 보여줄 것은 정성이지 주먹이 아니며, 중국에게 필요한 것은 중국의 입장이 아니라 전문성이다"라고 강조했다.

니화위(倪花語)는 "「환추스바오」의 극단적 경향이 국가를 위험한 지경으로 내몰 수 있다"는 제목으로 "첫째는 후 편집장의 '언론의 태생적 매파(강경파)론'은 위험하고, 둘째는 전쟁의 위기와 반서방(反西方) 선전을 연결하여 조장하는 극단적인 행위로, 이런 태도는 태평양전쟁 당시 일본의 언론과 일치한다"며, 잘못된 언론관은 태평양전쟁 당시의 일본 언론처럼 국가를 위험한 지경에 빠뜨릴 수 있다고 경고했다. 이어 "국제 문제의 보도에 있어서 언론매체의 통제가 엄격할 뿐 아니라, 균형 경쟁체제 없이 전형적인 독점권을 행사하는 「환추스바오」의 특별허가권이나 독점권은 거대한 권력이다. 이런 권력에는 반드시 책임윤리와 평형능력을 가진 인재가 적합하지만, 오만한 후시진은 어울리지 않는다"고 혹평했다. 니화위는 "「환추스바오」의 극단적 주장이 득세할수록 중국의 평화적 굴기는 국제사회에서 신용을 잃게 되며, 중국을 포위하려는 충분한 이유를 제공할 뿐이다. 13억을 위험에 빠뜨릴 수 있는데, 오히려 「환추스바오」는 '애국'이라고 하니 사람들은 웃지도 울지도 못할 일이다"라고 한탄했다.

시안교통대학 국제평화 및 발전연구소 딩둥(丁咚) 고급연구원은 "우젠민이 어떻게 후시진의 소우주를 뒤집었을까?"라는 제목의 칼럼에서 "후시진은 도량이 좁아 사소한 일만 따지고 전체 국면을 생각하지 않는다"며, "그가 편집장이 된 후, 한 일이라고는 주인이 던진 쟁반을 스스로 물어오거나, 혹은 물어오는 척했던 두 가지뿐"이라며, 「환추스바오」는 줄곧 명확한 방향성과 편향성 보도를 했고, 후시진은 민주적 자유언론에 대해 전혀 기회를 주지 않았으며, 엄청난 '선택적' 이미지만 존재한다"고 혹평했다.

(5) '우후의 논쟁[吳胡之爭]'은 중국의 외교노선에 대한 고민

우젠민은 후시진과 「환추스바오」가 좀 더 거국적이고 거시적인 시각으로 세계의 흐름을 관찰하고, '평화와 발전'이라는 새로운 시대적 주제에 맞는 관점을 생각해야 한다고 충고했다. 이에 대해 후시진은 논점을 흐리고 민중을 자신의 편에 서도록 하는 「환추스바오」의 여론몰이식 보도로 우젠민을 공격했다. 우젠민을 '비둘기파'이자 구시대의 외교관으로 묘사함으로써 상대적으로 '매파'와 다른 언론매체를 자기편으로 끌어들이려고 했고, 누가 '애국적'인가를 논쟁의 핵심으로 삼아 민중의 감성을 자극했다. 이번 논쟁은 시간이 흐를수록 필자의 예상대로 학계의 전문가들은 비교적 우젠민을 지지했고, 군부와 특히 네티즌들은 남중국해 영토분쟁과 관련하여 우젠민의 평화적 해결방식에 대해 심지어 '매국노'라고까지 몰아세웠다.

당사자 간의 이전투구(泥田鬪狗) 같은 감정싸움에서 시작되어 주변 학자들로 확대된 '우후의 논쟁'은 점차 중국 외교전략의 서로 다른 방향에 대한 상호 평가로 발전하고 있다. 힘을 가진 중국은 '동전 딜레마', 즉 두 가지 복잡한 양면적 결정과정에서 한 방향을 선택하는 시험대에 올랐다. '동아시아의 병자'로 손가락질 받던 과거를 회상하며 가진 힘을 써보고 싶은 유혹의 한 면과 아직은 좀 더 평화적(?)이고 인내적 발전을 통해 글로벌 파워를 키워야 한다는 다른 한 면 사이에서 중국은 고민에 빠져 있다.

베이징 현지에서 '동전 던지기'라도 할지를 행복하게(?) 고민하는 듯한 중국을 지켜보는 필자는 부러움뿐이다. 게다가 한반도의 '이전투구'를 생각하면 할수록 마음은 무겁고 갑갑해진다. 우리는 언제 비로소 올바른 방향을 선택할 수 있을까?

5) 사드 방어 시스템과 한미중 딜레마

한반도에 대한 중국의 전략 선택은 변화된 것일까? 2015년 5월 23~24일에 연이어 방송된 홍콩 봉황위성 TV의 국제시사토론 프로인 「이후이시탄(一虎一席谈)」에서 패널로 참여했던 필자의 느낌은 "한반도에 대한 중국의 안보전략은 한국이 생각하는 바와는 아직도 거리가 멀다는 것"이었다. 시진핑 시대의 최근 한중관계는 정치와 외교에서도 성공적인 한중 경제협력의 사례를 따르는 것처럼 보인다. 그러나 한중 간의 안보 문제도 과연 그럴까? 독자와의 소통을 위해 토론의 핵심을 간추려보자.

(1) 동아시아 핵 군비 경쟁의 관리는 무너지는가?

2015년 5월 14일의 사전 녹화에서 사회자 후이후(胡一虎)는 "북한 SLBM(잠수함발사탄도미사일) 실험발사로 한국은 사방의 기습에 대비해야 한다. 북한의 4차 핵실험 가능성은?"이라고 물었다.

인민해방군 예비역 소장이자 저명한 군사평론가인 쉬광위(徐光裕)는 "'미국의 태도'와 '북한의 인식'을 북한 4차 핵실험의 예측 기준으로 삼았다. 즉, 미국이 북한에 양자회담 신호를 보내거나 북한이 안보에 중대한 위협을 느끼지 않으면 핵실험은 하지 않을 것"이라고 했다.

이와는 반대로, 중앙당교 국제전략연구소 량야빈(梁亞斌) 부교수는 북한은 국익을 위해 4차 핵실험을 할 가능성이 있다고 전망했다. 저장대학 한국연구소 객원연구원 리둔치우(李敦球)도 당분간 4차 핵실험의 가능성은 적지만, 결국 핵무기의 억제력 제고와 실전배치를 위해 핵실험을 할 것으로 예측했다. 사회과학원 세계정치센터 홍웬(洪源) 부비서장은 "북한은 확실한 핵무기 성능과 핵무기 폭발력 제고, 2차 핵타격 능력을 위해 새로운 핵실험이 필요하다"고 전망했다. 필자는 "중국의 9월 3일 항일전쟁승리 70주년 기념행사로 당분간은 북한이 중국의 체면을 건드리지 않겠지만, 행사 이후 아마도 내년 초(2016년)나 상반기 가능성이 비교적 크다"고 예측했다. 북한은 4차 핵실험의 시기를 저울질하고 있을 것이라는 것이 패널들의 결론이었다. (그리고 2016년 1월 6일, 북한은 4차 핵실험을 했다.)

후이후는 이렇게 질문했다. "김정은이 SLBM 실험발사 성공으로 국제수준의 전략무기를 보유했다는데, 정말 그럴까?" 쉬광위 장군은 "북한 미사일 능력의 진일보인데, 발사기지가 본토를 떠나 공해(公海)로 이동하는 공격수단을 가진다면, 상대에게 가해지는 위협은 매우 높아진다. 비록 고정장치 발사이지만 위협적이라 믿고 대비하는 편이 낫다"고 평했다. 홍웬 교수는 "국토가 작은 북한이 핵 공격을 받으면 핵 기지와 핵무기는 모두 소멸될 것이니 북한은 반드시 핵무기를 바다로 보내야 한다. 이것은 2

단계 2차 핵 타격 능력의 발전에 매우 유리하다"고 말했다. 리둔치우 연구원은 "기술에서 일정한 돌파를 이룬 실험일 뿐 실전능력을 가진 것은 아니다"라며 의미를 축소했다.

쉬광위는 "핵 보유국은 국익, 전략적 카드, 정치적 목적으로 핵무기를 보유한다. 북한은 정치적 목적이 가장 크다. 핵무기 개발은 국가의 대외지위나 북미 담판을 위한 전략적 수단이다"라고 말했다. 리둔치우는 "1975년 미 국방장관이 북한에 핵 타격을 할 수 있다고 했다. 이때부터 북한은 핵무기와 미사일 개발을 시작했다. 북한의 주요 목적은 국가안전의 보호와 남북한의 심각한 힘의 불균형을 회복하자는 것이다"라며 북한을 두둔했다. 량야빈은 "누가 먼저 도발했든 핵확산 금지는 국제기제이다. 미국은 북한에게 수차례 농락당했고, 북한이 진정으로 핵무기를 포기하지 않는 한 미국의 강경책은 변하지 않을 것이다"라는 다른 의견을 제시했다.

필자는 "피해자로서의 한국에 단지 하나의 미사일이라도 대도시에 떨어지면, 이것은 심각하다. 더구나 그것이 핵무기, 대량살상무기 혹은 화학무기라면. 중국이나 미국은 제3자 입장에서 북한의 2차 핵반격 능력까지 논하지만, 한국은 이러한 논의를 할 정신이 없다"고 피해자 입장에 대한 이해가 우선임을 강조했다.

(2) 한미 핵협정 개정, 한국은 핵무기를 몰래 만들 것인가?

후이후는 이렇게 질문했다. "개정된 한미 신 핵협정으로 한국이 몰래 핵무기를 제조할 수도 있지 않을까?" 신화사 세계문제연구센터 장환리(張焕利) 고급연구원은 "새로운 협정에 한국은 이전처럼 핵무기 제조 필요성을 생각할 수도 있지만, 미국이 허락하지 않을 것"이라 판단했다. 차하얼(察哈尔)학회 장원(章文) 연구원은 "설사 미국이 묵인해도 한국의 핵무기 개발은 현명치 못하다. 한국을 위협하는 무한반복의 북한 김씨 정권은 비민주적이고 제멋대로다. 북한처럼 한국도 그렇게 할 수 있나?"라고 했다. 홍웬 교수는 "한국은 이미 우라늄 농축과 군사용 플루토늄 축출능력에 대략 몇천 톤의 폐연료가 있다. 이론상 한국은 핵원료를 완전히 갖추었다"고 평했다.

"한국인은 오늘을 오래 기다렸을 것이다. 한국이 몰래 핵무기 제조를 할 가능성이 있나? 2000년 초 한국은 세 차례나 몰래 개발했다는데?"라고 후이후가 물었다. 필자는 "그것은 일부 과장이다. 박정희 대통령이 1978~1979년에 핵무기를 개발했고, 카터 대통령과 마찰이 있었지만, 이후 한국은 미국의 엄중한 감시를 받고 있다"고 대답했다. 이에 대해 량야빈 교수는 "민족주의 감정으로 보면 한국은 핵무기 개발을 원할 것이나, 미국이 절대 허용치 않을 것이다. 신 핵협정은 한미의 신뢰감이 쌓여 실현된 것으로 보인다"라고 평했다. 쉬광위 장군도 "한국의 전략은 일본처럼 잠재적 핵개발 국가, 즉 기술보유와 마음만 먹으면 바로 핵무기를 보유할 수 있는 수준이다. 한국은 절대로 이미 서명한 핵확산 금지조약을 위반하는 방법을 선택하지 않을 것이며, 공개적인 방법으로 핵무기를 보유하려 할 것이다"라고 평가했다.

쉬광위 장군은 "한일이 핵무기를 개발하면 북한에 좋을까? 북한은 핵전략 평형을 추구하지 말아야 한다. 핵무기나 SLBM을 핑계로 미국은 한국에 사드를 배치하려 한다. 북한 때문에 중국과 러시아의 안보체계가 파괴된다"며 북한을 비판했다.

(3) 한국의 사드 배치 이후 한중관계는?

사드의 한국 배치에 대해 홍웬 교수는 "사드 시스템 배치는 미국이 결정한다. 한국은 미국에게 '노(No)!'라고 말할 수 없다"고 주장했다. 량야빈 교수는 "다른 요소는 중국이 어느 정도까지 반대하는가에 있다. 한국은 중국의 입장을 고려하겠지만, 미국의 압력이 얼마나 클지가 문제다"라는 시각을 보였다.

필자가 "사드에 대해 한국 정부는 '한미는 이 문제를 상의한 적이 없다'고 명확하게 반복적인 성명을 발표했다"고 하자, 후이후는 "한국 정부의 성명은 사람들로 하여금 한국의 입장이 어떤지를 정확하게 읽지 못하게 하지 않는가?"라고 반문했다.

이에 필자는 "이 성명은 한국 정부가 현재 미중 사이의 딜레마에 있다는 의미이다. 모든 문제가 미중관계의 갈등구도로 변질되는데, 사드의 한국 배치의 본질은 피해자 혹은 당사자의 입장에서 봐야 한다. 방어 시스템이 필요한 것은 명확하다. 또한 이것은 '방어적 행위'이지 '공격적 행위'가 아니다"라고 주장했다.

쉬광위 장군은 "사드 시스템을 전부 개조하여 탐색반경이 한반도에 제한되고, 근해와 일부 공해에만 이르게 한다면 모를까 이것은 엄청난 개조를 해야 한다. 미국이 이렇게 하지 않을 것이다"라고 평가했다. 장환리 연구원과 홍원 교수는 "사드는 미국이 운용한다. 미국의 전략적 배치이다. 중국과 러시아에 대한 위협이 매우 크다"고 강조했다.

후이후는 "한국이 미국의 압력을 이기지 못하여 사드를 도입하면 한중관계는 어찌되나?"라는 문제를 던졌다. 량야빈은 "확실히 영향을 받지만, 한국의 사드 배치에 중국이 국제법에 근거할 반대 이유가 없다. 중국은 단지 정치적 압력이나 양국의 감정으로 권고할 뿐이다. 사드의 한국 배치에 중국은 공격능력을 증강하는 정도이고, 이것은 안보 딜레마를 상승시킬 것"이라 진단했다. 리둔치우 연구원은 "한국의 사드 배치는 중한관계에 확실히 큰 도전이며, 중한 군사 및 안보영역의 협력은 더욱 퇴보할 것"이라고 경고했다. 장원 연구원은 "미국은 전략적 목표 실현에 한국을 하나의 바둑알로 생각할 뿐이다. 한국의 역할은 중국의 전략적 이익에 해가 된다. 당연히 한국에 정치경제적 대응을 할 것이고, 이는 얻는 것보다 잃는 것이 더 많다"고 평가했다.

필자는 "사드 문제에서 중국이 정말 우려하는 것을 한국과 소통해야 한다. 한국도 중국의 고민을 듣고 최대한 한국의 내부에 반영될 수 있는 지 고려해야 한다. 중국도 북한 위협에 대한 피해자이자 공격을 당하는 한 국의 입장을 이해해야 한다. 또한 한국도 중국이 걱정하는 글로벌 정국에 있어서 중미관계의 상황을 이해해야 한다. 현재가 바로 '한중대화를 할 시 기'이다. 이러한 대화가 비로소 한중관계가 한 걸음 더 발전할 수 있도록 할 것이다"라고 솔직한 '한중대화'를 강조했다.

중국의 시각에서 보는 사드 문제는 피해자의 입장인 한국의 심각한 위기감과 공포감에는 관심이 없다. 중국은 중미 글로벌 전략과 패권경쟁 의 틀에서 모든 것을 이해하려는 'G2 딜레마'에 빠져 있다. '중미관계'는 마치 현 국제정치를 보는 하나의 '이론화'처럼 가고 있다. 필자는 '중미관 계의 이론화'가 사고의 폭을 좁힐 뿐만 아니라, 눈을 감고 코끼리를 만지 는 것과 같다는 비판을 중국학계에 던진 것이다.

(4) 북중관계는 지금 어디에?

후이후는 CNN과 고위급 탈북자 인터뷰를 인용하여 "작년 9월 시 주 석의 박 대통령 방문 이후 김정은이 북중관계가 멀어지도록 하라고 명령 했다"며, 북중관계의 현주소를 물었다. 량야빈 교수는 "북한의 반복되는 고위급 관원의 처결은 문명사회와는 멀다. 중국이 북한과 가까워지면 북 한의 배후에 선다는 의미를 줄 수 있으니 당연히 일정한 거리를 유지해야 한다"고 했다. 장환리 연구원은 "북중관계가 멀어진 것이 의도적은 아니 며, 양쪽 모두 돌파구를 찾는다면 현재의 상황이 변화할 것"으로 예측했 다. 장원 연구원은 "북한이 중국의 반대에도 제멋대로 핵실험을 했고, 중 국의 국익에 손해를 끼쳤다. 그때부터 중국은 이미 주동적으로 북한과 멀 어졌다"고 진단했다. 리둔치우 연구원은 "리진쥔(李进军) 대사가 북한의 김 영남과 양형섭에게 북중관계가 전통계승과 새로운 시대와 정세에 새로운 협력의 길을 탐색해야 한다고 한 것은 북중관계의 미래에 대한 새로운 변화의 신호를 보낸 것"이라는 다른 시각을 제시했다.

　김정은 방러 취소에 대한 중국 학자들의 생각은 한국의 언론보도와 대동소이했다. 이들의 관심은 "김정은의 방러 이슈가 중국과의 힘겨루기 카드였을까?"에 있었다. 사회자는 "중국의 '9·3 대열병' 행사에서 김정은을 볼 수 있을까?"라는 문제를 던졌다. 장환리 연구원은 "항일선쟁과 서방의 반파시스트 전쟁은 다르다. 북한도 항일전쟁에 참여했고, 승리하여 일본의 통치에서 벗어났다. 김일성은 항일전쟁 중에 발전했다. 김정은은 올 가능성이 있다"고 했다. 홍웬 교수는 "그가 올 가능성은 확실히 작다. 그는 중러 간 평형외교로 자신의 독특한 외교정책을 완성하려 한다"고 했고, 장원 연구원은 "김정은은 절대 오지 않는다. 그가 중국에 오면 푸틴이 가만두려 하지 않을 것이고, 현재 오려는 조짐도 없다"고 했다. 리둔치우 연구원은 "김정은 방중 여부와 북중관계는 별 영향이 없을 것"이라 했다. 필자는 "북한 외환수입의 90%가 북중무역에서 발생하므로 그의 방중 가능성이 높으나, 그의 행적을 보면 추측이 불투명하다"고 전망했다.

　쉬광위 장군은 "그가 올 가능성은 90%다. 첫째, 행사의 정치적 의미가 너무 크다. 만약 안 오면 정치적 대가는 막중할 것이다. 둘째, 중국의 체면을 적당히 세워주어야 한다. 이것은 '중국이 북한을 도와주어야 한다'는 설명도 내포된다"고 진단했다. "쉬 장군은 김정은이 90% 올 거라지만, 나머지 10%도 김정은이 만약 4차 핵실험을 한다면 절대 올 수 없을 것이다. 문제를 일으키는 자가 될지, 북중관계의 화해와 평화를 추진하는 자가 될지에 대한 최후의 선택은 김정은의 지혜로운 해법에 있다"고 후이후는 토론을 마무리했다. (결국 김정은은 중국 대열병식에 참석하지 않았다.)

(5) 사드 배치에 대한 중국의 관점 변화

　2015년 1년 내내 지속된 사드 배치 문제에 대한 중국 내부에서의 반응은 위에서 소개한 논의의 범주를 벗어나지 못했다. 한국의 사드 배치에 대한 중국의 반대는 '중미관계'와 미국의 글로벌 전략에 대한 반발이 핵심이고, 실제 당사자인 한국의 입장에 대한 이해는 관심이 없었다.

그런데 2016년 1월6일의 북한 4차 핵실험과 2월 7일의 장거리미사일 발사로 인한 북핵 문제의 심각성과 김정은의 예측불허한 위험성에 대한 위기감으로 한미 간의 사드 배치 논의가 정식으로 거론되자, 중국의 반응 역시 위에서 소개한 논의와는 분위기가 달라졌다.

2016년 3월 3일, 한국을 방문한 중국의 한반도사무특별대표 우다웨이(武大偉)와 「조선일보」의 인터뷰 내용에 중국의 속내가 담겨 있다.

> 기자: "만약 사드가 미국의 것이 아니라 유럽 혹은 이스라엘의 방위체계라도 중국은 반대할 것인가?"
>
> 우다웨이: "중국은 한국이 자국의 안보를 위해 북한의 위협에 대한 조치를 취하는 것에 찬성한다. (이를 위해) 만약 한국이 유럽 혹은 이스라엘의 무기체제를 들여오는 것에는 어떤 문제도 없다. 그러나 만약 레이더 탐색거리가 중국에 미치는 것은 매우 곤란하다. 중국의 안보이익을 해칠 수는 없다."
>
> (2016년 3월 3일자 「조선일보」)

우다웨이의 답변을 통해 우리는 두 가지를 인식할 수 있다. 중국은 한국의 안보에 대한 이해를 검토했고, 한국의 사드 배치에 대한 입장을 이해했다. 그리고 한국에 두 가지 측면에 대한 고려를 제시한 셈이다. 첫째는 레이더 탐색거리의 제한성 여부이다. 미국의 사드 시스템 배치로 인해 우려되는 중국의 안보이익 침해는 사드 시스템의 레이더 탐색거리에 있다는 점이고, 한국에 배치되는 미사일 방어시스템이 사드 시스템일지라도 레이더 탐색거리가 중국의 영역을 침해하지 않는 범위라면 문제삼지 않겠다는 것이다. 두 번째는 사드 시스템의 운용자가 미국이 아니라 한국이라면 문제삼지 않겠다는 의미도 내포되어 있다. 이는 한국의 안보이익에 대한 충분한 이해만큼 한국도 중국의 안보이익을 보장하라는 것이고, 한중 간의 안보이익 존중에는 미국에 대한 중국의 불신을 해소해야 한다는 의미가 포함되어 있다.

중국의 한반도 전략에 대한 선택은 진행 중이다. 한중의 서로 다른 입장과 인식의 차이는 평행선이나, 비핵화와 북핵 문제 해결에 대한 공유점이 있음은 다행스러운 일이다. 해법은 공유 부분을 확대하고, 이견의 차이는 대화로 간격을 좁혀야 한다. 한중 안보대화는 지금이 바로 시점이다. 바둑돌로만 인식될 수는 없지 않은가?

한미 양국은 오랜 협상을 통해 한반도에 사드 체계를 배치하기로 결정했다. 이로 인해 중국의 한반도 전략은 시험대에 올랐다. 북한의 핵개발을 막고 한반도 비핵화를 위해서는 중국이 한국과 적극적으로 대화를 해야 하지만, 사드 체계의 배치를 미중 간의 지역 패권 경쟁과 미중 핵억제력 평형파괴로 인식하는 중국으로서는 강력한 반발을 표시하지 않을 수 없을 것이다. 중국은 특히 사드 문제를 미중관계, 북중관계, 한중관계, 북미관계 및 한미중관계의 복잡한 국제정세 국면에서 자국의 국익에 최대한 유용한 빅딜 카드로 활용하기 위한 전략적 고민에 빠져 있는 것으로 보인다. 사드 배치의 발표로 인해 중국은 이제 한반도에 대한 새로운 전략적 선택을 해야 할 시점에 이른 것이다.

6) 중국, 북한 비핵화 모호성 벗고 미래지향적 전략 선택해야

(1) 한미 사드 배치 공동 성명

2016년 7월 8일, 한미 양국은 공동 성명을 통해 "북한의 핵과 대량살상무기 및 탄도미사일 위협으로부터 양국 국민의 안전을 보장하고 한미동맹의 군사력을 보호하기 위한 방어적 조치로서, 주한미군에 사드 (THAAD·고고도미사일방어체계)를 배치하기로 한미동맹 차원의 결정을 했다"고 발표했다.

공동 성명은 사드체계의 배치에 대한 원인으로, "북한의 핵실험과 최근 중거리탄도미사일 발사를 포함한 다수의 탄도미사일 시험발사는 대한민국과 전체 아시아·태평양 지역의 안보와 안정에 대한 심대한 위협을 제기하고 있다"는 점을 강조했다. 사드체계의 배치는 결국 북한의 연속된 핵실험, '무수단'과 SLBM(잠수함발사탄도미사일)을 포함한 각종 탄도미사일 시험발사에 대한 방어적 대응의 필요성이 그 이유임을 명확하게 밝힌 것이다.

또한 사드 배치에 대한 중국의 반발과 우려를 고려하여 한미 양국은 "사드체계가 한반도에 배치되면 어떠한 제3국도 지향하지 않고, 오직 북한의 핵·미사일 위협에 대해서만 운용될 것"임을 강조했다. 이에 대해 중국은 외교부 성명을 통해 "미국과 한국은 중국을 포함한 관계 국가들의 명확한 반대 입장을 고려하지 않았고, 이에 대해 중국은 강한 불만과 결연한 반대를 표한다"고 밝혔다.

(2) 북한에 대한 중국의 상반된 전략적 판단

사드 배치 여부와는 별도로 북중관계 및 중국의 북한에 대한 전략적 판단에는 서로 상반된 두 가지 의견이 존재한다. '전략적 가치'와 '전략적 부담'이라는 중국의 상반된 인식은 현 북중관계의 현실이자, 한중관계의 발전이 북중관계에 어떻게 영향을 미치는지에 대한 결과이기도 하다.

다른 측면에서 보자면, 한중관계의 발전이 중국의 북한에 대한 전략적 판단을 더욱 모호하게 했지만, 중국의 한반도 전략 수립에 있어서도 같은 결과로 나타났다고도 볼 수 있다. 한국의 입장에서는 한중관계의 성공적인 발전 사례를 들어 중국이 한반도에 대한 전략적 선택을 할 시점이라는 점을 강조하지만, 중국은 아직도 한반도 전략의 모호성이 제공하는 이

중카드의 활용가치에 대한 미련이 분명히 남아 있다.

사드 배치를 발표하기 이전의 중국의 태도는 사드 배치가 자국의 안보이익을 심각하게 침해하는 조치로서, 이에 대한 대응으로 중국의 국방능력을 더욱 강화함과 동시에 한국에 계속해서 압력을 가하는 전략이 필요하다는 것이 주류적 의견이었다. 사드 배치를 발표하고 난 이후 현재까지 필자가 베이징에서 느끼는 중국의 태도는 전방위적으로 격렬한 감정 표출이 대부분이다. 특히 일부에서는 중국이 북한에 대한 전폭적인 지지와 북한의 전략적 가치를 다시 적극적으로 활용해야 한다는 주장을 펼치기도 한다.

(3) 사드 배치의 본질과 한중 딜레마

사드 배치 문제의 본질은 북한의 핵도발과 다양한 미사일 공격에 대한 방어적 대응이고, 이로 인한 사드 배치의 문제는 사실 한중관계의 문제라기보다는 미중 간의 상호 핵억제력에 대한 평형 유지 여부에 있다. 사드 체계에 포함되는 레이더의 탐색거리가 중국의 심기를 건드리고 있고, 중국의 미국에 대한 장거리 투발 능력에 대한 미국의 조기 발견과 타격 가능성에 대한 상대적인 핵억제력 불균형을 우려하는 것이 미중 간 갈등의 핵심이다.

한국의 일부 언론은 중국이 한국 기업의 중국시장 진출을 막거나, 중국 정부의 한국에 대한 다양한 무역보복전이 예상된다고 보도했다. 물론 이러한 보도가 중국의 일부 언론매체의 보도를 근거로 했다는 점을 밝혔지만, 과도한 예상은 한중관계의 본질적인 현상을 왜곡시킬 수 있다는 점에서 우려를 표하지 않을 수 없다. 문제의 본질과 이에 대한 해결과 대응에 공신력과 영향력을 가진 언론의 깊은 사고가 특히 필요한 시점에서 혼란을 스스로 자초할 수 있는 보도로 불안을 조성하는 행위는 자제가 필요하다.

북핵 문제의 해결은 고사하고, 북한의 핵무기와 각종 미사일 공격에 대한 방어적 수단의 강구는 한국이 당면한 가장 시급한 조치라는 점에 있어서 방어체계에 대한 보완은 필수적이다. 또한 사드 문제의 본질은 미중 간 핵억제력 평형유지 여부이지 한중 간의 문제가 아니다.

그렇다면 이 문제에 대한 고민은 한중 간의 상호 무역보복이나 상대에 대한 강경한 감정표출이 아니라, 한중과 미중 및 한미중 간의 대화와 소통으로 문제점에 대한 상호 인식과 문제해결에 대해 함께 고민하는 것이 필수적인 다음 행보여야 한다. 중국이 한미의 사드 배치에 대한 감정적인 반발로 북중관계를 거론하는 것은 중국이 일관되게 주장하고 있는 '한반도 비핵화'에 대한 수정 혹은 포기라는 잘못된 신호를 북한에게 줄 수 있다. 결국 한미중 모두의 공동 인식이었던 '비핵화'이자 사드 배치의 본질적 문제의 해결인 북한의 '비핵화'는 북한이 바라는 대로 '핵보유 지위'를 구축할 수 있는 시간을 제공하는 셈이다.

(4) 한중 사드 딜레마에 해법은 없는가?

사드 배치에 대한 중국의 강경 일변도의 반응 중에서도 중국의 한반도 전략에 있어서 모호성에 대한 수정이 필요하다는 소수의 의견이 존재한다는 점은 다행스럽다. 특히 사드 배치로 인해 미국과 일본이 최종 승자이고, 북한과 러시아도 상대적으로 일부의 안보이익을 취할 수 있게 되었지만, 한국과 중국만 결국 피해자가 되었다는 중국학계의 일부 소수의 인식은 한중관계의 성과가 그나마 무의미하지 않았음을 보여준다.

필자가 앞으로 주의 깊게 살펴보려고 하는 점은 "한중관계가 사드 체계 배치로 인해 어떤 영향을 받는가?"라는 점보다는 "사드 체계의 배치로 인해 북중관계의 현실적 변화가 어떤 방향으로 진행될까?"에 있다.

한중관계는 지난 20여 년간의 경제와 사회적 교류에 있어서 세계 외교사에서도 가장 모범적이고 성공적인 사례로 유지되고 있다. 정치·외교

분야에서도 최근 박근혜 대통령과 시진핑 주석 간의 개인적 신뢰도를 바탕으로 상호 신뢰도는 상당한 수준으로 향상되었다. 따라서 사드 배치로 인한 한중 간의 단기적인 갈등은 현실이지만, 중장기적인 딜레마가 될 가능성은 매우 낮다고 전망된다.

오히려 이제 한중관계는 '성숙한 전략적 협력관계'에 진입할 수 있는 전환점에 서 있다는 생각이다. 사드체계의 배치는 양국에 마지막 남은 안보분야의 전략적 협력에 대한 깊은 고민을 던졌다. 사드체계의 배치는 한중관계를 단절시키거나 좌절시킬 수 있는 결정적인 요소가 아니라, 새로운 전략적 협력관계를 고민하는 전환점이 되어야 한다.

(5) 한중은 전략적 안보대화가 필요한 시점

한반도에 대한 중국의 전략적 모호성은 사드 배치로 인해 제대로 시험대에 올랐다. 한국의 입장과는 달리 이 문제에 대해 비교적 상대적으로 자유로웠던 중국이 이제서야 비로소 한반도 비핵화 문제에 대한 심각성을 한국과 동일선상에서 인식하게 되지 않았을까?

사드체계 배치에 대한 중국의 반발이 강력할수록 '비핵화'를 포함한 한반도 문제가 비로소 중국에게 더욱 중요한 핫이슈가 된다는 의미에서 한국은 이에 대한 한중 협력 방안을 강구하고 제안해야 한다. 즉, 동중국해와 남중국해 및 양안 문제에 집중해 있던 중국의 시선이 한반도 문제에 집중될 수 있다는 점은 북핵 문제의 해결을 위한 우리의 행보에도 가속을 붙일 수 있다는 의미이다.

중국은 한국에 대해 경제적 보복이나 정치외교적 압력을 행사할 수 있으나, 이에 따른 상대적인 상당한 후유증을 감내해야 한다. 중국의 한국에 대한 경제적 보복이나 정치외교적 압력이 초기에는 한국에 일정 부분 상당한 고통과 인내를 요구하겠지만, 이에 따른 한국의 반발과 특히 주변국과 미국을 포함한 서방국들의 중국에 대한 신뢰도 하락과 이어지는 상대적인 반발에 대한 역풍을 감내하기가 쉽지 않을 것이다.

한국은 비록 중국의 초기 경제적 보복에 대한 피해가 적지 않을 것이나, IMF 경제 위기나 미국발 세계 금융 위기 등의 여러 형태의 글로벌 경제위기에 대응해왔고, 이런 위기에 적응할 수 있는 상당한 경험과 체력을 비축해왔다. 그러나 중국은 개혁개방 이래 단 한 번도 이러한 위기를 제대로 경험하지 못했을 뿐만 아니라, 급속한 경제 성장으로 인한 성장 불균형에 대한 내부적 조정을 시작하는 단계에 있다. 결국 중국의 한국에 대한 초기 경제적 보복은 성공하는 듯 보이겠지만, 부메랑으로 되돌아올 역풍을 이겨낼 체력이 있는지를 중국은 고민해야 한다.

정치외교적 측면에서도 중국의 한국에 대한 압력 행사는 제한적일 수밖에 없다. 중국이 친북 카드를 이용하여 한미 양국에게 압력을 행사하려 하겠지만, 중국의 친북 카드는 '중국의 비핵화 포기' 혹은 "북한 핵무기 개발에 대한 지지나 묵인"이라는 잘못된 신호를 북한에게 줄 수 있다. 북한의 오판으로 북한이 핵무기 개발을 더욱 서두른다면, 한국은 물론 일본까지도 결국은 핵무기 보유를 선포할 것이고, '동북아 핵보유 그룹'이 탄생할 것이다. 북한이 정권의 생존과 국익을 핑계로 '핵 보유국'의 지위를 고집한다면, 그리고 이 과정에서 주변국에서 이를 적극적으로 막지 못한다면 한국의 최종 선택 역시 국가와 국민의 생존과 안전을 위해 '핵 보유'를 추진하지 않을 수 없다.

문제의 핵심은 '비핵화'이고, 사드 배치는 한중관계의 끝이 아니라 새로운 시작이 될 수 있다. '비핵화' 공동 목표 달성을 위한 과정에서 '방어적 조치'에 불과한 사드 배치는 중국의 새로운 한반도 전략 변화와 한중 안보 전략 대화를 통해 충분히 한중 양국의 미래지향적인 방향으로 조정될 수 있다.

한국은 미중 간의 갈등에 끼어들지 않기를 바라며, 단지 한반도의 비핵화와 평화통일만이 최대의 관심사일 뿐이다. 한중 양국은 미래의 평화적 공존공영을 위해 양국 수교라는 '1차 빅딜'을 이루었고, '정경분리'의 원칙으로 추진된 경제협력의 결과는 세계 외교사에서도 유례가 없을 정도의 모범적인 성공을 거두었다. 한중은 이제 미래지향적인 새로운 '한중 2차 빅딜'이 필요한 시점이다. 1차 빅딜의 목적이 '경제협력'이었다면, 2차 빅딜은 '평화협력'이 되어야 한다.

따라서 한중 양국은 이제 비로소 한반도 비핵화에 대한 '전략적 안보대화'를 실행하고, 이를 실행하기 위한 대응을 실천에 옮길 시점에 이르렀다. 중국 또한 모호한 한반도 전략에 대한 미래지향적인 선택을 할 시점이다.

7) 미중 '4대 빅딜 카드'를 만질 시점

(1) 동아시아 4대 이슈에 대한 미중의 빅딜 카드

개혁개방을 통한 중국의 굴기는 냉전 종식으로 소련이 해체되고 힘의 균형이 재편성되고 있는 동아시아에 새로운 국제질서를 요구하고 있다. 일본은 잃어버린 20여 년의 쇠퇴기 후유증으로 인해 강력해진 중국의 힘을 막아낼 여력이 없고, 소련을 이어받은 러시아는 아직도 연방해체와 동구권의 몰락으로 인한 후유증에 시달리고 있다. 미국은 수차례의 중동전쟁의 후유증과 경제불황으로 주춤거리다가 중국의 놀라운 굴기에 '아시아 회귀전략'을 통해 아시아에 집중하고 있다.

G2로 부상한 중국의 힘은 동아시아 곳곳에서 미국과의 힘겨루기가 가능해졌고, 중국의 의욕 넘치는 대외전략의 수정과 적극적인 공세로 인한 주변국과의 마찰은 미중 간의 딜레마로 연결되고 있다. 북핵 문제로 인한 한반도 문제를 시작으로, 중일 간의 댜오위다오(센카쿠 열도) 해상 영토분쟁, 타이완 해협의 양안(兩岸) 갈등, 그리고 잠재적 화약고로 변해가는 남중

국해 해상영토 분쟁은 이제 동아시아의 4대 핵심 키워드로 자리 잡게 되었다.

그러나 미중 간에 서로 양보할 수 없는 동아시아 4대 딜레마에서 미국과 중국 모두 정면충돌을 선택할 여지는 거의 없다고 봐야 할 것이다. 그렇다면 결국 주변국과의 상황 전개를 기반으로 미중은 이 4대 딜레마의 해결을 위해 상호 빅딜의 이성적 수단을 선택할 가능성은 없을까? 미중 빅딜의 대상이 되는 대상국들의 불쾌한 입장과는 달리, G1과 G2로서 중국이 제시한 '신형대국관계'의 새로운 국제질서가 가동할 여지는 점점 더 커지고 있다.

필자는 이미 미중의 '대만과 북한 빅딜'에 대해 졸저인 『동아시아의 미래: 통일과 패권전쟁』(북코리아, 2014)에서 수차례 강조했다.

> 위의 책 제1편 『한반도 통일준비: '新조선책략'과 '신형대국관계'』에서 "중국 대(對) 한반도전략, 선택의 시간이 다가오다"(pp.67-79)라는 제목과 "자칭궈(賈慶國) 교수와의 대화: '중국, 북한을 포기할 수 있는가?'"(pp.80-89)라는 제목으로, 제2편 『동아시아 지역패권: 중일 패권전쟁의 부활』에서 "'미중 빅딜 vs. 대한민국 주권'의 딜레마, 창의적 극복 전략은?"(pp.145-153)이라는 제목으로 미중 간의 빅딜을 강조했으며, 구체적으로 미중 간에 대만과 북한의 빅딜에 대한 필자의 생각을 전한 바 있다. 그리고 이 글들은 책이 출판되기 이전인 2013년 하반기에 각각 칼럼으로 발표한 바 있다.[1]

중국의 북한 포기에 대한 주장 혹은 미중의 '북한과 대만 빅딜설'은 필자 이외에도 한국과 중국을 포함한 각국의 많은 학자와 논객들이 거론한

---

1) 김상순: "중국 대(對) 한반도전략, 선택의 시간이 다가오다", 온바오닷컴, 2013년 7월 19일; 김상순: "자칭궈(賈慶國) 교수와의 대화: 중국, 북한을 포기할 수 있는가?", 온바오닷컴, 2013년 7월 20일; 김상순: "'미중 빅딜 vs. 대한민국 주권'의 딜레마, 창의적 극복 전략은?", 월간충호, 2013년 8월호(통권22호), pp.20-25.

바 있다. 그리고 미중의 동아시아 패권투쟁이 한창인 오늘, 우리는 미중 빅딜 당사자 중의 하나인 대만 학자의 논점 전개에 주의할 필요가 있다.

(2) 대만 학자의 '미중 북한 vs. 대만 빅딜설'

2016년 3월 17일자 싱가포르 「롄허자오바오(聯合朝報)」에는 "타이완 포기 vs. 북한 포기? 중미 빅딜 교환?"이라는 타이완(臺灣)대학 정치학과 스즈위(石之瑜) 교수의 기고문이 실렸다.

"만약 중국 대륙과 타이완의 양안(兩岸)이 이미 통일되어 '타이완 해협의 평화화'가 이루어졌다면, 베이징이 계속해서 남중국해의 군사화 문제에 대해 워싱턴과 얼굴을 붉힐 필요가 있었을까?"

"북핵 문제의 해결을 위해 (베이징이) 서울 혹은 워싱턴과 끊임없이 힘겨루기를 할 필요가 있었을까? 서울이 사드 시스템을 설치한다고 하더라도 베이징에 대해 커다란 위협이 되었을까?"

"단지 (중국이) 타이완만 통일한다면, 북한이 중국과 반목을 하든 말든, 한국에 의해 통일이 되든 말든, 베트남이나 미얀마가 조만간 적군에 투항하여 창을 거꾸로 겨눌지 말지에 대해 중국이 개의할 필요가 있을까?"

스즈위 교수의 논지는 명확하다. 중국이 당면하고 있는 동아시아의 문제들, 즉 북핵 문제, 중일 댜오위다오 분쟁, 타이완 해협(양안) 문제, 남중국해 해상영토 분쟁으로 인한 미중 간의 해상 갈등에 있어서 "타이완 해협이 바로 중국의 전략적 돌파구가 될 수 있다"고 주장했다. 미국은 남중국해나 북핵 문제에 있어서 중국의 전략에 대해 사사건건 이견을 달고, 이를 핑계로 사드 시스템의 배치와 같은 방식으로 개입하려 한다는 것이다.

또한 "워싱턴은 각종 연합부대를 인도, 일본, 한국, 필리핀에 접근시켜 마치 현대판 '팔국연합군(八國聯合軍)'을 준비하고 있는 상황에서, 시진핑은 타이완 해협을 통한 돌파구를 찾는 것이 일석이조의 기회를 잃지 않는 것"이라고 주장했다.

왜냐하면 남중국해나 북핵 문제에 있어서 어차피 중국의 주변국들은 결국 미국의 편에 설 것이고, 중국이 고립될 것이 뻔하다는 것이다. 중국은 (북한을 위해) 대리전쟁을 펼치지도 못할 것이고, 사드 시스템 배치에 대해 서울에 화풀이를 할 경우에는 스스로 발등을 찍는 것과 같다고 주장했다. 이는 주변 국가로 하여금 베이징에 대한 신뢰를 잃게 될 뿐 아니라, 서울이 워싱턴의 비호 아래 그냥 있지도 않을 것이기 때문이라는 것이다. 워싱턴은 항해의 자유나 핵확산 금지 같은 이유로 남중국해나 북한 문제에 어쨌든 개입할 것이라는 것이다.

(3) '대만 포기론'은 미국의 이성적(理性的) 전략 선택

스즈위 교수는 "중국이 대륙 인민의 지지를 얻을 수 있고, 내부의 반대의견도 무마할 수 있기 때문에 중미관계의 돌파구에 있어서 타이완은 베이징에게 절대적인 전략적 선택의 이유를 제공한다"고 주장했다. 즉, 중국의 타이완에 대한 엄중한 징벌이 베트남, 필리핀 및 한국에게 즉각적인 영향을 미치지는 못하지만, 베이징이 워싱턴에 대항할 수 있다는 결심을 증명한 것이므로 주변국에게 위협적인 효과를 가져온다는 것이다. 게다가 "타이완은 오랫동안 워싱턴의 두통거리였기 때문에 미국에서도 어떤 계기를 기점으로 '대만 포기론'이 일어날 수 있다"고 주장했다. 스즈위 교수가 주장하는 미국의 '대만 포기론' 가능성을 요약하면 다음과 같다.

"대만 문제가 해결된다면 중국과 미국의 군사적 충돌점이 없어지고, 미국이 군비경쟁을 추진한다고 해도 중국에 대한 위협이 되지 않을뿐더러 주목을 끌지도 못할 텐데, 워싱턴이 왜 대만을 포기함으로써 모든 문제를 해결하려 들지 않겠는가?"

(4) '북한 포기론'도 중국의 이성적 전략 선택

미국의 '대만 포기론'과 같은 논지로, 스즈워 교수는 중국도 북한에 대한 포기를 주장했다.

"북한은 현재 정말로 베이징의 큰 골칫거리다. 북핵 문제가 결국 사드 문제를 불러왔고, 사드가 배치되면 타이완 해협에서의 중국 해방군의 주요 활동을 숨기기가 어렵게 된다. 만약 베이징이 강경하게 사드 배치를 반대하면 중국에 대한 한국인의 반감을 유발하게 될 것이다. 이것이 바로 원래는 양안 문제가 우선적인 문제가 아니었지만 현재는 오히려 시급을 다투는 문제로 변질되게 된 점이다."

스즈워 교수는 북핵 문제가 베이징에 다음과 같은 질문을 강요한다고 했다. 즉, 베이징에 전략적 선택을 강요한다는 것이다.

"북한 같은 위험한 이웃을 위하는 것이 타이완 해협에서의 어려움으로 이어지길 바라는가? 타이완 해협의 문제를 해결한 이후에 남북한이 통일하면 미군도 (한반도에서) 철수할 수밖에 없지 않겠는가?"

"장기적으로 보면, 근본적으로 북한은 중요하지 않다. 단지 이 말을 베이징 스스로 할 수 없을 것이다. 설사 (베이징이) 이렇게 말한다고 해도 워싱턴이 믿지도 않을뿐더러 평양의 신뢰만 잃게 될 것이기 때문이다."

"베이징이 워싱턴의 남중국해와 북한에 대한 조치들을 견제하면서 주변국에게 워싱턴에 굴복하지 않는다는 의지를 보여줌과 동시에 워싱턴과의 흥정을 할 능력이 베이징에 있다는 것과 명분을 가지고 출병하길 원한다면 미국과의 빅딜이 중요한 돌파구가 될 수 있다"는 스즈위 교수의 주장은 필자의 미중 4대 빅딜설을 지지하는 구체적인 논점이다. 더구나 스즈위가 타이완대학의 정치학과 교수, 즉 빅딜 대상의 당사자라는 점에서 더욱더 주목할 필요가 있다는 생각이다.

(5) 동아시아 4대 이슈와 미중 '2차 빅딜'

미중 간의 4대 빅딜 교환 카드는 이미 생성되어 있고, 외부에 공개할 수 없는 미중 간의 전략적 물밑 대화는 추측건대 아마도 세부 조항에 대한 논의에 이미 이르렀을 것이다. 구소련을 공동의 적으로 몰아세우고, 공동의 목적을 달성하기 위해 미중은 이미 '1차 빅딜'에 성공한 경험을 공유한다. 중국의 미국에 대한 정치외교적 협력과 미국의 중국에 대한 경제적 협력을 상호 빅딜 카드로 교환했던 경험은 성공했고, 이제 동아시아에서 '2차 빅딜'을 시도할 시점에 왔다는 판단이다.

그리고 미중 '3차 빅딜'은 아마도 러시아에 대한 공동 목표를 설정하거나 중동지역의 IS(이슬람 국가, Islamic State) 테러 문제에 대한 해결책에서 그 대상을 찾을 수 있을 것으로 예측된다. 러시아로 인해 혹은 중동지역에서 발생하는 문제가 심각해질수록 미중 간의 '2차 빅딜'의 시행 시점은 더욱 앞당겨질 수 있다.

2013년 6월의 방미에서 시진핑이 오바마에게 첫 제안을 하고, 2015년 9월의 방미에서 시 주석이 재차 강조한 '신형대국관계'에 대해 미국은 원칙적인 반응을 견지하고 있다. 그러나 동아시아의 4대 갈등뿐만 아니라 세계 곳곳에서 중대 문제가 발생할수록 '신형대국관계'는 결국 새로운 국제질서가 될 것이다. 여러 문제의 원만한 해결을 위해 미국도 어쩔 수 없이 중국과의 협력을 선택해야 한다. 구소련에 대한 미중 1차 빅딜의 성공적인 결과에 대한 유혹과 정면충돌에 대한 거부감은 결국 동아시아 4대 딜레마에서 '2차 빅딜' 카드로 해결하려고 할 것이다.

2016년 1월과 2월에 이어진 김정은의 예측할 수 없는 연속성 도발에 대해 미중 양국은 결국 '사드 배치 문제'의 오랜 갈등에도 불구하고 유엔 안보리 역사상 가장 강력하다는 '2270호 대북제재 결의'에 협력했다. 미중의 '2차 빅딜'은 이미 시작한 셈이다.

(6) 시진핑 신 글로벌 전략과 전술 변화의 추세

시진핑 신 글로벌 전략과 전술의 변화를 정리하면 아래와 같다.

첫째, 중국의 대국관계 외교전략은 과거 방어형 전통대국관계에서 새로운 질서를 추구하는 '신형대국관계'로 전환되었다. 즉 방어형에서 공격적인 형태로 전환되었는데, 미국과의 대국관계는 협력을 요청하는 형식으로, 그러나 중일관계, 중러관계 및 중인도관계 등에 있어서는 공격적인 압력을 행사하는 형태로 전환되었다.

둘째, 지역패권은 과거 피동적인 형태로 현상유지를 추구했으나, 현재는 지역패권을 추구 또는 확보하는 주도적인 전략으로 전환되었다. 지역패권의 추구는 동중국해와 남중국해에서 진행 중인 해양영토 분쟁에서 군사력을 바탕으로 적극적인 패권추구 전략을 전개하고 있다.

셋째, 동중국해 전략, 즉 중일관계에서의 댜오위다오(센카쿠 열도) 영토분쟁은 과거의 현상유지 전략에서 국면전환을 통한 실효적 지배를 추구하고 있고, 이를 통해 지역패권 회복에 대한 정치외교와 군사적 측면에서의 종합적이고 중장기적 실험을 진행 중인 것으로 판단된다. 일단은 일본을 자극하여 미국의 개입 여부를 가늠하고, 미국이 개입된 종합적인 대립과 갈등 국면에서 향후 중국이 어떻게 대응할지에 대한 일종의 예행연습을 하고 있다는 생각이다. 수위조절을 통해 미국과의 빅딜 카드의 유용성을 검토하는 것을 포함한 중일 간의 갈등은 결국 힘의 논리를 실행하고 있는 남중국해 전략의 완성 시점에서 본격적으로 전개될 것으로 판단된다.

넷째, 남중국해 전략은 과거의 해양자원 공동개발 등의 현상유지 전략에서 군사적 실효지배를 통한 실질적인 패권 확보를 강력하게 추구하고 있다. 남중국해의 인공섬에 4개의 활주로 건설과 군사기지화를 속전속결로 강력하게 추진하고 있으며, 미국과의 갈등에 있어서는 제한적인 정면 대항을 통해 주변국들에게 중국의 강력한 힘의 성장과 지역 패권의 의지를 표명하고 있다.

다섯째, 타이완과의 양안 문제에서는 대만의 독립을 주장했던 민진당의 차이잉원(蔡英文)이 새로운 총통에 당선됨에 따라 공격적이고 강력한 견제정책을 통해 대만 독립의 억제와 양안 통일을 추구할 것으로 예상된다.

여섯째, 주변국 외교는 상대가 제시한 안건에 대한 '검토형' 전략에서 '일대일로'와 AIIB 같은 '제시형' 전략으로 전환했다. 즉, 해양영토 분쟁 같은 갈등에 대해 경제력을 바탕으로 한 경제협력으로 화해와 협력을 추구하는 당근과 채찍의 양면 전략을 진행하고 있다.

마지막으로, 한반도 전략에서는 전통적인 '등거리 전략'을 통한 현상유지와 안정 추구에서 균형은 유지하되 실용적 이익을 우선적으로 추구하는 '선택적 전략'으로 전환했다. 그러나 결국 북한의 핵병진 노선과 예측불허의 도발이 지속적으로 이어질 경우, 중국은 미중 빅딜의 최종 선택에 북핵 문제를 유용한 교환카드로 활용할 가능성이 점점 더 높아지고 있다는 판단이다.

위의 내용을 간략하게 정리하면 다음과 같다. 다음 〈표1-1〉은 2016년 3월을 기점으로 과거와 현재로 구분했고, 상황의 변화에 따라 일부 내용은 수정이 필요할 것이나, 대체적으로 큰 틀은 유지될 것으로 보인다.

<표1-1> 시진핑 신 글로벌 전략과 전술 변화 추세(2016년)

	항목	과거	현재	구체적 전략	실천적 전술
1	전통대국관계	방어형	신 질서추구	신형대국관계 제시	협력 요청
2	지역패권	피동적	주도적	지역패권 확보추구	패권 추구
3	동중국해 전략	현상유지	국면전환	실효지배 추구	경쟁 돌입
4	남중국해 전략	현상유지	국면전환	군사적 실효지배	패권 확보
5	양안 문제	현상유지	공격적 견제	대만 독립 억제	제한적 안정
6	주변국 외교	검토형	제시형	일대일로, AIIB 제시	화해 협력 추구
7	한반도 전략	등거리 전략	선택적 전략	실용적 이익추구	균형 유지

8) '미중 딜레마'의 해법: 공동이슈의 선점과 개발

(1) 한중일 3국 3색의 동상이몽, 이해와 소통이 필요

2015년 10월 31일, 「중궈신원왕(中國新聞網)」은 "총 인구수, 경제규모, 대외무역총액과 대외투자총액 기준으로 한중일 3국은 세계경제의 약 20%, 아시아의 약 70%, 동아시아의 약 90%를 차지"한다고 강조했다. 이 보도는 한중일 3국 협력의 필요성과 성과에 대한 중국의 기대치를 나타낸다.

중국차하얼(察哈尔)학회 장징웨이(張敬偉) 연구원은 2015년 11월 5일 「롄허자오바오(聯合朝報)」에서 "박근혜 대통령이 적극적으로 나서서 한중일 정상회담의 주도권을 잡았고, 여성의 온화한 수단으로 동북아의 유대관계 형성에 큰 역할을 했다"고 평가했다. 부러움과 아쉬움이 섞인 이 문장의 시사점 또한 매우 크다. 이슈 선점을 한국에게 빼앗겼다는 아쉬움이 문장속에서 여운으로 짙게 남아 있다.

일본 아베 정권의 우경화 정책과 과거사 부정으로 야기된 3국의 불협화음으로 귀한 시간을 허비한 한중일은 비록 서로 다른 동상이몽일지라도 상호 이해와 소통을 해야 할 시점에 있다. 상호 이해와 소통을 위해서는 서로가 서로에게 해야 할 말을 분명하게 해야 하고, 한국도 이제는 분명히 전략적·전술적으로도 그렇게 해야 한다. 왜 그래야 할까?

(2) 이젠 분명히 일본에 '노(No)'라고 말해야 하는 한국

2012년 5월 이후 중단되었던 한중일 3국 정상회담이 2015년 11월 1일 서울에서 개최되었다. 실로 3년 6개월 만에 재개된 제6차 한중일 3국 정상회담이 중단된 이유는 무엇으로 서로 인식하고 있을까?

한국의 일부 언론은 한일관계 혹은 한중일 3국 정상회담이 중단된 이유가 이명박 전임 대통령의 독도 방문으로 인한 영토 분쟁이 도화선이 되었다고 보도하고 있으나, 중국의 보도는 다르다. 중국은 일본 정부가 댜오위다오(釣魚島, 센카쿠 열도)의 국유화와 아베의 신사참배, 그리고 이어지는 일본의 우경화와 과거사 부정이 바로 한중일 3국 정상회담이 중단된 이유라고 보도한다.

한국의 일부 언론보도는 일본의 입장을 대변하는 듯하여 씁쓸하다 못해 못마땅하다. 일본의 보도를 그대로 배껴서 자극적 이슈를 생산하는 것이 우선인 한국의 일부 언론사의 보도행태는 자성의 시간을 충분히 가져야 한다. 한중일 정상회담이 중단된 근본적인 이유는 분명히 아베 정권의 연속되는 과거사 부정과 전범이 합사된 신사참배 및 우경화 정책에 있다.

한일 간 경제적 종속의 위치에서 벗어나고 있는 한국은 이제 일본에 대해 분명히 '노(No)!'라고 말할 수 있는 것은 먼저 강력하게 말해야 한다. 그것이 적어도 한일관계에 있어서만큼은 정치외교적 자주권을 확보하고 확대하는 것이고, 향후 한일관계에서 유리한 협상카드를 만드는 전략적·전술적 외교이다. 위안부 문제는 물론, 독도와 대마도 영토 문제 등 한민족 공동이슈를 남북이 함께 일본에게 '노(No)!'라고 말하는 것도 포함되어야 한다.

일본에게 말하는 '노(No)!'의 메시지와 전략적 의미는 당연히 미국과 중국에게도 한국의 위상과 전략적 변화를 간접적으로 전달하는 중요한 전환점이 된다. 미국과 중국도 한국이 조만간 '노(No)!'라고 말할 수 있다는 사실을 각인하게 되고, 이는 미국과 중국의 한반도 정책과 전략 수립에도 분명히 반영된다. 한국의 위상과 국제적인 전략적 가치에 대한 새로운 인식을 각인시킬 필요가 있다는 말이다.

(3) 이해와 소통을 위한 다양한 '한중 다중대화 채널' 확대 필요

한국이 두 차례에 걸쳐 한국전쟁에서 전사한 중국인민지원군 유해를 중국에 송환한 이후, 중국은 서안 한국광복군 주둔지 기념탑 제막, 하얼빈 안중근 의사 기념관 건립, 충칭 한국광복군 총사령부 현장 원형 보존, 상하이 대한민국 임시정부 보수 및 재개관 등으로 화답했다. 한국이 주도했던 위안부 문제에 중국이 협력하고, 중국이 주도했던 731부대의 만행에 대한 연구는 한국이 참여하여 공동으로 진행 중이다. 또한, 전 분야에서 한중 양국의 학술 토론은 정부와 민간에서 다양하게 이루어지고 있다.

대립된 이데올로기, 그리고 '한미동맹'과 '북중혈맹'(?)이라는 이른바 '동맹 딜레마'에 있는 한중관계는 '정경분리(政經分離)'와 '상호 존중'이라는 기본 원칙으로 성공적인 경제협력을 이끌어왔다. 세계 외교사의 기적이라고 칭송되는 이러한 한중관계의 원동력은 끊임없는 '상호 이해'와 '상호 소통'의 노력에 있었다.

이제 한중 양국은 동북아와 동아시아의 평화를 위해 다양하고 복합적인 대화 창구의 확대와 특히 공동 평화를 위한 외교안보 분야의 의제 확대 및 안보협력에 대한 '상호 이해'와 '상호 소통'을 시작해야 할 단계에 있다. 우리가 서둘러야 할 북핵 문제 해결과 중국이 꺼려하는 '사드 배치' 문제는 물론, 북한의 돌발사태에 대비하기 위한 '동북아 평화기제 수립' 등의 동북아 안보 문제에 대한 심층적인 다자 회의를 주도할 때이다. 우리는 이제 중국에게도 해야 할 말을 해야 하고, 필요한 소통을 할 시점에 있다.

특히 중국과의 '한중 안보대화'는 이제 평화적인 동북아 시대를 열 수 있는 중요한 화두이다. 이슈의 선점은 동북아의 새로운 국제질서 수립에도 중요할 뿐 아니라, 외교의 영역과 영향력의 국제화를 꾀하는 한중 양국 모두의 국제적 위상 제고에도 충분한 활력과 전환점이 될 수 있다. 외교사의 기적적인 사례로 거론되는 한중관계는 이제 '경제협력' 영역에서 '안보협력' 영역으로 확대하여 고질적인 북핵 문제 해결과 동북아의 평화기제 수립에 결정적인 역할을 시도해야 한다.

(4) 국익 최대화와 '자주적' 외교전략 준비

일본의 이간질 전술에 따라 하나의 화두가 되어버린 한국의 '중국 경사론'과 이에 대한 미국의 의구심 유발은 한국 언론의 보도 자세에도 분명한 책임이 있다. 국가의 외교 전략과 전술은 '국익 최대화'이고 이를 확보하기 위한 일본 정부와 일본 언론의 뻔한 술수에 매번 휘둘리는 한국의 언론보도는 자성과 해탈의 시간을 충분히 그리고 매우 오랫동안 가져야 한다.

박근혜 대통령의 세 번의 결단은 한중관계의 새로운 도약에 분명한 공헌을 했고, 국익 최대화의 기본 외교 원칙을 '자주적'으로 대외에 실천한 중요한 사례이다. 첫 번째는 대한민국 방공식별구역(KADIZ) 선포였다. 중국의 방공식별구역(CADIZ) 선포라는 흐름을 적시에 이용하여 그동안 억눌려 있었던 대일 종속 외교에 대한 자주권 회복을 선포한 것은 대한민국 외교사에서 '자주적 실천외교'의 중요한 역사적 전환점으로 기록될 것이다.

두 번째는 대한민국의 경제적 국익 추구를 위한 '아시아인프라투자은행(AIIB)'의 참여였고, 세 번째는 국제정치적 국익 추구, 즉 대북 압박을 위한 '중국 9·3 대열병식' 참여였다. 중국은 이에 대한 보답으로 북한에 대해 확실한 압력을 행사한 것이 분명하다. 2015년 한해 동안 북한의 4차 핵실험과 대륙간탄도미사일 발사 실험 등이 억제된 것은 분명히 중국의 압력이 상당했음을 암시한다.

위의 세 가지 정책 결정은 대한민국이 지향해야 할 국제정치적·경제적 외교 방향을 국제사회에 분명하게 제시했다. 한국은 과감하게 '자주적'인 외교 전략을 선택하여 실행했고, 원하는 것을 분명하게 얻었다. 미중일 3국과 국제사회로 하여금 한국이 단호하게 종속외교의 틀에서 벗어나는 것을 지켜보게 한 것은 엄청난 의미를 내포한다.

더욱 중요한 의미는 앞으로 국제사회가 한국의 자주적 외교 전략의 선택과 실행을 예측하고 점차 관습처럼 받아들이게 될 것이라는 점이다.

(5) 자주적 외교의 두 가지 전략: 공동이슈의 '선점'과 '개발'

북핵 문제, 일본 우경화, 중일 영토분쟁의 동북아 안보정세는 물론 남중국해와 양안 문제(중국과 대만)의 동남아 안보정세까지 동아시아는 미중 간의 'G2 해양패권전쟁'이라는 대형 블랙홀을 만났다. 비단 안보 부문뿐만 아니라 경제부문에 있어서도 이 'G2 해양블랙홀'은 유효하다. 중국 주도의 '아시아인프라투자은행(AIIB)'에 가입한 한국이 미일 주도의 '환태평양경제동반자협정(TPP)'에 비록 늦게 참여했지만, 중국 주도의 '역내포괄적경제동반자협정(RCEP)'과 '아시아·태평양자유무역지대(FTAAP)'의 추진에서는 중요한 역할을 '선점'해야 한다.

양자와 다자간 복합적 갈등과 대립으로 확대된 전선(戰線)에서 '안보전쟁'과 '경제전쟁'에 대한 우리의 복잡한 해법을 찾고, 동시에 강대국의 지위를 확보하기 위해서는 '통일한국을 준비'하는 두 가지 전략적 사고가 필요하다. 첫째는 '국제공동이슈'의 '개발'이고, 둘째는 '국제공동이슈'의 '선점'이다. 이것은 상대적으로 약소국인 우리가 주변 강대국과의 외교전쟁에서 취할 수 있는 가장 '효율적'이고 '주도적'인 외교 전략이 아닐까?

2016년 1월과 2월 북한의 제4차 핵실험과 장거리미사일 발사로 국제사회는 북핵 문제는 물론 북한 문제에 대해서도 집중력을 보이고 있다. 이러한 김정은의 자충수에 편승하여 중국과 러시아마저 적극적으로 참여한 유엔 안보리 역사상 가장 강력한 2270호 대북제재 결의안을 도출했고, 한미일은 물론 중국과 러시아도 단독으로 추가 대북제재를 이행하고 있다.

국제사회가 계속해서 북핵 문제 해결에 관심을 갖도록 노력해야 한다. 즉, '북핵 문제'와 '북한 문제'가 동북아의 핵심이슈가 되도록 하기 위해 북한에 대한 2270호 대북제재의 추가적인 강력한 실행을 추구함과 동시에, 이미 박근혜 대통령이 제시했던 북한 개혁개방의 재정 지원을 위한 '동북아개발은행(NEADB, North Asian Development Bank)' 설립을 주변국들과 즉시 실천에 옮겨야 한다. 또한, 한러북의 한반도·나진·하산 철도사업 추진 등을 포함한 '유라시아 이니셔티브(Eurasia Initiative, 歐亞倡議)'가 중국의 '일대일로(一帶一路, One Belt One Road)'와 연계되는 것은 한중러북의 동북아 경제개발을 촉진하는 구체적인 프로젝트임을 주변국에게 더욱 적극적으로 홍보하고 이를 추진해야 한다.

강력한 대북제재 연합을 강화시킴과 동시에 북한이 핵을 포기하고 대화의 장으로 나오는 시점을 가상하여 이미 기존에 제시되어 있는 여러 방안들을 종합하여 구체적인 실행방안을 준비해야 한다. 그리고 이를 대한민국이 주도적으로 실천해야 한다. 이러한 준비와 실천은 주변국으로 하여금 대한민국의 한반도 평화 달성과 평화적인 통일의지에 대한 신뢰감을 높일 것이고, 북한에 대해서는 북핵 문제에 대한 출구전략의 무대를 제공할 수 있다는 점에서 미래지향적이라 할 수 있다.

미중일의 틈새에서 피동적 대응에 급급했던 한국은 박근혜 정부에서 미중일 딜레마를 이용하는 창조적이고 자주적인 외교 전략의 선택과 실행을 이미 세 차례나 실천했다. 이제는 자주적인 한국 외교의 국제관례화를 자신감 있게 준비하고 전개할 때이다. 준비된 계획은 실천이 곧 해답이다.

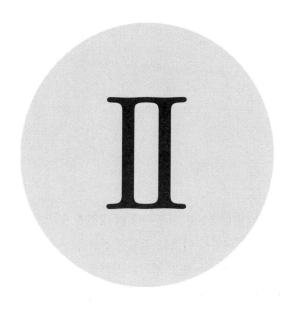

한중관계와
한반도의 미래

제5장
'치세'와 '대국굴기'의 역사적 재조명_구자원

1) 머리말

인류는 지구 상에 출현한 이후 과거의 경험을 후대에 전승시켜왔고, 집단과 사회를 형성하면서 이러한 경험의 전승은 구술과 기록으로 이루어졌다. 특히 이러한 전승은 단지 과거의 경험을 기록한 것일 뿐만 아니라 현재의 문제를 해결하거나 불확실한 미래에 대한 방향을 제시하기도 했다. 또한 인류는 사회를 형성하면서 이전 시기에 비해 발전했다는 것은 부인할 수 없는 사실이고, 이 과정에서 과거의 경험은 중요한 역할을 하게 되었다.

중국은 세계 4대 문명 중에서 이집트, 메소포타미아, 인디아 문명보다 시간적으로 늦었지만, 다른 문명에 비해 기록의 전승이 단절되지 않았고 후대로 계승되었다는 특징을 가지고 있다. 이러한 과거로부터 전해진 기록, 즉 역사는 이후 중국 문명의 발전에 있어 중요한 지표가 되어왔다. 특히 중국의 역사에서 중요한 관점 중의 하나는 바로 맹자가 주장한 '일치일란(一治一亂) 설'이다. 그의 주장에 따르면 역사는 '치세(治世)'와 '난세(亂世)'가 반복되기에 따라 이런 법칙을 벗어날 수 없지만, 치세를 길게, 난세는 짧게 해야 한다는 것이다. 이 같은 맹자의 주장은 후대 중국 사회에 많은 영향을 미치게 되었고, 고대 중국 왕조의 군주들은 스스로 유능하다고 판단하여 자신의 통치역량을 발휘하는 동시에 후대의 평가를 기대하면서 '치세'를 꿈꾸었지만, 실제로 이를 달성한 경우는 그렇게 많지는 않다. 특히 중국의 여러 왕조의 개국군주일수록 이전 시기의 '난세'를 평정·해결하면서 새로운 왕조를 건국하게 되지만, 실제적으로 중국의 역사에서 개국군주의 시대를 '치세'로 평가하고 있지는 않다.

이러한 고대에서 전승된 '치세'와 '난세'의 개념은 현대 중국에서도 여전히 존재하고 있다. 특히 중국에서 근대시기로 구분되는 1840년 이후는 서양의 영향이 커지면서 고대 중국을 부정하는 사상이 사회적·학문적으로 주류를 이루게 되면서 지난 과거를 의심하고 부정하는 풍조가 빠른 속도로 확산되었다. 더구나 1949년 중화인민공화국이 건국되면서 과거에 대한 비판은 대부분의 영역에서 중국과 중국인에게 많은 영향을 미치게 되었다. 그러나 신중국을 건국한 마오쩌둥은 과거의 사실을 비판하는 과정에서도 여전히 '치세'와 '난세'의 개념을 이용하여 '대치대란(大治大亂)'을 주장하기도 했는데, 이는 중국인의 사고에서 '치세'와 '난세'가 차지하고 있는 비중이 적지 않다는 것을 보여주고 있다. 그러나 현대 중국은 '치세'와 '난세'의 개념을 직접적으로 사용하고 있지는 않고 이에 적합한 용어로 바꾸어 사용하는데, 그중 대표적인 것이 바로 21세기 이후에 사용하기 시작한 '대국굴기(大國屈起)'라고 할 수 있을 것이다. 이 '대국굴기'의 개념을 간략히 정리하면, 중국에서 '난세'는 끝이 났고 '치세'를 향해 가고 있다는 의미로 정의하는 것이 가능하다. 따라서 본문에서는 고대 중국에서의 '치세'의 개념을 살펴본 후, 이를 통해 21세기의 '대국굴기'를 재조명하고자 한다.

2) 고대 중국의 '치세'

고대 중국에서 역사에 기재된 치세는 왕의 이름이나 연호 뒤에 '치(治)'를 붙여 사용하는데, 대략 5개의 '치세'가 존재하고 있다. 첫째는 바로 '성강지치(成康之治)'이다. '성강지치'는 서주시대 초기 성왕(成王)과 강왕(康王)의 통치시대를 가리키는데, 역사기록에 의하면 원래 주나라는 은나라의 제후국에 불과했으나, 결국 무왕(武王)이 은나라를 멸망시키는 데 성공하게 되었다. 그러나 현실적으로 제후국이었던 주나라는 종주국인 은나라를 완벽하게 통치할 수 있는 역량을 가지고 있지는 못하여 여러 지역에서는 제후에게 영지를 두어 통치하게 하는 '분봉제'를 시행하게 되었다. 무왕은 은나라를 멸망시킨 후 얼마 지나지 않아 사망하고, 그 뒤를 이어 성왕이 왕위에 오르지만, 어린 나이였기에 숙부인 주공(周公)이 섭정하면서 주나라의 기반을 다지게 되었다. 주공은 이후 성인이 된 성왕에게 군주의 권력을 다시 돌려주면서 "덕으로 모든 일을 해결하라"는 정치적 조언을 하게 된다. 성왕은 이를 받아들여 국가통치에 임하게 되어 이후 강왕의 통치시대까지 대략 40여 년간 형벌을 집행하지 않았다고 기록되어 있다. 이러한 군주의 도덕 중심 정치로 인해 주나라 사회는 물론, 백성의 삶 역시 안정되었다. 그 때문에 후대의 사람들은 이를 '성강지치'라고 부르게 되었다. 즉 '성강지치'의 특징은 바로 도덕 중심의 국가통치인데 정치적 안정과 백성의 교화에 성공함으로써 사회적인 안정을 이룰 수 있게 되었고, 또한 성왕과 강왕이 국가 내부를 안정시키는 동시에 백성에게 이로운 정책을 시행하면서 국가는 더욱 발전할 수 있게 되었다.

그러나 '성강지치'에 대한 다른 의견도 존재하고 있다. 즉 성왕과 강왕의 치세에 있어 가장 핵심적인 것은 바로 주공이 건의한 '도덕정치'인데, 유교를 창시한 공자가 가장 본받고 싶어 하는 인물은 바로 주공이었다. 따라서 유교의 사상 중에서 가장 중요한 부분을 차지하고 있는 것은 바로

'도덕'을 중심으로 하는 정치사상이라고 할 수 있다. 공자는 주공이 건의한 '도덕정치'가 성왕과 강왕 시기에 이루어지면서 치세를 이루게 되었다고 여긴 것이다. 그러나 성왕과 강왕의 치세는 지속되지는 않았다. 즉 강왕은 성왕을 계승한 치세의 군주였지만, 말기에는 사치와 향락에 빠지게되면서 난세의 조짐이 보이기 시작한다. 이에 맹자는 '치세'가 끝나면 '난세'가 시작된다는 '일치일란' 설을 통해 군주의 도덕 중심의 정치는 무엇보다도 중요하다고 역설하고 있다. 결국 이후 한나라 때부터 정치사상에 있어 중요한 역할을 하게 된 유교의 '도덕' 중심 정치는 역대 왕조의 통치에 있어 중요한 역할을 하게 된 것이다.

둘째, 한나라 초기의 '문경지치(文景之治)'이다. 한나라를 건국한 한 고조 유방은 서초 패왕 항우를 격파하고 천하를 통일했으나, 국가 내부적으로는 완전한 통치를 이룰 수 없었고, 외부적으로는 북방 흉노의 침입에 소극적으로만 대처했다. 한 고조의 사후에 아들 혜제(惠帝)가 즉위하지만, 한 고조의 부인이자 혜제의 어머니인 여후(呂后)가 정치적 권력을 독점하게된다. 여후는 혜제가 단명하자 손자인 소제(少帝)를 황제로 즉위시키지만, 자신이 독점하고 있는 권력을 유지하기 위해 며느리를 독살하고 소제 역시 폐위시킨다. 이후 여후는 또 다른 손자를 황제로 즉위하게 하지만, 얼마 지나지 않아 여후가 사망하고, 한나라 신하들은 한 고조의 넷째아들인 유항(劉恒)을 옹립하여 황제로 등극시킨다. 이가 바로 중국 역사에서 가장 훌륭한 황제로 추앙받는 문제(文帝)이다.

한 문제 유항은 한 고조 유방의 넷째아들이었기에 '대왕(代王)'으로 분봉되었지만, 권력을 독점한 여후가 통치하던 시기에는 오히려 일반 백성처럼 근근이 살아갈 수밖에 없었다. 황제에 등극한 문제는 피폐한 백성의 삶을 누구보다 잘 알고 있었기에 백성을 위한 정책을 시행하게 되는데, 이것이 바로 세금을 파격적으로 낮추는 일이었다. 고대 중국에서 우수하다고 평가 받는 왕조, 황제가 백성에게 납부하도록 한 세율은 대략 1/10 정도였지만, 문제는 이 세율을 1/30로 낮추고, 농업을 장려하며 엄격한 형벌을 폐지하는 정책을 시행함으로써 한나라는 빠르게 안정된다. 또한 문제는 스스로 솔선수범하여 사치를 멀리하고 검소한 생활을 하면서 군주로서의 이상적인 모습을 실천했다.

문제에 이어 등극한 경제(景帝)는 지속적으로 농업을 장려하는 정책을 통해 문제 시기 이래 백성의 생활은 더욱 안정되었고 국가가 발전하게 된다. 또한 경제는 여러 신하들의 의견을 받아들여 정치력을 확대하고자 하지만 한 고조 유방이 분봉한 제후들이 이에 반대하면서 7개의 제후국은 결국 반란을 일으키게 된다. 제후국의 반란을 진압한 경제는 기존의 농업 장려정책을 전국적으로 확대시켰고, 한 고조 유방이 건국한 한나라는 실제적으로 완전한 통치역량을 갖추게 된다. 문제와 경제가 통치한 39년의 '문경지치' 기간에 역대 통치자들이 실현하고자 했던 백성이 최소한의 삶을 유지할 수 있는 '소강사회'가 이루어졌다는 평가를 받고 있다. 이 '문경지치'의 결과로 경제에 이어 등극한 무제(武帝) 시기에 한나라는 최고 전성기가 될 수 있는 기반을 제공한 것이다.

셋째는 당나라 이세민의 '정관지치(貞觀之治)'이다. 당 태종 이세민은 당 고조 이연의 둘째아들로 당나라를 건국하는 과정에서 많은 역할을 했다. 그러나 당 고조 이연은 기존의 장자(長子) 중심의 후계법에 따라 장자를 태자로 삼았지만, 이에 불만을 가진 이세민은 결국 '현무문의 정변'을 일으켜 태자를 축출하고 결국 당나라의 두 번째 황제로 등극하게 된다. 당 태종 이세민의 업적은 정치적으로 과거제도를 통해 많은 신하들과 국가대사에 대한 격의 없는 토론을 하면서 과거에 정적이었던 위징(魏徵)까지 등용하여 정치적인 화합을 이룩했다. 왕조국가에서 황제와 신하가 격의 없게 의견을 나눌 수 있지만, 신하가 황제의 잘못된 점을 비판한다는 것은 매우 위험한 일이었다. 그러나 당 태종 이세민은 자신이 잘못된 점이 있으면 흔쾌하게 받아들였다. 특히 위징(魏徵)은 직접적인 화법으로 200여 차

레나 날카롭게 황제의 잘못된 점을 언급했다. 당 태종 이세민은 때로 얼굴을 붉히거나 화를 내기도 했지만, 결국은 자신의 잘못을 모두 인정하고 바꾸려고 노력했다.

또한 경제적으로는 과거의 성군과 같이 사치생활을 멀리하며 솔선수범하여 검소하게 생활하면서 백성의 삶에 깊은 관심을 가지고 있었다. 특히 토지와 부역제도를 간결히 하여 백성에게 도움이 되었는데, 농업 중심의 고대 중국에서 상업을 장려하여 국가는 안정되고 부강해졌다. 이러한 안정된 국력으로 당나라는 동아시아의 최강대국이 될 수 있는 기반이 조성되었고, 그 결과 티베트와 중앙아시아까지 영향력을 발휘할 수 있게 되었다.

그리고 기존의 엄격했던 법률체계를 간략하게 하여 실행하게 되는데, 이와 관련된 유명한 일화는 사형수들에게 일정한 시간을 주어 집에 돌아가 뒷일을 마무리하고 다시 돌아오라는 명령을 내렸다. 모든 신하들이 이에 반대했지만, 사형수를 방면하고 기다린 결과 290명의 사형수가 모두 되돌아왔다. 이는 당 태종의 통치기간에 정치와 법률이 투명하게 집행되었음을 반증하고 있다. 백성에게 형벌을 약하게 했으나 당 태종 자신의 아들들에게는 오히려 엄격한 경우도 있었다. 태자가 부도덕한 행위를 자주 범하자 결국 태자를 폐하고 다른 태자를 세우면서 더욱 엄격하게 대했다.

당 태종의 통치시기에 비록 잘못된 점이 없지는 않았지만, 황제로서 솔선수범하여 정치, 군사, 경제에 임하면서 국가가 안정되고 부강해졌다는 것은 역사적인 사실이다. 이로 인해 후대에 당 태종 이세민은 고대 중국의 300여 군주 중에서도 손꼽히는 군주로 평가받고 있다. 또한 당 태종이 신하들과 문답한 내용을 기록한『정관정요』는 후대에 제왕학의 교과서로, 군주라면 반드시 필독해야 서적으로 후대에 전해졌으며, 현대사회에서도 리더십에 관해 많은 영향을 주고 있다.

넷째는 당 현종의 개원지치(開元之治)이다. 당 현종은 44년간 재위했는데, 전반기 29년은 역사적으로도 좋은 평가를 받는 '치세'였고, 후반기 15년은 '난세'가 시작되었다. 당 현종이 황제로 즉위할 당시 당나라는 정치적 혼란에 빠져 있었다. 측천무후가 중국 최초로 여황제가 되어 나라 이름을 주나라로 바꾸었다. 측천무후가 통치하던 시기는 국가가 안정되고 발전했다. 측천무후의 사후에 당 무종은 어머니에게 빼앗겼던 황제로 다시 등극하지만, 정치적 혼란은 여전히 해결되지 않았다. 당 현종은 측천무후의 잔존세력과의 대결에서 승리를 거두어 황제로 등극하면서 여러 분야에서 개혁을 시행하게 된다. 정치적으로 당 현종은 신하들의 의견을 존중하고 받아들여 관리제도를 개선했다. 특히 중앙정부에서는 지방에 대한 행정력이 미치지 못했기에 과거제를 통해 선발된 유능한 신하들을 지방으로 파견하여 지방행정제도를 개선시켰고, 이에 국가는 빠른 속도로 안정되었다. 그리고 경제적으로는 측천무후 이래 사치스러운 황실의 소비를 줄여 근검절약을 몸소 실천하여 국가재정의 낭비를 막았으며, 국가의 근간인 농업을 위해 치수(治水)에 성공하여 농업생산력을 높일 수 있었다. 또한 주요 도시를 재정비하는 동시에 교통로를 원활하게 하여 상업발전이 촉진되었다.

당 현종은 경제적 안정과 번영을 기반으로 대외관계에서 적극적으로 대처하게 된다. 당시 당나라 동북쪽에는 거란족이 세력을 확대하면서 당나라를 침략했다. 이전의 정치적 혼란으로 인해 영토를 상실했던 당나라는 당 현종의 정치·행정·경제의 안정을 바탕으로 국력을 회복하여 빼앗겼던 요서지역을 회복하여 북방의 소수민족들은 당나라에 귀의하게 되었다. 또한 당나라 서남부 토번은 세력을 확대하여 당나라에 위협이 되었는데, 부강해진 국력으로 토번의 북상을 성공적으로 방어하면서 최대의 영토를 가지게 되었고, 중앙아시아를 거쳐 유럽까지 연결되는 실크로드 지역에 영향력을 확대하게 되었다.

이러한 군사적 안정과 경제적 번영은 문화가 발전하는 계기가 되었다. 군사적 안정으로 인해 당나라를 중심으로 동쪽에서는 통일신라, 서쪽에서는 서아시아, 남쪽에서는 티베트, 북쪽에서는 유목민족이 교류할 수 있는 기회가 만들어졌다. 당 현종 시기의 수도 장안은 당나라 사람들을 제외하고도 많은 외국인이 방문했고, 외국인 거주지가 만들어지면서 100만이 넘는 인구가 거주하는 거대도시가 되었다. 또한 장안에서는 동서문화가 교류하고 융합되면서 당 현종 시기의 문화는 단순히 중국 당나라만의 문화가 아니라 세계적인 문화로 승화되었으며 당시 세계 각국에서는 당나라 문화의 영향을 받게 되었다. 그리고 중국 문학에서도 대표적인 이백, 두보, 백거이 등의 시인이 등장하여 시문학에서 최고의 전성기를 맞이하게 된다. 또한 육우는 『다경(茶經)』을 저술했으며, 중국에서 차문화가 시작되어 후대에 많은 영향을 미치게 되었다.

당 현종은 맹자가 언급했던 '일치일란'에 가장 적합한 군주였다. 즉 당 현종 이전은 '난세'라고 할 수 있고, 이러한 '난세'를 극복하면서 고대 중국에서 몇 명의 군주만이 이룩했던 '치세'를 만들었고, 통치 후반기에는 '난세'가 다시 시작되어 결국 당나라가 멸망하게 되는 단초를 제공한 극적인 요소를 가지고 있는 군주였다. 후대에는 대부분 당 현종의 후반기인 '난세'의 시작만을 기억하는 경우가 많지만, 그의 전반기 업적은 현재까지도 전해지고 있다. 예를 들어 중국인은 스스로 '당인(唐人)'이라 자부하는 경우가 있는데, 이는 당 현종의 전반기에 이룩되었던 최대 전성기 '개원지치'에서 비롯된 것이다.

다섯째는 청나라 강희제에서 건륭제까지의 '강건성세(康乾盛世)'이다. '강건성세' 혹은 '강건치세(康乾治世)'는 청나라를 최고 전성기로 만든 강희제, 옹정제, 건륭제의 3대가 통치한 130여 년의 시기를 가리킨다. 이 '강건성세'에 대해서는 평가가 엇갈리고 있다. 일반적으로 '치세', '성세'에 대한 평가는 후대에 결정되는데, 특이하게도 '성세'의 평가는 건륭제 시기에 사회적으로 확산되었다. 그러나 그 이후 청나라에서도 이러한 '성세'의 표현에 대해 일부 어용학자나 노인들만 사용할 뿐이었고, 역사적·사회적으로는 기존에 사용되어왔기에 그대로 사용되었을 뿐이고, 실질적으로 고대 중국에서 언급되는 '치세'와는 다르다는 부정적인 주장이 계속되었다. 이후 민국시기에서도 '강건성세'에 대해 비판적인 견해가 지속되었다. 예를 들어 중국 근대문학, 사상에 중요한 노신(魯迅)은 '강건성세'는 문자옥에 의해 억지로 표현된 것일 뿐이라고 강력하게 비판하고 있으며, 현대에서 덩샤오핑은 강건시기의 해금정책과 쇄국정책이 이후 중국에 악영향을 주었다고 논평했다. 그러나 이러한 중국 내부에서의 부정적인 평가와는 달리 18세기 조선 사신단의 『연행록』에서는 청나라의 경제적 번영에 대해 감탄하는 내용이 보이고, 또한 서양 출신의 일부 선교사들은 로마교황청에 보고한 내용에서 강건시기의 청나라는 정치적·경제적·사회적으로 안정되어 세계에서 가장 부강한 나라라고 기술했다.

그렇다면 역사적으로 '강건성세' 표현의 적합 여부를 살펴보아야 한다. 문헌기록에 의하면 명나라의 인구는 2천만 명에서 4천만 명으로 추산하는데, 강희제 61년(1722년)의 조사에서 청나라 인구는 1억 5천만 명을 돌파했고, 건륭제 55년(1790년)에는 3억 명 이상으로 조사되었다. 의학과 기술이 발전하지 못한 고대 시기에 100년 동안 3~4배의 인구가 증가하고, 그 후 70년이 지나는 동안 다시 인구가 2배가 증가했다는 것은 정치, 경제, 사회적으로 안정되지 못하면 불가능한 일이다. 또한 경제적으로 강건시기의 청나라 국내 총 생산량은 당시 세계경제의 1/3을 점유하고 있었으며, 농업 중심 국가인 청나라의 공업생산량이 세계에서 32%를 차지하고 있다는 기록이 존재하고 있다. 이러한 경제적 번영으로 볼 때, '강건성세'에 대한 부정적인 인식이 반드시 옳다고 할 수는 없다. 비록 강건시기에 관리들의 부정부패, 문자옥에 의한 사상탄압, 빈민증가로 인한 농민반란 등 '치세'와는 상반되는 역사적 사실이 존재하지만, 명나라 말기부터 시작된 정치·경제·사회적 혼란은 명청 교체기에 극심했고, 강희제의 통치기간에 비로소 안정되었다는 것을 부정할 수는 없다. 또한 건륭제 시기에는 10번의 대외원정이 있었음에도 건륭제 시기는 물론, 그 뒤를 이은 가경제(嘉慶帝) 시기에 청나라에서는 안정이 지속된 점에서 일정 정도는 '치세'로 불러도 별다른 문제는 없을 것이다.

3) '대국굴기'의 재조명

「대국굴기」는 2006년 중국 CCTV-2에서 9개국(포르투갈, 스페인, 네덜란드, 영국, 프랑스, 독일, 러시아, 일본, 미국)의 전성기와 그 발전과정을 중심내용으로 구성된 12부짜리 역사 다큐멘터리다. 「대국굴기」는 2007년 중국 CCTV-1에서 재방영되었으며, 중국민주법제출판사(中國民主法制出版社)에서도 같은 내용으로 단행본이 출판되었다. 2007년 한국에서는 EBS에서 처음 방송되었고, 이후 재방송되기도 했다. 또한 『강대국의 조건』이라는 제목으로 번역되어 출판되었다.

'대국굴기'를 번역한다면 '대국이 일어나다'라고 할 수 있는데, 그 안에 내포된 의미는 이렇다. 1840년 아편전쟁에서 패배한 이래 중국은 영국과 프랑스 등 서양의 세력이 침략하는 과정에서 '중체서용(中體西用)'을 중심으로 양무운동과 변법운동을 통해 세계의 중심이라는 자존감을 지키려 노력했으나 결국 실패하게 되었고, 더구나 1895년의 청일전쟁에서 패배하여 동아시아에서도 종주국의 지위를 상실하게 되었다. 1911년 신해혁명의 성공으로 비록 황제 중심의 국가체제를 붕괴시키고 새로운 국가를 건국했으나 중국 스스로 자부했던 '대국(大國)'의 모습은 찾아볼 수 없었다. 1949년 중화인민공화국이 건국되면서 사회주의 국가체제를 통해 국가안정에 노력했고, 1978년에 국가발전을 위해 '개혁개방'정책을 추구하여 경제적 발전을 이룰 수 있었다. 21세기에 들어와 중국은 경제적 발전을 기반으로 '대국'이 되었다고 판단하지만, 수천 년간 세계의 중심이었다는 과거의 영광을 다시 회복하기 위해 '대국굴기'라는 국가적 목표를 일반에게 알린 것으로 보인다.

역사 다큐멘터리 「대국굴기」의 주요 내용은 15세기 대항해시대가 시작된 이래 현대까지 서양의 국가들이 어떻게 강대국이 되었는가에 대한 내용을 조명하는데, 특히 서양에서는 영국과 미국이 2편에 걸쳐 상세하게 소개되고 있으며, 또한 동양에서는 일본이 어떻게 아시아에서 강대국이 되었는가에 대한 사실까지 포함하고 있다. 역사 다큐멘터리 「대국굴기」의 마지막 12편에서는 앞서 소개된 다른 나라들의 사례를 통해 지난 500년의 시간을 통해 중국이 추구하는 미래의 목표를 언급하고 있는데, 이는 정치경제적·사회문화적인 두 가지 관점으로 구분할 수 있다.

첫째, 정치적인 측면에서는 사회주의의 장점을 소개하고 있다. 이는 '러시아' 편에서 스탈린을 긍정적으로 평가하고, 제2차 세계대전에 참여하여 세계 평화를 이룩할 수 있었다고 소개하고 있다. 또한 러시아(당시 소련)는 사회주의, 스탈린의 주도하에 공업화를 이룰 수 있었다고 언급하고 있다. 따라서 중국은 사회주의의 정당성과 효율성을 강조함으로써 "중국 특색의 사회주의"의 장점을 은연중에 강조하고 있다.

경제적 발전은 역사 다큐멘터리 「대국굴기」에서 가장 중심이 되는 내용이라고 할 수 있다. 1편의 '포르투갈과 스페인' 편에서는 대항해시대를 시작하면서 아메리카 대륙을 비롯한 다른 지역에 식민지를 건설함으로써 경제적 번영을 이루게 되었고, 15~16세기에 유럽에서 강대국이 되었다고 소개하고 있다. 2편의 '네덜란드'는 해양산업과 상업의 발달로 적극적인 해외무역을 통해 17세기에 강대국이 되었다고 언급하고 있다. 7편 '일본' 편에서는 1868년 메이지 유신이 시작되면서 산업화가 진행되어 아시아의 강국이 되었고, 제2차 세계대전에서 패전국이었으나 미국의 도움과 이후 다국적기업 전략으로 경제 강국이 되었다고 평가하고 있다. 이 밖에 영국, 프랑스, 독일, 미국 등의 국가 역시 경제적인 발전과 번영을 통해 세계 강대국이 되었다고 하면서 중국은 자본주의적인 시장경제를 도입하는 개혁개방 정책으로 경제가 신속히 발전했고, 이를 기반으로 중국은 강대국의 조건을 갖추게 되었으며, 미래에도 계속적으로 발전할 것을 암시하고 있다.

둘째, 사회문화적으로는 지난 500년간의 9개 강대국과 관련하여 문화와 사상을 일관되게 강조하고 있다. 황하지역에서 시작된 중국의 문명은 시간이 지날수록 계승되면서 점차 외부로 확대되기 시작했다. 특히 진한(秦漢)시대의 황제를 중심으로 하는 중앙집권제 국가가 성립되면서 고대 중국 문화는 더욱 발전되었다. 이 과정에서 동아시아에 큰 영향을 미침은 물론, 실크로드를 통해 중앙아시아, 서아시아, 유럽까지 중국의 문화가 전파되었다. 특히 당나라 시기에는 당나라를 중심으로 교류가 세계적으로 확대되었고, 한국, 일본, 베트남을 아우르는 문화권을 형성하게 된다. 이 문화권을 '한자문화권' 혹은 '유교문화권'이라 부르는데, 당나라 이후 동아시아에서는 중국 중심의 세계가 근대 시기까지 지속되며, 정치·경제·사회·문화에 걸쳐 중국은 한국, 일본, 베트남 등 주변 국가에 많은 영향을 미치는 중심 국가의 역할을 했다.

그러나 근대 이후 중국은 서양의 영향으로 동아시아에서의 지위를 상실하게 되었고, 따라서 중국 사회와 문화는 서양의 문물을 받아들이면서 서양의 우수성을 실감하는 동시에 과거의 것들을 부정하는 풍조가 발생하게 되었다. 즉 고대 중국의 사회적·문화적 전통은 장점과 단점을 모두 가지고 있는데, 고대 시기에는 장점을 우선시했으나, 근대 시기에서는 서양의 관점에 따라 고대 시기의 장점과 단점을 모두 분석했다. 이러한 학문적 연구는 서양의 침략에 의해 과거의 단점을 본격적으로 다루게 되었고, 그 결과는 고대 시기를 의심하거나 부정하는 경향이 대두되었다. 이러한 사회적 경향은 20세기 초반인 민국시대와 1949년 중화인민공화국이 건국되어서도 여전히 계속되었다. 1990년대 개혁개방정책으로 중국은 경제적으로 급속한 발전을 거듭하여 안정된 국가를 이룰 수 있었으나, 사회 문화적으로는 문제가 발생하게 된다. 즉, 개혁개방정책으로 자본주의적인 요소를 도입함으로써 정치적으로 사회주의 체제와 충돌하게 된다. 이에 중국 정부는 이러한 사회적 문제를 해결하기 위해 기존의 사회주의를 변형시켜 "중국 특색의 사회주의"를 표방함으로써 정치적·사회적으로 어느 정도 안정된 효과를 거둘 수 있었다.

21세기에 들어오면서 국가를 평가하는 기준은 점차 변화하는데, 그중에서 대표적인 것은 문화의 중요성이 대두된 것이다. 즉 예전에는 정치·경제·군사 중심의 하드파워가 국가를 평가하는 척도였다면, 21세기에는 문화를 중심으로 하는 소프트파워가 새로운 평가의 기준이 된 것이다. 따라서 문화적으로 자부심이 강했던 중국은 경제적인 성장을 기반으로 강대국의 외형을 갖추는 데 성공하면서 이러한 외형을 내부적으로 보완할 수 있는 문화의 중요성에 관심을 가지게 된 것이다. 따라서 20세기에는 과거의 전통문화를 부정하는 인식에서 전통문화의 중요성을 강조하고, 수천 년간 문화적 우월성을 회복하는 동시에 미래에 중국문화가 세계를 주도해야 한다는 것을 목표를 역사 다큐멘터리 「대국굴기」를 통해 강조하고 있으며, 동시에 정치적·사회적으로도 전통문화에 대해 적극적으로 포용하는 입장을 보이고 있다.

역사 다큐멘터리 「대국굴기」는 20세기 이전의 다른 나라들이 강대국이 될 수 있었던 것들을 조명함으로써 21세기에 중국이 미래에 세계적인 강대국이 되겠다는 목표를 제시하고 이에 적합한 정치적·경제적·사회적·문화적으로 역량을 확보하여 실천하겠다는 국가목표가 반영된 것이다. 이러한 '대국굴기'의 실질적인 모습은 시진핑 정권이 출범하면서 주장한 '중국의 꿈[中國夢]'에 확연히 반영되어 있다. '중국의 꿈'은 원래 2010년

류밍푸(劉明福)의 저서 『중국의 꿈[中國夢]』에서 비롯된 것으로, 21세기 중미 관계에 대한 내용이다. '중국의 꿈'은 이후 시진핑 주석의 연설로 중국은 물론 전 세계적으로 확산되었다. 시진핑 주석은 "중국의 꿈은 중국의 위대한 부흥을 실현하는 것으로 이는 중화민족이 품어온 근대 이래의 위대한 이상으로서, 중국의 꿈은 반드시 실현되리라는 자신감을 느끼고 있다"고 하여 정치·경제·사회·문화·환경 등 5가지 분야에서 중국의 꿈이 실현되어야 한다고 주장했다. 그러나 실제적으로 5가지 분야를 각각 분리한 것이 아니라 세 가지 핵심이 바로 '중국의 꿈'으로, 첫째는 경제발전을 이루면서 물질적인 풍요를 누림과 동시에 국민의 생활과 환경을 개선한다는 것이다. 이는 고대 중국에서 언급하는 '샤오캉(小康) 사회'와 관련이 있다. 둘째는 공평과 정의를 통해 법률제도를 완비하고, 교육과 과학기술의 발전을 통해 국민의 생활수준을 높이는 동시에 문화를 번영시키는 것이다. 즉 경제적 안정을 통해 국민의 행복도를 높이고, 우수했던 중국의 전통문화를 바탕으로 새로운 문화를 창조한다는 것이다. 셋째는 부국강병을 통해 국가통일, 세계평화에 기여하겠다는 것이다. 이는 1840년 아편전쟁의 패배로 인해 발생한 암울했던 지난 100년의 역사에서 벗어나 중국이 강력한 하드파워를 갖추는 동시에 세계평화라는 목표를 이루고자 하는 의지가 반영된 것이다.

4) 맺음말

'성강지치', '문경지치', '정관지치', '개원지치', '강건성세'는 고대 중국에서 '치세'로 부를 수 있는 시대였다. 이러한 '치세'에서 무엇보다 중요한 것은 군주의 도덕적인 솔선수범이었고, 이를 통해 정치적·경제적·사회적으로 안정되면서 국가가 부강해지게 되었다. 물론 이 '치세'에 부정적인 요소가 없지는 않았지만, '난세' 또는 역사적으로 '난세'도 '치세'도 아닌 비교적 평탄했다고 평가되는 시기에 비해 국가가 발전·번영했다는 것을 부인할 수는 없다. 또한 현대적인 관점에서는 많은 문제점이 있는 게 사실 이지만, 그 당시의 사회에서 혼란한 상황이 아니라 최소한의 삶을 유지할 수 있다는 역사적 사실은 인정해야 할 것이다.

21세기 중국은 역사 다큐멘터리 「대국굴기」에서 고대 중국에 일관적 으로 언급되는 '일치일란'의 역사관을 통해 15세기 이래 강대국들의 흥망성쇠를 재조명함으로써 중국의 미래에 대한 구체적인 준비를 하고 있다. 특히 '중국의 꿈'을 통해 "중국 특색의 사회주의" 확립을 통한 정치적 안정, '일대일로'를 통해 경제의 지속적인 발전, 그리고 전통문화를 재조명 하면서 전통과 현대를 융합시키는 동시에 전 세계에 중국문화의 우수성을 알리는 등의 다양한 정책을 시행하고 있다. 이러한 중국의 목표는 세계적인 강대국으로서 평화·번영을 추구하겠다는 것이다. 이는 고대 중국 에서 '치세'의 개념이 현대에서는 한 국가에 적용되는 것이 아니라 세계로 확대된 것이라 할 수 있다. 21세기의 중국이 고대 중국에서 말하는 '치세' 인지, 아니면 '치세'로 나아가는 과정인지는 후대에서 평가해야 하겠지만, 현재 중국이 과거의 경험을 통해 현재를 진단하고 미래를 준비하고 있다 는 것은 부인할 수 없는 사실이다.

제6장
중국의 '13.5 규획'과 한국경제_우진훈

1) 5개년 계획 개요

1928년, 사회주의 국가로는 처음으로 구소련은 '국민경제 5개년 계획'을 실시했다. 소련의 성공 경험을 많은 국가가 채택하여 각자의 국정에 부합하는 5개년 계획을 추진하게 되었고, 중국 또한 이 제도를 받아들였다. 중국은 1953년부터 국민경제 발전을 위한 계획과 목표를 담은 5개년 계획을 추진했고, 건국 후 1949년부터 1952년까지의 '국민경제 회복기간'과 1963년부터 1965년까지의 '국민경제 조정 시기'를 제외하고 2015년 말까지 '12차 5개년 계획'을 완성했다. 11차 '5개년 규획(2006~2010)'부터 계획경제체제의 사고를 탈피하고 사회주의 시장경제체제에 부합하는 이념과 실천을 강조하기 위해 기존의 '5개년 계획(計劃)'을 '5개년 규획(規劃)'으로 용어를 수정했다.

차기 계획안의 편제작업은 약 1년 반 전에 시작되며, 통상 '사전조사 및 중점과제 보고', '기본 로드맵 확정', '중전회(중국공산당 중앙위원회 전체회의)에 건의안 제출 및 통과', '계획 요강 초안 제출', '논증(論症)', '초안 완성 및 국무원 보고', '계획안 양회(兩會, 전국정치협상회의, 전국인민대표대회) 송부 및 심의', '전인대 통과 후 시행'의 과정을 거친다. 중전회를 통과한 계획 요강 초안은 이듬해 양회가 개최되기 전 약 4개월 동안 국무원의 각 부서별 실무자들이 호텔에 합숙하면서 초안을 다듬고 구체화하면서 향후 5년 동안의 중화인민공화국 국민경제 사회발전을 위한 청사진을 완성한다. 이와 같은 노력과 절차를 통해 '13차 5개년 규획(2016~2020)'이 본격 가동을 시작했다.

2) '13.5 규획' 제정 배경

'13.5 규획'의 배경과 목표를 이해하려면 '12.5 규획(2011~2015)'의 성과와 함께 파생된 각종 문제점을 먼저 알아야 한다. 2008년 금융위기 이후 경제의 안정적 성장을 위해 실시한 대규모 부양책에 힘입어 '12.5 규획'이 정한 목표 달성은 이루었다. 동 기간 중 중국경제는 연평균 8% 성장을 지속하여 세계경제에 대한 기여도는 25% 이상이었다.

2014년 GDP는 10조 4,000억 달러를 달성하여 전 세계의 13.3%를 차지했고, 미국과 함께 GDP 10조 달러 국가로 우뚝 섰으며, 1인당 GDP는 7,924달러를 달성했다. 무엇보다 산업구조의 고도화가 진전되어 서비스업의 GDP 비중이 2013년 처음으로 제조업을 추월하여 2014년에는 48.2%에 이르렀고, 도시실업률과 물가는 각각 통제 목표인 5%, 3% 이하에 머물렀다. 동 기간 중 도농 주민의 1인당 가처분소득의 연평균 증가율은 9.5%로 성장률을 초과했고, 2014년 말 기준 도시화 비율은 54.8%로 최종소비의 성장에 대한 기여도는 60%에 달했다. 서민을 위한 보장형 주택 3,915만 채를 시공했고, 이 중 목표치의 55%인 2,000만 채를 공급했다. 동 기간 중에 초기 목표치의 3,600만 채 공급 달성을 이루지 못한 것은 지방정부의 부채가 급증하는 가운데 저가 주택 공급에 따른 토지 양도금 수익이 줄어들어 동 항목에 대한 지방정부의 목표 달성은 어려운 일이었다. 한편 2014년 R&D 투자의 GDP 비중은 2.1%로 세계 2위를 차지했고, 전국 고속철도의 총 연장은 1만 8,000킬로미터로 '4종 4횡'의 주 골격을 구축하여 물류 혁신에 따른 '고속철도 경제'라는 새로운 용어와 연구 분야가 생기기도 했다.

그러나 '12.5' 기간 중 추진된 대규모 부양책은 부동산 버블, 지방정부 부채, 그림자 금융, 빈부격차 심화, 환경파괴 등 많은 문제를 노정시켰다. 부동산시장 정체는 내수는 물론 전체 경제에 영향을 주었고, 국민경제 구조조정 시작과 함께 각종 건설 프로젝트, 중공업 생산설비 투자 억제와 지방정부의 재정악화는 소득증가에도 영향을 미치고 있다. 특히 부동산경기 정체는 금속, 채광, 건자재, 기계, 자동차, 가전 등의 업종에 직접적인 영향을 주고 있다. 좀비기업, 부동산회사, 지방정부 등 3개 분야의 상황이 막대한 대출수요를 필요로 하고 있으나 경제성장에 대한 생산 기여도가 확장되기 어렵고 성장에 실질적 공헌을 할 수 있는 민간경제는 금융서비스를 누리지 못해 그림자 높은 융자비용을 지불하는 금융 혹은 지하금융을 통해 자금 부족을 메우고 있는 실정이다. 이와 같은 상황은 어김없이 중국경제 비관론으로 이어졌다. 중국경제는 현재 인구보너스가 소진되고, 이전에 실시된 개혁조치의 효용이 떨어져 잠재성장률이 하락하는 시기이자 양적 성장에서 질적 성장으로의 전환을 위한 구조조정의 진통 시기이다. 여기에 2008년 금융위기 직후 실시된 대규모 경기부양 조치의 소화 시기가 중첩된 가운데 성장의 정체 상태에 빠져들면서 급성장 과정 속에 잠재되었던 경제사회 문제가 한꺼번에 드러나 중진국 함정에 직면하고 있는 복잡하고도 중요한 갈림길에 서 있다.

중국경제의 불확실성이 점증하는 가운데 중국의 부동산시장, 지방정부 채무, 그림자금융은 중국경제 비관론을 추론하는 주요 근거가 되고 있다. 부동산경기 침체는 관련 산업에 연쇄 반응을 일으키며 감속성장의 직접요인이 되고 있다. 지방정부 채무는 지속적으로 증가하여 2014년 말 기준 GDP의 76%까지 상승했다. 지방정부 부채 문제는 채무 및 자금사용 기한의 미스매치, 투자 수익의 불확실성에 따른 신용 리스크 발생, 부동산 경기 침체에 따른 재정수입 하락과 토지 양도금에 과도하게 의지하는 채무상환 구조 등이 그 원인이다. 그림자금융의 발생 원인은 정부가 금융시스템을 통제하는 가운데 실물경제에 대한 금융서비스가 턱없이 부족하기 때문이다. 중국의 대·중형 은행의 약 80%와 채권 및 주식시장은 국유 및 민간 대기업을 위한 것으로, 민간 중소금융기구는 금융시장 진입이 어렵고 발전이 늦어 중소기업의 자금조달이 힘들고 조달비용이 높은 것도 그림자금융이 확대될 수밖에 없는 이유 중의 하나다.

한편 2010년 이후 15~59세 노동연령인구가 감소하기 시작하면서 중국경제가 누려왔던 인구보너스가 사라지고 GDP의 잠재성장률도 떨어지기 시작했다. 그러나 제도개혁을 통한 개혁보너스로 잠재성장률을 끌어올리는 것과 인위적인 경기부양책으로 경제속도를 지키려는 것은 별개의 문제다. 수요자극 수단으로 잠재성장률을 초과하는 것은 이미 경쟁력을 상실한 기업이 정부 지원에 연명하는 좀비기업이 되고, 시장퇴출과 창조적 파괴 메커니즘의 작동을 막아 금융 리스크는 가중되고, 국유은행과 지방정부 채무를 통한 수요정책은 생산과잉에서 인프라 과잉을 낳고, 커진 유동성은 필연코 거품경제를 형성하게 된다. 실질성장률이 잠재성장능력을 초과하는 것은 위험한 것으로, 이를 통제하지 못하면 중국경제는 '일본의 잃어버린 20년' 같은 장기 불황을 겪을 수도 있다. 그러나 중국이 대규모 경기부양 정책을 추진하지 못하는 이유는 2008년 금융위기 이후 실시된 4조 RMB 규모의 경기부양정책이 다 소화되기도 전에 다시 인위적인 경기부양정책을 실시하면 국민경제 구조조정 기회는 사라지고 시장 메커니즘의 역할 발휘를 방해할 뿐이라고 판단하고 있다.

중국은 감속성장 시기에 시장 기능을 통해 과잉경제의 거품을 제거하고 혁신을 자극하여 경제구조가 고도화되는 시기를 준비하려 한다. 인위적 부양정책은 이와 같은 중요한 기회를 놓치는 것과 같으며, 통화팽창과 싼 자본의 범람은 소비자의 이익을 침해하고 소비능력을 떨어뜨리고, 또 다른 맹목적 투자와 투기를 불러와 빈부격차를 더욱 커지게 할 수 있다. 시장의 자원배분 기능을 무시하고 단기 성장과 일자리를 위한 정부의 인위적 시장개입은 마치 항생제를 계속 남용하여 병을 키우는 것과 같다. 과거에 실행했던 구조조정은 회복세를 전제로 하는 '주기성 하락' 국면에서 시행되었으나 지금의 상황은 회복세를 점치기 어렵고 조정의 진통이 크며 긴 '추세성 하락' 상태에서 진행되는 구조조정이다. 경제에 거품이 가득하여 재정금융의 잠재 리스크가 커지면서 금융위기가 발생할 가능성을 염두에 둔 구조조정이며 '중진국 함정'에 진입한 민감한 시기에 진행되는 것이어서 구조조정에 대한 사회의 민감도가 클 수밖에 없어 작은 정책의 실패가 사회 문제를 일으킬 수도 있다. 성장의 감속과 국민경제 운영효율의 하락, 거품경제, 여전한 투자의존, 혁신구동 부족, 과잉생산, 에너지환경 압력, 요소비용 상승, 도시화와 공업화의 부조화, 빈부격차 등의 문제가 산적한 가운데 중국이 '전환기 트랩(중등 소득 전환기 함정)'에 빠질 수도 있음을 인식하고 있다.

대외적으로는 글로벌 경제의 침체가 계속되고 금융시장의 불안과 석유가격의 변동과 함께 각국의 보호무역주의가 고개를 들면서 신흥경제국가의 압력과 리스크가 점증하는 가운데 새로운 과학기술 및 산업혁명의 기운이 조성되고 있다. 국내적으로는 아직 경제의 기초가 양호하며 잠재수요 공간 또한 거대하나 양적 성장에 따른 과잉경제, 금융불안, 빈부격차, 환경오염 문제는 더욱 돌출되어 경제사회 안정을 위한 국민경제의 구조조정이 절실한 시점이다. 위기와 기회를 함께 가지고 있는 중국경제는 중국 특색의 사회주의 정치경제학의 원칙을 바탕으로 사회주의 시장경제의 개혁 방향을 견지하며, '13.5 기간' 동안 반드시 시장의 자원배분 기능을 바탕으로 효율 제고를 핵심으로 하는 성장 방식으로 전환하고, 산업의 구조조정을 달성하여 '중진국 함정'을 뛰어넘어 새로운 성장 동력을 마련해야 한다.

'13.5 기간' 동안 안정된 중속성장을 바탕으로 경제성장의 패러다임을 전환하겠다는 중국의 '신창타이(新常态) 개념'에 담긴 두 가지 메시지는 낭분간 둔화된 성장세가 지속되어 각 경제주체들이 구조조정으로 어려움을 겪을 수도 있다는 것을 사전 고시하며 마음의 준비를 하라는 것, 전환기 성장통을 함께하며 개혁과 혁신을 통해 중진국 함정에서 벗어나 중장기 지속성장의 발판을 마련할 수 있다는 희망을 전하는 것이다. 큰 목표를 위해 작은 희생은 피할 수 없으나 그 대가를 상쇄하면서도 재도약을 위한 방안을 내놓을 수 있으므로 당중앙의 정책을 지지하고 믿어달라는 것이다. 중진국 함정에 의해 나타날 수 현상, 즉 성장정체 혹은 하락, 민주욕구 분출, 빈부격차, 부패다발, 공공서비스 부족, 취업난, 금융체계 허약, 신앙 결실, 사회불안 등의 요인들이 중국에서 더욱 선명하고 한꺼번에 노정될 가능성이 클 것임을 아는 당중앙의 의연한 결의를 보여주고자 하는 것이다. 공산당의 지속적 지지는 신창타이 기간 동안 어떻게 미래 발전을 위한 기반을 다져놓을 수 있을지 여부에 달려 있으며, 좀 더 가깝게는 시진핑 주석의 재임기간에 달려 있다고 해도 과언이 아닐 것이다.

이번 '13.5 규획'은 중국이 세운 '두 개의 100년 목표' 중 '첫 번째 100년' 목표를 달성하기 위한 여정의 시작이다. 중국은 2020년 공산당 창립 100주년까지 전면적으로 샤오캉 사회를 건설하고, 건국 100주년이 되는 해인 2048년까지 사회주의 현대화 국가 건설 완료를 염원하고 있다. '13.5'는 시진핑 주석 취임 후 처음 기획한 5개년 계획이자 상기 1차 100년 목표를 달성하기 위한 마지막 일전으로, 시진핑(習近平) 주석-리커창(李克强) 총리의 시리(習李) 조합의 역사적 사명이다. 이는 두 번째 100년 목표 달성을 위한 기반을 구축하는 일이자 '중국의 꿈' 실현을 위한 동력을 확보하는 것이다. 특히 시진핑 집정의 성공 여부를 가리는 핵심 정책으로, 국민과의 약속이자 공산당의 신뢰가 달린 문제이기도 하다. 매우 중요한 정치경제적 함의를 담고 있는 '13.5 규획'은 중국경제가 다시 한 번 재도약하느냐 아니면 좌초되느냐와 민족중흥의 기초를 다지느냐 아니면 혼란에 빠져들 수 있느냐를 가늠하는 중차대한 시점에 시작된 것이다.

3) 주요 내용 및 목표

2015년 10월, 중국공산당 제18기 제5차 중앙위원회 전체회의에서 통과된 「중공중앙 국민경제사회발전 제13차 5개년 규획에 관한 건의」는 금년 3월 전국인민대표대회에서 '13.5 규획(2016~2020)' 안이 표결을 통해 심의·확정되어 본격 시행에 들어갔다. 동 규획안은 경제사회 발전 중 견지해야 할 6대 원칙으로 인민의 주체적 지위, 과학발전, 심화개혁, 의법치국, 국내외 국면의 통합, 공산당의 리더십을 견지하는 것으로 정하고 전면적 '샤오캉(小康) 사회' 실현을 위해 향후 5년 동안 달성해야 할 7대 목표로 중고속 성장 유지, 혁신주도 발전방식으로 전환, 균형발전 강화, 민생수준 제고, 국민의 소양 함양 및 사회문명 수준 제고, 생태환경의 총체적 개선, 제도의 성숙화와 정형화를 설정했으며 이 목표를 실행하기 위해 혁신, 균형, 녹색, 개방, 공유라는 5대 발전 이념을 제시했다. 향후 5년 동안 수행할 주요 경제운영 내용과 목표는 다음과 같다.

(1) 성장 목표

'13.5 규획' 안은 국가전략의 로드맵으로, 경제사회 발전의 목표와 주요 임무 및 조치를 명확히 하여 각 시장주체의 행위를 이끌고 정부가 수행할 직책의 근거가 됨은 물론 국민의 공통된 바람이기도 하다. 13.5 규획의 마감 연도인 2020년에 '샤오캉 사회' 실현을 위해 동 기간 중 균형과 포용, 지속 가능 발전을 바탕으로 GDP와 도농 주민의 소득을 2010년의 두 배 달성을 목표로 하고 있다. 이를 위해 연평균 6.5~7% 성장률을 유지하고, 그 주요 실천 과제로 주요 경제지표의 균형 달성을 바탕으로 투자 및 기업의 효율을 제고하고, 제조업과 정보화를 결합한 융합발전을 추구하며, 농업현대화를 기반으로 첨단 선진 제조업 발전은 물론 신생 산업의 발전과 함께 서비스업의 비중을 확대해나갈 계획이다. 처음으로 경제성장률의 구간 목표를 정한 배경은 대외적으로 중국경제에 대한 경착륙과 위기설을 불식하고 대내적으로는 정책 시행 과정에서 예상 외로 경기가 둔화되고 실업, 물가 등 핵심 지표가 불안해지면 부양정책을 재추진할 수 있다는 측면에서 정부의 대응 여지를 확보해놓은 것이다. GDP라는 유일한 목표치 집착이 도리어 혼란과 낭비를 초래하여 정책 집행의 유연성을 해치고 지속발전을 방해한다고 판단한 것이다.

항목별 수치 목표로는 GDP 대비 서비스업의 비중을 2015년 50.5%에서 2020년에 56%로 확대하고, 1인당 노동생산성을 연평균 6.6% 이상 증가시켜 2015년 8만 7,000위안에서 2020년 12만 위안 이상으로 끌어올릴 전망이다. 상주인구 기준 도시화율을 2015년 56.1%에서 2020년 60%로, 호적인구 기준의 도시화율은 45%까지 제고할 계획이다. 경제적 목표 지표와는 별도로 국격과 국가 이미지 제고 차원에서 국민의 소양과 사회문명 수준도 끌어올릴 전망이다. 중국의 꿈[中國夢]과 사회주의 핵심 가치관을 심기 위해 애국주의, 공동체주의를 함양하고 신뢰사회를 건설하며 도덕관과 과학문화 및 건강 그리고 준법의식을 강화해나갈 것이다. 공공문화 서비스 체계를 구축하고 문화산업을 국민경제의 지주산업으로 삼아 중화문화의 영향력을 지속적으로 확대해나갈 계획이다.

(2) 혁신 주도형 발전

빈부격차와 생태환경 파괴를 대가로 치르는 양적 요소투입형 성장 방식에서 기술과 혁신을 통한 효율 지상의 발전 모델을 채택했다. 발전의 기초를 혁신에 두고 기술발전을 중심으로 인재를 육성하며 과학기술 혁신과 '대중 창업, 만인 혁신'을 유기적으로 결합하여 혁신의 구동을 통해 우세를 선점하는 주도적 발전을 추구할 계획이다. 기초연구 강화와 새로운 혁신 요소를 흡수하여 자주혁신 능력을 배양하여 지속 가능 발전을 위한 동력을 마련할 것이다. 과학기술의 접목으로 요소생산성을 제고하고 중점 영역의 핵심기술을 확보하여 자주혁신 역량의 전면적 강화를 통한 혁신형 국가의 기초를 다지고 이를 수행할 인재강국으로 변모하는 것이다. 인재를 발전의 제1차 자원으로 삼아 혁신인재 육성 계획, 청년 영재 배양 계획, 기업경영관리 인재 능력 제고 공정, 사회혁신과 창업을 선도하고 해외인재 수혈을 추진하는 '천인 계획' 및 '만인 계획' 공정, 산학연 협력으로 전문기술 인재와 지식에 대한 업데이터 공정, 1,000만 명의 기술 기능 보유자 육성 계획 등을 추진할 전망이다. 혁신에 의한 경제성장을 추동하기 위해 R&D 투자를 확대하고 핵심기술 확보와 인터넷경제 구현의 기반을 조성할 계획이다. GDP 대비 R&D 투자 비율을 2015년 2.1%에서 2020년에 2.5%까지 제고하고 인구 1만 명당 발명특허 건수를 6.3건에서 12건으로 확대하고 인터넷 보급률(이동 광대역)은 57%에서 85%까지 확충할 것이다.

과학기술 정책에서는 '과학기술혁신 2030 중대 과학기술 프로젝트'라는 명칭으로 국가 차원에서 중점 추진될 과학기술 지원분야가 제시되었다. 항공엔진, 인공지능 등 '6대 중점 과학기술 프로젝트'와 종묘산업, 빅데이터, 신소재 연구 및 응용 등 '9대 대형 프로젝트' 추진이 그것이다. 국민경제의 정보화 구축을 위해 역대 5개년 계획에서 처음으로 '인터넷 경제발전'이라는 표현을 명시하여 인터넷 기술을 활용한 신경제 발전을 강조했고 이를 위해 사물인터넷 응용 확대, 인터넷+행동 계획 수행, 빅데이터 응용, 국가정무 정보화, 네트워크 안정 등 인터넷 경제 정보화를 위한 8대 중점 프로젝트를 설정했다. 특히 국가 빅데이터 정책의 일환으로, 빅데이터를 기초 전략 자원으로 삼고 자원의 공유와 응용으로 산업의 구조조정과 사회관리 혁신에 활용할 계획이다. 빅데이터 수집, 보관, 검색과 공공안전 및 개인 사생활 보호 관련 소프트웨어 개발을 강화하고 빅데이터 산업이 공공서비스 및 생태체계에 대한 지원을 강화하도록 할 전망이다.

(3) 금융체제 개혁 가속

동 기간 동안 실물경제를 뒷받침하는 금융의 역할과 가격의 자원배분 기능을 더욱 확대하기 위한 금융개혁을 가속화할 계획이다. 중앙은행인 인민은행의 이자율 조정체계와 인민폐 환율 결정 메커니즘을 개선하고 금융 혜택을 누리는 범위를 확대함과 동시에 금융 리스크 예방을 위한 관리감독도 강화할 것이다. 금리자유화, 자본시장 개방, 인민폐 국제화 등 금융산업의 시장화 가속으로 국제 금융시장에서의 위상을 제고하고 인민폐의 국제 영향력을 강화해나갈 것이다. 2015년 예금 금리 상한선의 폐지로 예대 금리 상한선이 모두 폐지되어 금리 자유화의 초기 단계에 진입했고, 이를 바탕으로 '13.5 기간' 동안 금리자유화는 더욱 강화될 전망이다. 금융기구의 시장가격 결정 및 리스크 관리 능력 제고와 이자율 전달 메커니즘 구축으로 이자율 시장화는 점차 완성되어갈 것이다. 이를 바탕으로 금융산업의 혁신이 추동되어 자본시장의 다양성이 확대되고 이자 및 환율의 시장화 개혁의 가속과 함께 자본계정의 자유 태환 실현으로 인민폐의 자유로운 유통이 가능하게 될 것이다. 이는 정책 및 개발에 대한 금융 역할이 더욱 발휘되는 것을 의미한다. 특히 금융자원의 공평한 활용과 균형 발전 측면에서 동 기간 동안 서부지역, 빈곤계층, 영세기업은 물론 자금 동원 능력이 떨어지는 혁신창업 기업에 필요한 금융 지원을 확대할 것이다. 구체적으로는 민간은행 설립을 확대하고 영세금융, 인터넷금융, 녹색금융 등 신형 업태가 나타날 전망이다. 그러나 중국경제에서 금융분야는 아직까지 전면 개방이 안 된 취약한 부분이어서 리스크 통제는 계속할 것이다. 즉, 경제운영에 대한 상시 모니터링과 조기 경보 시스템을 개선하고 은행의 부실채권과 신용부도 위험을 감시하고 정부부채의 통합적 관리도 지속할 것이다.

(4) 주요 산업정책

동 기간 동안 산업의 구조조정을 통한 업그레이드를 추진함과 동시에 전략적 신흥산업을 집중 육성하고 서비스업의 발전을 통해 산업구조를 고도화할 계획이다. 우선 '중국 제조 2025' 정책은 탄탄한 산업기술을 바탕으로 생산의 스마트화·녹색화를 통해 과잉생산을 통제하면서 품질은 대폭 개선하고 자국 브랜드를 창출하여 시장에서 제 값을 받는 고부가가치 제품을 생산하고 나아가 시장을 선도하는 브랜드 제품을 런칭하여 기존의 제조 대국을 제조 강국으로 변모시키겠다는 전략이다. 구체적인 로드맵으로, 제조업과 산업기술 및 인터넷의 융합으로 오는 2025년까지 산업화 실현 당시의 독일, 일본 수준의 제조강국 대열에 진입하고 2035년에는 중국 제조업이 세계 강국 수준까지 도달한 후 신중국 설립 100주년인 2049년에는 세계 제조업 대국의 선두로 올라서겠다는 야심을 드러내고 있다. 이와 함께 '12.5' 기간 동안 추진했던 신에너지 자동차, IT, 생명과학 등 6대 산업 발전 정책을 이어받아 '13.5' 기간에는 첨단 반도체, 로봇, 차세대 항공설비, 스마트 의료, 친환경 에너지산업 등 12대 전략적 신흥산업을 추가로 지정하여 집중 육성할 계획이다.

한편 국민경제의 고도화·서비스화를 통한 내수창출은 물론 제조업 구조조정에 따른 대규모 실업자를 흡수하기 위해서라도 서비스업의 발전은 필수적이다. 과학기술의 발전과 함께 새로 나타나는 서비스 업태 및 비즈니스 모델은 '대중 창업, 만인 혁신'의 핵심으로 2015년 서비스 관련 신생 기업 수는 전체 등록 기업의 약 80%를 차지했다. 서비스업의 발전은 새로운 내수를 창출하는 동력이자 산업의 구조조정을 촉진하는 역할을 한다. 중국 정부는 현대 서비스산업 발전을 위해 생산성 서비스업과 생활형 서비스업의 전문화와 고품질화를 이룩하고 관광산업을 육성하며 전력, 통신, 철도, 항공 등 공공부문에 대한 개방을 가속하고 금융, 교육, 의료, 문화, 인터넷, 물류 등의 서비스업 영역에 대한 개방도 확대할 방침이다. 지난 10년간 중국은 국내 및 세계시장의 '의식주행(衣食住行)' 관련상품 공급을 맡으며 성장해왔으나 '과교문위(科敎文衛)', 즉 과학기술, 교육, 문화, 위생산업 분야가 구동하는 발전 모델을 추구해나갈 것이다. 중국은 현재 '제조 경제'에서 '서비스 경제'로 전환되고 있는 가운데 생산 제품의 부가가치 중에서 제조 단계의 비중은 갈수록 낮아지고 물류, 소매, R&D, 정보 서비스 등 전문화된 생산 서비스가 차지하는 비중은 날로 높아지고 있다. 생산 전과 과정 그리고 생산 후 등 전 단계에서 현대 서비스업이 개입되어 산업조직과 생산방식의 개조를 촉진하고 산업의 고도화가 제고되고 있다. 이는 최근 중국의 서비스무역 급증에서도 증명되고 있는데, 글로벌 경제 침체와 국내경제의 하방압력이 높아지는 가운데서도 2015년 서비스무역량은 7,130억 달러를 실현했고 이 중 수출이 2,881억 9,000만 달러, 수입은 4,248억 1,000만 달러를 달성하여 각각 전년 대비 9.2%, 18.6% 증가했다. 서비스업의 발전이 중국 무역구조를 고도화하고 산업 구조조정을 촉진하는 신동력이 되고 있다.

(5) 지역균형발전 전략

신형 도시와 신 농촌 건설을 유기적으로 결합하여 공공자원을 도농 간에 균등하게 배분하고 농촌 지역의 광활한 발전 공간을 개척하여 도시와 농촌에 함께 발전하는 국면을 조성해나갈 것이다. 동 기간 중 지역균형

발전을 위한 핵심 정책은 도시화 건설이다. 중국 정부의 '국가 신형 도시화 계획(2014~2020)'을 통해 기초시설에 대한 뼈대가 완성된 후 전국에서 통일 적용되는 의무교육, 의료보험, 실업보험, 취업보조, 최저임금, 양로보험, 주택기금 등에 관한 사회보장체계가 갖추어지는 2030년경에 중국의 도시화율은 약 70%에 이를 전망이다. 이는 사회현대화의 세 가지 축인 공업화, 도시화, 정보화 사회가 구축되는 것을 의미하며 지역 격차가 해소되고 내수기반이 구축되어 조화로운 발전과 지속 발전을 위한 기초가 마련된다. 중국의 도시화는 100년의 장기 로드맵을 통해 인도, 브라질 등 대다수 개발도상국과는 달리 도시의 빈민굴이 형성되지 않고 추진되고 있다. 단, 지방정부 관료의 정치업적을 위해 투자규모, 융자채널, 개발시기, 사회시설 등을 충분히 고려하지 않아 개발 중에 유령도시가 될 가능성이 크므로 중앙정부의 기획과 관리감독이 필요하다. 또 다른 전략적 의의는 건국과 발전의 가장 큰 공로자임에도 계급지위가 지속 하락해온 농촌 호구를 가진 9억의 농민을 위해 농촌의 도시화를 가속하고 도시 호구가 없어 불평등 대우를 받으며 도시의 사회보장제도의 혜택을 누리지 못하는 2억 4,000만 명의 도시 거주 농민공 및 식솔들을 도시민으로 흡수하는 것은 미래 가장 큰 사회위기 요인을 사전에 해소하여 지속발전을 위한 또 다른 기초를 다지는 것이다. 공산당은 경제발전과 도시복지를 위해 더 이상 농민의 희생만을 강요할 수 없으며, 이에 도시화 전략은 경제발전은 물론 사회안정에도 매우 중요하다. 공산당 입장에서 도시화 촉진은 농민의 계급지위 향상과 소득 확대를 통해 일종의 빚을 갚는 것이자 위상을 재정립하는 조치이기도 하다.

현재 중국의 도시화율은 56%로 세계 평균치(54%)보다는 조금 높지만 한국(82%), 일본(93%)보다는 많이 낮은 편이다. 지역 간 균형발전과 도농 일체화, 그리고 삼농(농촌, 농민, 농업) 및 농촌지역 빈곤 문제 해결을 위해 전국적으로 도시화를 촉진하되 기존의 정치업적을 바탕으로 한 계획적 투입방식으로 건설하는 것이 아니라 녹색도시의 기반 시설과 호적제도 개혁, 주택공급 및 생활 인프라 구축, 지역 간 균형발전을 추구하는 거주민과 자연이 함께 어우러지는 도시 건설을 목표로 하고 있다. 이를 통해 농촌 인구를 도시로 편입시켜 도시 정착을 장려하고 기존 낙후된 도시 지역 내의 슬럼가와 농촌을 개조함은 물론 신도시의 발전이 주변 농촌으로 확산되는 효과를 기대할 수 있다. 도시화 건설 전략은 향후 삼농(三農) 문제와 농촌지역 절대 빈곤층 구제는 물론 내수창출에 결정적 역할을 할 것이다. 한편 베이징 수도권의 '경진기(京津冀)', 상하이를 중심으로 한 '장강(長江) 삼각주', 광동성의 광저우(廣州)를 중심을 한 '주강(珠江) 삼각주' 등 3대 특대도시권을 비롯해 지역 거점 도시를 중심으로 한 권역별 발전전략을 구체화할 계획이다. 특히 베이징, 텐진 그리고 두 특대도시를 감싸고 있는 허베이성 등 3개 지역의 공동발전 전략인 '경진기 개발'은 수도인 베이징의 안전을 바탕으로 대도시 건설, 균형발전을 위한 인구분산과 빈곤 지역의 생활 개선을 위한 프로젝트로 중앙정부의 관심 속에 '2022년 베이징 동계올림픽' 개최와 맞물려 주목받고 있다. '장강 경제벨트 구축'은 장강을 따라 동서로 이어지는 중국의 최대 경제권으로 전체 인구와 GDP의 40% 이상을 차지하고 있는 지역으로, 인접하고 있는 11개 성·시의 물류, 운송을 통합하여 지역경제 활성화를 도모하고 관광산업을 발전시켜 지역 간 격차 해소를 목표로 하는 대형 프로젝트다. 이 밖에 전 국토를 크게 동부, 중부, 서부, 동북 등 4개 지역으로 나누고 동부의 혁신발전, 중부의 중부 굴기 10년 계획, 서부의 내륙개방형 경제발전, 동북의 노후공업기지 진흥전략을 수립하고 지역의 특색을 살린 국토의 균형발전 전략을 채택했다. 지역 간 교통망 연결을 위해 동 기간 중 고속철도는 운영 거리가 3만 킬로미터에 이르러 전국 80% 이상의 대도시를 거치고, 여기에 새로 건설되는 고속도로 포함 3만 킬로미터로 늘어나는 고속도로 총연장과 도시와 농촌을 아우르는 인터넷은 경제발전을 위한 대형 온라인-오프라인 네트워크를 구축할 것이다.

(6) 자원 활용도 제고와 환경보호

환경의 질을 개선하는 것을 핵심 목표로, 생태환경에서 발생하는 문제 해결을 중점 정책으로 하여 환경보호와 자원이용 효율을 제고하여 주민에게 양호한 생태 환경 및 제품을 공급해나갈 계획이다. 자원의 절약과 재활용을 위한 관련 기술 개발과 의식 전환을 제고하고 환경 보호 정책을 강화하여 사회안정을 물론 지속발전을 위한 기초를 다질 것이다. 사회적 역량을 동원하여 생태문명을 건설하고 1차 에너지 사용 구조를 혁신하겠다는 것이 골자다. 5개년 계획으로는 처음으로 녹색환경 구축을 핵심 목표로 제시하고 저탄소 순환발전의 개념에 따라 풍력, 태양광, 바이오 등 신 에너지 산업 육성과 에너지 절약을 집중 추진할 전망이다. 에너지, 물, 토지 등 3대 핵심 자원에 대한 보호와 절약은 물론 대기 및 수질 관리와 함께 환경오염 물질 배출 기준을 강화하고 환경보호세 등을 통해 환경오염 유발업체를 퇴출해나갈 것이다. 특히 에너지 빈곤국가인 중국의 에너지 안전 정책은 지속발전은 물론 정치사회 안정을 위해서라도 매우 중요하다. 2015년 중국의 석유수입량은 3억 2,800만 톤으로 대외의존도가 60.6%에 이르렀다. 철광석 수입량은 8억 6,900만 톤으로 해상으로 운반되는 전 세계 철광석의 2/3를 구매했고 상하이의 동(銅) 재고량은 전 세계 재고량의 3/4를 차지하고 있다.

한편 '에너지 안전'의 평가 기준에는 국가의 자급 및 비축능력 외에 적정 소비자 가격, 에너지 생산 및 소비에 대한 환경 지탱 능력이 포함된다. 세계에너지이사회(World Energy Council)에 따르면 중국은 에너지 수급 부문에서 129개국 중 19위로 비교적 양호한 상태이나 소득 대비 가격과 환경에 미치는 영향 부문에서는 각각 82위, 127위로 에너지안전지수는 74위에 랭크되었다. 이는 중국의 경제사회 발전의 전체 측면에서 볼 때 통상적인 에너지 안전 기준이 지속발전 전략과 맞지 않음을 보여주고 있다. 친환경 발전 전략으로 녹색산업을 활성화하여 에너지 사용 효율을 제고하고, 특히 신 에너지 사용 자동차산업을 육성하고 보급하여 대기의 질을 개선해나갈 전망이다. 이를 통해 향후 5년 동안 GDP 대비 에너지 소비와 용수량을 각각 15%, 23% 줄이고 GDP 단위당 이산화탄소 배출량을 18% 감축할 계획이다. 국가기준치를 초과한 도시의 미세먼지 농도를 18% 줄여 1년 중 대기가 양호한 일수를 2015년의 76일에서 2020년에 80일까지 늘릴 것이다. 3급수 이상의 수질 비율을 66%에서 70% 이상으로 늘리고 비화석 에너지 비중을 12%에서 15%까지 확대할 것이다.

(7) 대외개방전략의 재배치

동 기간 동안 경제 개방도 제고와 신성장 동력 확보를 위해 외자유치를 확대하고 첨단기술, 에너지 관련 해외기업에 대한 M&A도 강화할 계획이다. 대외개방 및 협력 강화와 자체 생산능력 강화를 위해 상하이, 톈진 등 자유무역 시범지구를 확대하고 중서부 지역과 서비스업에 대한 외국인 투자우대 정책과 투자규제를 완화하고 외국인 투자 네거티브 리스트 관리방식 개혁으로 외자를 적극 유치할 것이다. 다자간 무역협정을 적극 추진하고 다자무역기구 내에서의 주도적 역할도 기대하고 있다. 특히 중국 국력을 이용한 글로벌 국제사업이자 국내와 해외를 연결하고 아우르는 지역발전전략의 핵심인 '일대일로(一帶一路)' 정책을 적극 추진할 계획이다. 구조조정에 따른 성장의 정체기를 겪고 있는 가운데 시작된 일대일로 정책은 과거 개혁개방, WTO 가입에 이은 제3라운드 개혁개방 전략이다. 내부적으로는 전환기 경제에 따른 내재적 요구로 새로운 시장공간 창출이 필요한 가운데 인프라 수출을 통한 과잉경제를 해소하고, 외환보유고의 활용과 안정적 투자 기회 발굴을 통한 인민폐 국제화 강화와 에너지 확보를 확대함과 동시에 일대일로 연결 선상 지역인 서부개발과 빈곤해소를 추구한다. 대외적으로는 연선 국가의 인프라 건설을 통해 거점 국가의 클러스터를 구축하고, 지역의 특화 산업을 위주로 경제회랑을 건설한 후 이를 FTA로 엮어 아시아와 유럽 간의 대시장을 구축하고, 독일 등 유럽국가의 일대일로 참여 유도와 시장을 제공함과 동시에 제조업 강국과의 협업을 통해 중국 제조업의 고도화를 모색하는 것이 주된 목표다. 물론 세계은행, 아시아개발은행이 소화하지 못하는 소외 낙후지역 개발에 중점을 두고 신흥국 및 개도국 투자를 담당하여 지지세력과 국가 연성파워(soft power)를 확대한다는 정치적 함의도 있지만, 글로벌 협력을 통한 생산능력 및 시장확대를 통해 협력공영을 추구하고 자본수출을 통한 산업을 태동시키는 것이 주 목적인바, 시진핑 주석이 주목하는 일대일로 전략은 '13.5 규획'의 가장 중요한 정책 중의 하나로 추진될 전망이다.

(8) 민생 수준 제고

모든 주민이 참여하고 공유하고자 하는 요구에 따라 최소한의 보장 수준을 바탕으로 공평한 기회를 향유하는 기초 민생을 보장하고 주민의 생활 수준을 제고하여 전체 국민이 샤오캉 사회로 진입하는 것을 실현할 계획이다. 도농 주민의 생활 수준 제고를 위해 공공재 공급을 대폭 확대하고 안정적 일자리 창출로 민생 안정을 보장함과 동시에 절대 빈곤층 구제로 빈부격차를 줄일 전망이다. 취업, 교육, 문화, 사회보장, 의료, 주택 등 공공서비스를 완비하고 특히 교육의 현대화와 생산가능인구에 대한 교육 연한을 확대하며 충분한 일자리 공급으로 소득격차를 줄여 중산층을 확대하고 일부 농촌 지역의 절대 빈곤층을 구제할 것이다. 세부 목표로, 향후 5년 동안 도시지역 신규 취업자 5,000만 명을 달성하고 도시민의 1인당 가처분소득 증가율을 6.5% 이상으로 유지하고 약 2,000만 채의 도시 판자촌 개조를 추진할 계획이다. 기초양로보험 가입률을 2015년의 82%에서 2020년에 90%까지 제고하고 농촌 절대빈곤인구의 약 5,600만 명을 구제할 것이다. 의무교육, 의료위생, 공공문화, 장애인 재활, 사회복지 등 공공서비스 시설을 확충하여 주민의 삶의 질을 개선하고 인구구조의 균형적 발전과 미래 성장 잠재력 확보를 위해 전면적 두 자녀 정책을 시행할 예정이다.

4) 평가 및 전망

중국경제의 성장세 하락과 경기침체에 따른 경착륙 논리는 최근 부동산버블, 지방부채, 그림자금융을 주 근거로 삼는 '중국 금융경제 위기론'까지 이어지고 있다. 위기론은 중국경제가 순환성 침체기에 접어들면 어김없이 나타났고, 여기에 국내외 정세 불안요인까지 위기론을 논증하는 근거로 이용되었다. 세계경제에 미치는 중국경제의 위상이 커진 가운데 2010년 이후 계속된 중국경제의 성장세 둔화는 새 버전의 위기론을 양산하며 더욱 민감하게 반응하고 있다. 세계경제에 대한 중국의 비중이 커지면서 모든 문제는 중국에 귀결되고 있다. 고성장 시기는 자원의 블랙홀, 국제 원자재 가격 상승, 인플레 수출국, 환경오염의 주범 등으로 비판하고 최근 감속성장 현상에 대해서는 글로벌 경제 회복을 방해하여 실업률을 끌어올리고 원자재 가격 폭락, 글로벌 증시 변동성 확대의 주요 원인 등으로 비판하고 있다. 그러나 이와 같은 근심과 질투심리가 혼재된 위기론 속에 중국경제는 지난 36년간 연평균 10% 이상의 고속성장을 통해 정치사회의 안정을 다졌고, 현재는 경제의 3중고와 구조조정의 성장통을 겪으며 장기성장의 기초를 다지기 위한 호흡을 고르고 있다. 성장세를 유지하면서 재도약을 위한 동력을 마련하는 내공을 쌓고 있는 중이지 침체된 경제를 회복하려는 것이 아니다. 2010년부터 성장세가 둔화되고 있음에도 여전히 세계 최고의 성장률을 기록하고 있다.

현재 중국경제의 수급 측면의 문제와 공급 측 개혁에 대한 의미를 이해하면 중국경제의 전체 구조와 향후 발전방향을 읽을 수 있다. 지금까지 투자, 수출 등 수요 요인만 중시해왔고 노동력, 자본, 효율 등 공급 요인은 소홀히 다루어져왔다. "많은 것이 부족하지만 사람은 부족하지 않다"는 것은 사실이었고, 저렴한 생산요소 가격을 통한 양적 급성장으로 생산 효율에는 관심을 갖지 않았다. 수요 요인만 해결하면 전체 경제 문제를 모두 해결할 수 있을 것 같았으나 지금은 수요 측 문제 해결뿐만 아니라 공급 요인에 의한 문제까지 노정되고 있다. 중국경제의 민낯이 드러난 것이다. 노동집약산업의 비교우위가 점차 사라지고 기술·자본집약산업의 비교우위는 자리 잡지 못한 가운데 중국경제는 '비교우위의 진공' 상태에 직면하고 있다. 또한 개혁개방을 통해 글로벌 경제에 편입되면서 고성장의 기회를 누려왔으나 개혁개방의 어려움은 더욱 커지고 그 효과를 창출할 공간은 줄어들고 있다. 인구보너스 소실에 따른 중진국 함정에서 벗어나기 위해서는 생산요소 투입과 농업에 의지하는 것에서 비농업 분야로 자원을 재배치하여 노동생산성을 제고해야 한다. 이 같은 전환이 이루어진다면 장기 성장은 혁신을 바탕으로 지속될 수 있을 것이다. 낙후 기업을 보호하여 좀비기업이 양산되는 것을 방지하고 창조적 파괴와 경쟁시스템을 통해 이들 기업을 퇴출시켜야 하며 교육과 훈련을 통해 인력자본을 축적해나가야 할 것이다. 비교우위의 변화에 따라 성장에 대한 수출 공헌도가 WTO 가입 후 10여 년간 지속된 수준을 재현하기는 불가능하며 투자에 의지하는 것은 경제의 불균형을 가속시키는 것이다. 미래 잠재성장률 제고를 위한 지금의 개혁은 장기 전략이라 정책 집행자는 이에 인내심을 갖지 못해 실질성장률에 다시 집착하게 되는데, 이는 결국 장기성장의 지속성을 방해할 뿐이다. 이를 잘 알고 있는 중국 정부는 '13.5' 기간 동안 개혁을 가속할 것이며, 이를 위해 중국 정부는 인내심을 가지고 제도건설에 매진할 것이다.

　이와 같은 위기 인식을 바탕으로 중국은 향후 과학기술 혁신을 바탕으로 공급과잉을 해소하고 생산성을 제고하는 공급 측 개혁 추진과 3대 수요의 고도화로 새로운 동력을 찾아갈 것이다. '공급 측 개혁'은 향후 경제개혁의 주력으로 과거 성장을 이끌었던 수요 측 관리 방식을 통한 양적 성장 지상주의와 중복 투자로 인한 과잉생산, 부채, 재고를 줄이고 기업의 효율 경영으로 금융위기 리스크를 예방과 생산력 조정 및 고도화로 유효공급을 확대하고 유효수요를 만족시키자는 경제관리 사고의 전환이다. 그러나 공급 측 개혁은 필연코 대규모 실직과 연결될 수밖에 없으며 현재 과잉 상태가 심한 석탄, 철강 업종에서만 약 180만 명의 근로자의 실직에 직면하고 있어 향후 인력 재배치와 재교육 문제는 또 다른 과제가 되고 있어 정책 당국의 고민은 깊어질 것이다.

　인구보너스가 소멸되고 각종 개혁의 추진으로 성장률 하락이 불가피할 수도 있으나 산업의 구조조정과 신동력 산업의 발전, 도시화 건설 진척과 인구정책 전환, 서비스업의 발전 등으로 중국경제의 급격한 둔화는 없을 것이다. 혁신과 개혁의 조화가 이루어지고 제도의 정형화로 신발전 모델이 구축되면 2020년 중국의 1인당 GNI는 1만 2,800달러로 중소득 국가에 진입하고 동 기간 중 소비 중심의 성장 구조로의 전환이 가능할 것이다. 중국은 전체 산업사슬 구조와 풀셋(full-set) 생산구조를 보유하고 있는데다 거대한 내수가 있어 기술혁신이 뒷받침된다면 새로운 성장 동력을 창출하기가 비교적 용이하다. 도시화 건설 가속과 지역 간 통합 정책으로 인프라 투자는 여전히 성장의 주력군이 될 것이며 산업의 구조조정과 전략 산업 육성으로 새로운 성장 동력이 마련되고 소득수준 향상과 소비의 고도화에 따른 서비스업의 발전은 경제의 안정적 성장을 이끌 것이다. 2015년 중국의 1인당 GDP는 7,847달러로 통상 이 시기에 도달하는 국가는 주택, 의료, 교육, 생태 등 다방면에서 유효공급 부족상태가 온다. 향후 중국경제는 도시화, 산업 고도화, 기초시설의 업그레이드, 서비스업의 개방과 혁신, 농업 현대화, 환경보호 산업의 발전 등 발전 공간이 거대하며 이와 같은 잠재 공간을 새로운 발전 동력으로 구동하기 위해서는 고수준의 제도공급도 필요하다. 즉 비합리적으로 축적된 개인 혹은 집단의 자산에 대해서는 소득분배 조절 차원에서 상속세, 부동산세를 추징하고 기업의 우리사주제도 도입을 추진하여 자산점유균등화를 추구해야 한다.

최저임금제, 노조설비, 단체임금협상 등 노동시장제도 건설을 가속하고 이익집단의 분배 정책에 대한 간섭을 차단하고 인력자본 축적을 위해 지역 간, 도농 간, 서로 다른 이익집단 사이에 존재하는 교육기회의 불평등 문제를 해소하고 정부의 기초공공서비스에 대한 재분배의 균등화를 실시할 필요가 있다. 물론 케이크의 분배효과는 케이크의 크기에 달려 있는 바 경제성장의 일정한 속도는 중요한 목표다. 명확한 정책으로 노동취업, 합리적 소비, 저축 및 투자의 적극성이 상실되지 않도록 주의해야 할 것이다. 개혁을 통해 시장의 자원배분 기능을 강화를 위한 제도 건설에 매진하여 비공유제 경제와 중소기업이 공정경쟁 환경 속에서 성장하고 적자생존 메커니즘을 통한 산업 간, 산업 내, 기업 내부에서 총요소생산성이 제고되면 즉시 개혁보너스를 얻게 되고 이는 또 다른 개혁 동력이 될 것이다. 힘든 과정을 무난하게 넘겨 제도혁신의 상시화가 달성되면 중국경제는 장기적인 개혁보너스를 향유하게 되어 지속성장의 원천을 보유하게 됨으로써 중진국 함정을 뛰어넘을 수 있을 것이다.

동 기간 중 중국경제는 제조경제에서 서비스경제로의 전환을 통해 국민경제 구조조정에 매진할 것이다. 자체 투자 및 외부 수요에 대한 의존을 줄이고 내수확대를 통한 독립적 발전을 추구하고 산업의 가치사슬의 구조 속에서 요소배치 방식의 혁신을 통해 새로운 발전 공간을 창출해나갈 것이다. 현재 미국의 총요소생산성 대비 일본은 미국의 71%, 한국은 69% 정도이며 중국은 41%에 불과하다. 혁신은 그 자체로 새로 증가되는 변량이 아니라 가치사슬 구조 속에 있는 각종 요소 배치 방식의 혁신을 통해 새로운 발전 공간을 창출하는 것이다. 혁신이 모두 작업 공정을 관통한다면 혁신으로 구동되는 국가사회를 구축할 수 있다는 것이다. 또한 전민 사회보장보험 가입과 전국 통일관리를 통해 노동력의 자유이동을 보장하고 공평하고 지속 가능한 사회보장체계를 구축하며, 대외적으로는 양자 및 다자 FTA와 역내포괄적경제동반자협정(RCEP)을 추진하여 글로벌 경제시스템 구축에 대한 발언권을 강화하고 개방으로 개혁을 추동하고 개혁으로 개방을 재확대하는 정책을 추진해나갈 전망이다. 특히 일대일로와 아시아인프라투자은행(AIIB)과 FTA 체결을 통한 국제산업 협력이 확대되면서 인민폐의 국제화가 진전되고 국제금융시장에 대한 지위와 영향력이 더욱 확대될 것이다.

5) 한국경제에 대한 시사점

중국의 경기 둔화가 세계경제의 위협 요인으로 떠오른 상황에서 중국 정부의 공식적인 '감속(減速) 선언'은 한국을 비롯한 세계경제에 적지 않은 영향을 미칠 전망이다. 국제통화기금(IMF)은 중국 성장률이 연간 1%포인트 떨어지면 아시아 국가 GDP가 0.8%포인트 감소하는 충격을 받을 수 있다고 분석했다. 중국이 '13.5' 기간 동안 설정한 성장 목표치인 6.5% 이상도 구조조정이 늦어지고 글로벌 경제환경도 나아지지 않으면 장담하기 어려울 것이다. 연구에 의하면 대중 수출이 한국 수출의 25%를 차지하는 가운데 대중 수출이 10%만 줄어도 전체 수출이 2.5% 감소하며, 중국의 GDP가 1% 감소하면 한국의 GDP는 0.21% 떨어진다. 중국이 철강, 에너지, 부동산, 건설 등 공급과잉 상태인 산업 분야에 대한 경제구조 개혁과 산업의 구조조정이 가속되면 한국의 대중 수출은 감소될 수밖에 없다. 한국의 중국 수출액은 전체 GDP의 10.3%에 달한다. 여기에 중국 실물경제의 침체와 금융시장 불안정에 따른 위안화 평가절하는 한국 수출에 큰 타격을 줄 수 있으며 중국 경기침체에 따른 수입 수요감소와 양국 간 수출경합도 상승도 한국경제에 큰 부담이 될 것이다.

글로벌 경기 침체 지속과 중국의 공급 측 개혁 및 구조조정으로 당분간 한국의 대중 수출은 감소할 것이다. 가공무역의 대중 수출 구조로 세계 및 중국경제 변화에 따라갈 수밖에 없으며 소비재 수출 부진은 중국 내수시장 접근과 진출에 한계점을 노정하고 있다. 중국의 수입대체 정책과 중국 기업의 약진도 향후 대중 수출 감소의 근거가 되고 있으며, 중국 경기 불황과 함께 임금상승과 경쟁이 격화되면서 한국 기업의 공장이 동남아로 이동 중이어서 대중 투자도 당분간 감소세를 유지할 것이다. 비록 제도적 환경은 개선되고 있으나 중국의 기술추격에다 대부분의 신흥산업 분야가 중복되어 향후 중국 내 시장은 물론 국제시장에서도 양국 기업 간의 경쟁이 심화될 전망이다.

수교 후 한국 기업은 싼 임금을 찾아 중국에 진출했고 이어진 중국경제의 급성장으로 원부자재, 중간재를 수출하며 호황을 누려왔으나 최근 중국의 성장이 하락하고 강도 높은 국민경제의 구조조정이 시작되면서 좋은 시절이 끝나가고 있다. 비록 한중 FTA가 발효되어 양국의 경제총량 규모로 12조 달러의 거대 시장이 열리게 되었지만 중국시장을 선도할 제품이 없고 산업 업그레이드가 이루어지지 않는다면 별 효과가 없을 수 있다. FTA로 인한 관세 철폐가 중요한 것이 아니라 중국 산업의 구조조정과 기술혁신, 그리고 수입대체 정책으로 생산성과 품질, 자급률을 높이고 있는 가운데 한국도 반드시 기술개발과 산업 업그레이드를 달성해야 한다. 제품별 관세가 완전 철폐되기 전까지 중국 산업의 업그레이드를 준비한 수출제품의 고도화를 이루지 못하면 FTA 효과가 사라질 뿐만 아니라 도

리어 한국시장을 중국 기업에게 내줄 수도 있다. 한국이 산업의 업그레이드에 실패하고 내수는 포화 상태인 가운데 중국의 구조조정이 성공적으로 연착한다면 과거 싼 임금을 찾아 한국 기업이 몰려가 '1차 산업의 공동화'가 발생했듯이 한국 기업은 새로운 기업 환경과 시장을 찾아 다시 몰려가 '2차 산업 공동화'가 생길 수도 있다. 문제는 2차 진출기업은 경쟁력을 갖춘 글로벌 대기업이 될 가능성이 크며, 국내경제는 서비스업과 유통업에게만 의지하게 되어 경제구조는 허약해질 것이다. 여기에 기술개발에서도 중국 기업에 따라 잡힌다면 한국 기업은 하도급 업체로 전락할 수도 있다. 지금부터라도 기술개발에 매진하고 중국 소비자와 직접 소통하는 전략을 준비해야 한다. 차별화된 최종 소비재 수출을 확대하고 중국시장을 충분히 활용하여 현지 소비자들과 직접 호흡하는 고부가 서비스산업을 집중 육성하고 진출해야 한다.

'13.5' 기간 동안 중국경제는 중속 성장의 어려움을 감내하며 산업의 구조조정과 고도화로 새로운 성장 모델과 동력을 창출하고 이를 통해 무역대국에서 무역강국으로, 세계의 공장에서 세계의 시장으로 전환할 가능성이 높다. 중국 제조업은 모조(模造)·위조(僞造)·제조(製造) 수준에서 창조(創造) 단계로 넘어가고 있다. 여기에 기술혁신, 인재역량, 시장팽창 등 3대 젖줄이 제공되면서 중국의 제조업은 점차 세계 제조업 발전을 이끄는 엔진이 될 수도 있다. 전환기 경제체제인 중국의 구조조정은 어려움이 닥쳐 마지못해 추진하는 것이 아니라 정책 예측, 정부의 집행력, 사회의 응집력, 기업의 혁신력을 바탕으로 일정 성장세를 유지하면서 여유를 가지고 추진하는 것이어서 성공 가능성 크다. 한국의 기술 혁신이 이루어지고 중국의 산업 정책이 성공한다면 제2 라운드 '중국 특수'도 가능한 바, 결국 한국 기업과 정부의 노력이 관건이다. 한국 기업의 대중 공급능력 유지를 위해 부단한 기술개발로 수출제품의 고도화를 이루어야 하며 기술 개발이 늦어지면 대중 수출은 물론 현지 진출 기업의 경쟁력, 제3국 시장에서의 경쟁에서 어려움에 봉착할 수 있다. 중국의 혁신 정책, 개방 확대는 한국 기업에 위협과 기회 요소가 동시에 작용하므로 기술적 우위만 있다면 투자 및 협력 기회는 여전히 광활하며 특히 서비스업 발전에 따른 교육, 의료, 문화, 관광 등 각종 새로운 소비시장 창출이 예상되는 바 시장 선점 사고가 절실하다. 무엇보다 중국 내수용 소비재 수출을 확대해야 하고 FTA의 투자·서비스 분야에 대한 추가 협상과 마무리로 서비스업 진출 기반 확대할 필요가 있다. 통신, 전자상거래, 물류 부문을 중서부 지역까지 확대하고 자금, 기술, 통합 능력 등에 관한 비교우위를 발휘하여 중국의 유통기업과 전자상거래 업체와의 협력 강화로 소비시장 접근성을 확대하여 소비재 수출을 더욱 촉진해야 한다.

한편 동 기간 동안 진행되는 일대일로, 제조 2025, 도시화, 농업현대화, 인구정책, 환경 및 서비스 산업 육성 등 핵심 프로젝트를 면밀히 검토하여 새로운 시장진입 기회를 포착해야 한다. 특히 국내외를 아우르는 '13.5'의 핵심 전략인 일대일로 사업에 한국 기업은 적극 참여하여 전환기 중국경제 흐름에 편승하고 국제 인프라 시장에 참여할 수 있는 기회를 잡아야 할 것이다. 일대일로를 통한 개발도상국 인프라 건설 및 생산 능력 확충으로 양자 및 삼자 협력을 기대할 수 있으며 일대일로 건설 사업과 지역시장 정보 및 리스크 관리에 대한 자문을 제공할 수도 있다. 정치경제학적으로 동북아지역 일대일로 벨트 연결과 완성을 위한 거점 국가를 자임하고 중한북러 경제회랑 사업의 주도로 안정과 이익을 도모할 필요가 있다. 북핵 해결의 진전 상황에 따라 거점 지역 혹은 지선으로 연결한 지역을 선정하여 중국과의 협의하에 제2의 개성공단 설치도 고려할 가치가 있고, 북한 인프라 건설 시장과 자원개발에 중국과 공동 진출을 모색할 필요도 있다.

중국 정부가 이번 '13.5 규획'을 통해 문제를 근본적으로 해결하려는 의지와 준비하는 정책들을 면밀히 관찰하고 일시적 경기 침체 상황에 집착하기보다는 오히려 작금의 정책에 대한 장기효과를 예측하고 준비하는 것이 현명한 일이다. 연구에 따르면 개혁을 통해 국유기업과 민간자본의 이익률 수준을 비슷하게 가져갈 수만 있어도 GDP는 별도로 2% 더 올릴 수도 있다. 이것이 바로 개혁 보너스이며 여기에 개혁을 통한 이익의 일부를 사회보장체계 구축에 투입한다면 개혁은 사후 걱정거리를 한결 덜게 되어 더욱 탄력을 받을 것이다. 동 기간은 전환기 중국경제의 변화 흐름에 올라타고 시장에 침투할 수 있는 좋은 기회가 될 수 있다. 투입성 비교우위 분야 강화와 규제 개혁으로 생산성을 제고하고, 한중 FTA 효과는 명암이 상존하는 바 산업의 업그레이드 및 기술혁신에 사력을 다해야 한다. 구조개혁으로 잠재성장률을 높이고 미래 성장산업 발굴과 공격적 중국 내수시장에 진출함과 동시에 한편으로 중국발 리스크와 중국 의존 가중에 대비한 국가와 기업의 전략적 사고도 절실한 시점이다.

【참고문헌】

『中华人民共和国国民经济和社会发展第十三个五年规划纲要』. 新华社. 2016.3.17.
吴敬琏·历以宁·林毅夫 等.『小趋势2015-读懂新常态』. 中信出版社. 2015.
中国经济改革与发展研究院.『中国经济改革与发展报告-"13.5"时期的中国经济』. 中国人民大学出版社. 2015.
蔡昉 著.『从人口红利到改革红利』. 社会科学文献出版社. 2014.
KIEP.『중국의 2016년 경제운용 방향 평가와 한국의 대응』. 2016.3.16
KOTRA 베이징.『중국 13.5 규획 발표, 주요 내용』. 2016.4.1

제7장

중국의 과학기술:
과거, 현재, 미래 그리고 한국과의 관계_윤대상

지난 30여 년 동안 발생한 큰 사건 가운데 하나가 중국의 급부상이다. 지금 중국은 모든 분야에서 어엿한 G2 국가로 우뚝 섰으며, 이제 대국이라기보다 강국[1]이다. 단순히 인구가 많은 인구대국이 아니라 인적자원강국, 제조대국이 아니라 제조강국으로 변모하고 있다. 나아가 지식재산권 대국에서 강국[2]으로의 도약을 모색 중인 것이 오늘의 모습이다. 이러한 중국의 눈부신 발전의 성과는 중국이 개혁·개방 이후 일관성 있는 과학기술 중시정책과 지도층의 우수한 리더십 덕분이라고 본다.

1) 중국의 과기정책의 흐름

계획경제 시절 중국의 기술정책은 '양탄일성(兩彈一星)'(원폭, 수폭, 인공위성)에서 알 수 있듯이, 국방기술중심의 임무지향적(missiom-oriented) 성격을 보유하고 있었다. 그러나 1978년 개혁·개방 이래 덩샤오핑이 제시한

---

[1] '크다'는 것과 '강하다'는 것은 별개이며, '양'에서 '질'로의 전환 내포

[2] 2013년 기준, 발명특허 출원 및 상표 등록 건수는 각각 연속 4년, 12년 세계 1위 기록.

"과학기술은 제1의 생산력"[3]이라는 지도방침에 따라 과학기술발전을 국가 주요 정책의 근간으로 하고 있다. 이에 따라 1980년대에는 기술혁신정책이 주로 공급정책에 치중되어 초기에는 과학기술정책에 대한 정부 간섭이 주로 기초연구, 응용연구 및 기술이전단계에 집중되었으나, 1980년대 중반부터 연구성과의 응용과 혁신확산이 중시되어 공정화, 영업, 마케팅, 기술확산이 보다 중시되었다. 1989년 톈안먼 사태로 이러한 활동이 잠시 주춤하다가 1992년에 덩샤오핑의 남방지역 시찰 시 '개혁·개방' 정책을 강화하면서 과학기술의 중요성을 재강조하게 되고, 동 시기에는 사회주의 시장경제체제 건설 요구에 부응하여 정부는 관련 법률·법규체제 완비, 세수우대정책 제정, 기술확산 추진 등 기술혁신환경을 정비하는 데 중점을 두었다. 그 이전보다 기술의 산업화를 더욱 강조하며 '과교흥국(科教興國)', '시장과 기술의 교환(市場換技術)'을 기술정책의 목표로 설정했다. 이에 따라 해외 기술 및 설비 도입과 리버스엔지니어링으로 선진기술 추격, '시장환기술(市場換技術)' 전략으로 외국인 투자기업의 중국 진출 촉진 및 중국의 생산, 수출입, 첨단산업이 양적으로 발전하게 되었다.

2000년대에 들어와서는 중국 정부가 자체기술 없이는 세계 분업구조의 저급단계에서 벗어날 수 없음을 자각[4]하고, 이를 극복하기 위해 중국의 대표적 기술전략이던 '시장-기술 교환(技術換市場) 전략'을 '자주적 혁신 전략'으로 전환했다. 현실적으로도 경제가 급성장하면서 시장수요가 급속히 고급화되어 제품수요에서도 유선전화나 VCR 단계를 거치지 않고 곧

---

3) 1985년 3월 중국공산당은 베이징에서 6,000여 명의 대표가 참석한 전국과학대회를 개최하고, 동 회의에서 「1978~1985년 전국과학기술발전규획강요」를 실행했다. 한편, 덩샤오핑 당시 주석은 "과학기술은 제1의 생산력이다(科學技術是第一生产力)"라고 주장했으며, 이는 그 후 중국 과학정책 제정의 기본적인 출발점이 되었다.

4) 후진타오 주석은 2006년 1월 9일 '전국과학기술대회(全國科學技術大會)'에서 기술수입에만 의존해서는 경제 도약을 이룰 수 없으며 "자주적인 기술개발 능력이 국가경쟁력의 핵심"이라고 천명하면서 '자주창신(自主創新)'을 최우선 과제로 추진해야 한다고 강조했다.

바로 이동통신이나 DVD로 이동하는 건너뛰기가 발생[5]하면서 기술적 도약이 필요했고, 지적재산권 문제가 대두되어 불법복제가 제한되고 기업의 로열티 부담이 갈수록 증가했기 때문이다.

이와 관련, 중국 정부는 '첨단기술 자체개발(自主創新)'을 기술확보전략으로 채택[6]하면서 '국가 중·장기 과학기술 발전계획 강요(綱要)' 제정 및 실시를 통해 R&D 투자를 GDP 대비 1%에서 2020년까지 2.5% 이상으로 확대하고 세제 혜택 부여, 기술표준화 지원 등을 추진함으로써 독자적 '혁신 능력'을 강화하고 있다.[7] 아울러, 후진타오(胡錦濤) 지도부(2003~2012)[8]가 들어서면서 '혁신형 국가 건설'을 모토로 '2020년 전면적 샤오캉(小康)[9] 사회 건설'을 중국 현대화 건설의 장기발전전략으로 채택하고, '과학기술발전관[10]'을 통해 고도성장 추구보다는 질적 성장에 초점을 두고, 경제강국 도약의 필수조건인 기술혁신능력 제고에 노력했다.

2) 최근 과기정책 동향 및 전망

후진타오 체제를 이어받은 시진핑 체제는 막강한 과학기술 지원을 통해 세계 과학기술강국 도약과 '중화민족 부흥'이라는 꿈을 실현하고자,

---

5) 곽재원, "과학기술 글로벌화를 통한 경쟁력 강화 전략: 일본과 중국 사례", 과학기술정책, 2007. 1~2월.

6) 중국 정부는 2006년 2월 9일 자주창신(自主創新)을 강조한 '국가 중장기 과학기술발전계획 요강(2006~2020)' 발표.

7) 원자바오(溫家寶) 총리가 2008년 3월 5일 개최된 '11차 전국인민대표대회' 1차 회의 시 언급.

8) 후진타오 체제는 기존의 '효율' 위주에서 '균형'과 '공평'을 고려한 경제발전정책으로 전환.

9) 중국공산당은 중국의 현대화 단계를 '원바오(溫飽) → 샤오캉(小康) → 따퉁(大同)'으로 설정. *원바오(溫飽): 기본적인 의식주 해결. *샤오캉(小康): 부유한 상태는 아니나 의식주에는 부족함이 없는 사회. *따퉁(大同): 선진국 수준의 사회.

10) '과학적 발전관'이라는 개념은 2008년 10월에 개최된 제17차 당 대회에서 「공산당 당장(黨章)」에 삽입되면서 중국의 새로운 지도 이념으로 부상했다.

2013년 초 '중국의 꿈'을 표방하면서 「혁신주도형 발전전략」의 과학기술 정책기조를 확정했다. 2016년 5월에는 국무원이 시진핑 정부의 기조정책인 '혁신주도형 발전 전략' 실시 로드맵인 「국가 혁신 주도형 발전전략 강요(國家創新驅動發展戰略綱要)」를 발표하여 2050년까지 중국이 '과학기술혁신강국'으로 도약하여 세계적으로 영향력 있는 연구개발 중심지와 혁신허브로 변모하겠다는 중장기 목표를 천명했다. 과거 과기정책의 주안점이 직접적·특정적 지원을 통한 혁신주체들의 각개약진에 집중되었다면, 시진핑 정부는 간접적·포괄적 지원을 통한 혁신주체들의 능동적 혁신활동 수행 환경 조성에 주력하고 있다고 하겠다.

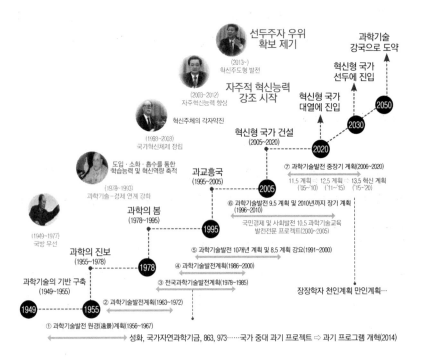

〈그림 2-1〉 중국 과기정책의 변천과정

3) 과학기술 행정체계

1949년 당시 중국의 과학연구기관은 30여 개에 달했으나 대부분 기초과학분야에 한정되어 있었고, 설비도 미약했다. 과학기술을 전담하는 중앙행정부서도 없었다. 그러다가 중국 정부는 중화학공업 추진과 더불어 이에 걸맞은 새로운 과학기술연구기관과 행정부서의 설립을 서두르게 되어 1949년 11월 중국과학원, 1956년 국무원 산하에 과학기술전담부서인 과학계획위원회[11]와 국가과기위원회[12]를 설립했으며, 1958년에 양자가 통합되어 국가과학기술위원회로 확대 개편되었다. 그러나 1966년부터 시작된 문화혁명으로 1970년 국가과학기술위원회가 해체되었으며, 상당수의 과학기술자들이 반동 지식분자로 비판을 받아 농촌으로 추방되기도 했다. 이후 개혁·개방정책이 대두되면서 1977년 국가과학기술위원회[13]와 중국과학원의 기능이 회복되었고, 자본주의 기술혁신체제의 기본원칙인 R&D 활동의 경쟁원리를 과감히 도입했다.

현행 과학기술체계는 국무원 소속의 과학기술교육영도소조[14]를 정점으로 하여 과학기술부를 비롯한 과학기술 관련 중앙정부부문과 지방정부부문으로 구성·운영된다. 과학기술부는 과학기술행정의 중추기관으로서 거시적인 국가과기정책 수립과 국가의 주요 과학기술계획(프로그램)을 집행하고, 기타 과학기술 중앙행정부문의 관련부서와 긴밀한 협조하에 주관

---

11) 과학연구의 장기계획, 연구사업의 각 분야별 협조, 과학연구사업 기금관리, 고급 전문가의 양성 등 기초과학분야 담당.

12) 기술표준, 작업규정의 심사, 신상품개발, 국제기술교류 및 기술협력 등 담당.

13) 이후 국가과학기술위원회는 1998년 과학기술부로 명칭이 변경되었다.

14) 국가과기정책을 협의·조정하는 공식적인 최고위급 의사결정기구로서 국무원 총리가 조장, 과학기술교육담당국무위원이 부조장, 기타 과학기술 관련 국무위원이 참여한다. 1997년 1월에 국무원 산하에 전담팀(우리의 위원회에 해당)으로 총리를 위원장으로 하는 '국가 과학기술 영도소조'가 설립되었다가 이어 1998년 3월 '과교흥국'의 국가전략을 수행하기 위해 교육부문을 추가함으로써 현재의 '국가 과학기술·교육 영도소조'로 발전한 것임.

하고 있다. 지방의 과기행정체계는 지방정부(성·직할시)가 주도적으로 국가의 거시 과기정책의 틀 속에서 지방과기정책을 독립적으로 수립·집행한다.

2008년 3월 개최된 제11기 전인대에서는 '대부제(大部制)'로 정부개편 방안을 확정했는데, 과학기술 관련 개편의 주요 내용으로는 과학기술부는 현행내로 유지하되 국방과학기술공업위원회[15]는 폐지한 것이다. 그간 국가발전·개혁위원회, 국방과학기술공업위원회, 정보산업부에서 각기 분산 관리되던 산업 업종관리는 '공업정보부'를 신설하여 폐지된 정보산업부의 정보통신정책기능을 비롯한 국가발전개혁위원회의 산업정책기능, 국방과기공업위원회의 국방무기조달기능을 아우르게 되어 총괄조정 기능이 강화되었다. 한편 동 위원회의 원자력발전 관리 임무는 국가발전개혁위원회의 에너지 분야 관리와 관련된 직책 및 기구, 국가에너지영도소조판공실의 직책과 통합하여 신설되는 '국가에너지국'(국가발전·개혁위원회가 관리)이 관장하고, 원자력발전 관리 이외의 임무는 국가발전개혁위원회의 공업 분야의 관리 직책, 정보산업부와 국무원 정보화공작판공실의 직책과 통합하여 신설되는 '공업정보부'가 담당하게 되었다. 국방과학기술공업위원회의 원자력발전 이외의 업무는 '국가국방과기공업국'을 신설하여 동 국이 이를 관리하되, '공업정보부'가 동 공업국을 관리하게 된다. 시진핑 체제가 들어선 2013년 3월 신정부 출범과 함께 27개 부처를 25개로 축소[16]했다.

중국의 과학기술 정책 거버넌스를 보면, 국무원 부처로는 국가 과기정책 심의·조정의 최상위 의사결정기구인 국가과학기술교육영도소조(國家科技教育領導小組)[리커창 총리 조장 담당][17], 과학기술체제 개혁[18] 추진을 위한 최

---

15) 국무원 소속으로 국방과학기술에 대한 연구개발정책수립 및 집행이 소관사항이며, 동 위원회 산하에 원자력 및 항공우주 관련 연구기관의 연구개발 사업 등 수행.

16) 철도부는 교통운수부에 통합, 국가인구가족계획위원회와 위생부를 통합.

17) 국가과학기술교육영도소조는 과학기술관리분야의 최고정책결정기관으로 국가 과학기술·교육 발전전략 및 주요 정책 연구·심의, 과학기술·교육 관련 주요 임무 및 프로젝트 검토·심의,

고 전담기구인 국가과학기술체제개혁·혁신체제건설영도소조(國家科技體制改革和創新體制建設領導小組)[ʼ12.7 출범, 류옌둥 부총리 조장 담당]가 있고, 과학기술 관련 부처[19]로는 과학기술부를 비롯한 20여 개 부처가 있다. 한편, 국무원 직속기관(사업기관 등)으로는 중국과학원(자연과학분야, 104개 연구소 및 5개 대학 운영), 중국공정원(공학분야), 국가자연과학기금위원회(기초연구 지원), 국무원발전연구센터(기술경제) 등을 비롯하여 지식재산권국, 광전총국(공연·영화/신문·방송 등 총괄), 인터넷신문판공실(인터넷정책/규제)이 있다.

4) 과학기술분야 중장기 발전계획[20) 21)]

국가과학기술계획은 정부에서 추진하는 과학기술연구개발활동의 기본 조직형식의 하나로서 과학기술자원의 합리적 배분을 실현하는 중요한 수단이며, 그 체계는 확고한 목표로 구성된 각 유형의 과학기술계획을 결합한 단체들이 상호 협조하고 촉진하는 하나의 시스템이다. 그간 중국 정부는 "국가경쟁력이 곧 과학기술력"이라는 판단 아래 과학기술 진흥을 위

국무원 산하부처 간, 국무원 산하부처와 지방부처 간 과학기술·교육 관련 중대 사안 조정 등의 기능을 수행한다. '지도소조'의 조장은 총리가 맡고, 부조장은 국무위원, 과학기술부 부장 및 국가발전개혁위원회 주임, 교육부 부장, 공업정보화부 부장 등이 조원으로 구성된다.

18) 과기체제 개혁 협의체로 국가과학기술체제개혁·혁신체제건설영도소조(國家科技體制改革和創新體制建設領導小組)[ʼ12.7 출범, 류옌둥 부총리 조장 담당]와 31개 부처·기관 공동으로 구성된 범부처 연석회의를 위해 과기 프로그램 재편 협의체가 구성되어 있다.

19) **과학기술부**(과학기술분야 전반), **교육부**(대학 및 인력 양성), **재정부**(연구개발예산), **공업정보화부**(정보통신 및 산업응용기술, 국방과학기술, 우주·원자력 진흥 및 국제협력)*, **환경보호부**(원자력 안전)** 등. *국가국방과기공업국, 국가항천국 및 원자력기구는 각각 국방과기, 우주 및 원자력 진흥 주관. **국가핵안전국은 원자력 안전 업무 주관.

20) 자료출처: 2006.1.8. 『과기일보』 8면.

21) 중국 과학기술부 산하 '발전 계획사(司)'가 중국 '국가 과학기술 계획 관리' 분야 전문가와 기타 관련 과학 연구 인원들을 조직하여 10년간의 노력 끝에 완성한 『중화인민공화국 과학기술 발전 규획(規劃) 및 계획(1949~2005)』이 2008년 공식 출판되었음.

한 중장기 및 5개년 계획을 신중국 수립부터 현재까지 총 7차례에 걸쳐 국가 중장기 계획을 수립·실시해왔다.

(1) 1978~1985년 전국 과학기술발전규획

1977년 12월 국무원은 베이징에서 '전국 과학기술규획 회의'를 개최, 1,000여 명의 전문가와 학자를 동원하여 해당 규획의 작성에 참여하게 했다. 1978년 3월 베이징에서 개최된 '전국 과학대회'에서 "1978~1985년 전국 과학기술발전규획 개요(1978~1985 年全國科學技術發展規划綱要)" 초안을 통과시켰으며, 그해 10월 중공중앙위원회는 위 초안을 정식 발표했다. 동 규획 실시 기간에 덩샤오핑은 "과학기술은 곧 생산력" 및 "공업/농업/국방/과학기술 4개 현대화 중에서 과학기술 현대화가 핵심"이라는 전략구상을 제출하여 국민경제와 과학기술 기본방침 및 정책 작성을 위한 이론의 기반을 마련했다. 이 규획은 중국 최초의 국가과기계획이다.

(2) 1986~2000년 과학기술발전규획

1982년 말, 국무원은 국가계획위원회, 국가과기위원회가 작성한 "10차 5개년(1986~2000) 기간 국가 과기발전계획 작성에 관한 보고서"를 비준했으며, 국무원 과기영도팀이 과기 장기발전규획 작성, 중대기술 정책연구 등 업무를 총괄하게 했다. 200여 명의 전문가와 영도간부로 구성된 19개의 전문규획팀을 설립하여 위 규획의 작성을 추진하게 했으며, 전국범위에서 3,000여 명이 위 규획 작성에 참여했다. 규획은 과학기술과 경제발전의 연동성을 강조하여 "과학기술은 경제건설에 임해야 하며, 경제건설은 과학기술에 의존해야 한다"는 기본방침에 따라 과기체제개혁을 심화시켰다.

(3) 1991~2000년 과학기술발전 10년 규획과 '八五' 계획강요

1980년대 말 「국가중장기과학기술발전강령」과 「강요」를 연구·제정하고, 이에 따라 1991년 3월 국가과학기술위원회에서는 「1991~2000년 과학기술발전 10년 규획과 '八五' 계획강요」를 제정하여 1991년 12월 국무원으로부터 비준을 받아 「강요」, 「강령」, 「10년 규획과 '八五' 계획강요」가 1992년에 전국적으로 발표·실시되었다.

(4) 전국과학기술발전 '九五' 계획과 2010년 및 2020년 장기계획

1994년 국가발전계획위원회와 국가과학기술위원회는 공동으로 부문별 협력영도소조를 조직하여 「전국과학기술발전 '九五' 계획과 2010년 장기규획강요」를 작성하기 시작했다. 주요 내용은 형세와 현황, 지도사상과 기본원칙, 발전목표와 임무, 발전중점, 과학기술체제개혁, 인재양성과 과학연구팀의 육성, 지원조건과 실시 등 몇 개 부분이 포함되어 있다. 1998년 국가과학교육영도소조의 토론을 거친 후 몇 가지 원인으로 정식 발표가 되지 않았다.

특히 2006년에 발표·실시된 「국가 중장기 과학기술 발전 계획 강요('06~'20)」는 2020년 '혁신형 국가' 대열 진입을 위해 GDP 대비 R&D 비중 2.5% 이상, 과학기술 발전의 경제성장 기여도 60% 이상, 대외기술의 존도 30% 이하 등을 목표로 하고 있으며, 5개년 과학기술계획은 동 중장기 계획의 큰 틀 아래 정책의 일관성과 연계성을 유지하면서 시대 변화에 맞춰 수립·실시되고 있다. 구체적 목표로는 GDP 대비 R&D 비중 2.5% 이상, 과학기술 발전의 경제성장 기여도 60% 이상, 대외기술의존도 30% 이하, 내국인 발명특허 등록건수 및 국제 과학논문 피인용 횟수 세계 Top 5 진입이다.

(5) '13.5' 계획

2016년에는 '13.5' 계획이 시작되었으며, 과거에는 과학기술 발전계획이었으나 과학기술 혁신 규획으로 바뀌어 '혁신'의 중요성이 좀 더 부각되고 있다. 혁신이 발전을 이끄는 제1의 동력이라 보고, 과학기술, 제도, 관리, 비즈니스모델, 산업형태 및 문화 등 전 분야의 혁신 추진을 통해 위기를 기회로 바꾸어 양적 팽창이 아닌 질적 성장을 달성하고자 성장 동력이 기존 노동·자본 등 요소투입에서 지속적 지식 축적, 기술 진보 및 노동자 소질 향상 등 혁신요소로 전환을 강구 중에 있다. R&D 투자나 인력 또는 논문·특허 같은 양적 투입요소·산출 증대보다는 지식이 효과적으로 창출·확산·활용되는 시스템을 구축하여 산업발전·경제성장·고용창출을 이룩하도록 하는 것은 가장 중요한 정책 목표로 대두되고 있다.

한편, 정부의 역할은 기존 연구개발 관리(연구개발사업 기획·실시 관리 등)에서 혁신 촉진을 위한 서비스 지원으로 전환 중이며, 정부의 행정적 관리 기능을 줄여 전략 기획, 정책 수립, 환경 조성, 공공서비스 및 감독·평가 기능을 강화하고, 간접적·포괄적 지원으로 연구인력부터 개인까지 다양한 혁신주체가 자율적으로 혁신활동을 진행할 수 있는 혁신·창업생태계 조성에 집중하는 한편, 기술도입·모방 단계를 벗어나 기초연구와 핵심 원천기술 연구, 지식재산권 및 기술표준 선점 강화 등을 통한 자주혁신능력 향상 및 신성장동력 창출에 주력하고 있다. 동 '13.5' 계획에서는 혁신형 국가 대열에 진입하여 과학기술대국에서 과학기술강국으로 매진하기 위한 기반을 마련하겠다는 중장기 목표를 천명하면서 혁신 장애요소 해소를 위한 과기체제 개혁 심화, 선두주자 우위 확보,[22] 원천기술 개발능력 향상 등 6대 실천과제를 제시하는 한편, 혁신창업생태계 조성을 통해 '대중창업·만중혁신(大衆創業, 萬衆創新)'의 시대를 열어나가고 있다.

---

[22] 산업경쟁력 확보를 위한 기술기반을 마련하고자 국가과학기술중대전문프로젝트(2006~2020)에 이어 2030년에 대비하기 위한 '과기혁신2030-중대프로젝트'(19개 프로젝트) 신설.

또한 중국 정부는 오래전부터 추진해온 '973계획', '863계획', 국가자연과기기금 및 중대전문프로젝트 등 다양한 연구개발프로그램을 2014년부터 국가 정책과 제한된 재원을 장기 발전을 위한 전략적 과학기술 혁신 분야에 집중, 연구사업의 효율성을 향상시키기 위해 기존 40여 개 부처에 분산되어 있는 100여 종의 국가연구개발 프로그램을 5개 유형[23]에 따라 재편을 추진 중에 있다. 금년에는 기존 '973계획' 및 '863계획'을 통합시킨 국가중점연구개발계획이 본격 실시단계에 진입하여 2017년까지 프로그램 통합작업을 마무리할 계획이다. 또한 2016년 2월부터 국가연구개발 프로그램 사업비가 연구비 카드로 결제되도록 하는 등 사업비 관리 개혁도 본격 추진하고 있다.

아울러 2012년부터는 최첨단산업이지만 전 세계 어디에도 완전한 기술적 우위를 보유하거나 표준화를 시키지 않았고, 중국이 최대 수요인 산업을 중심으로 2020년까지 GDP 15% 규모로 7대 신흥전략산업[24]을 집중 육성하고 있다. 동 계획에 따르면, 현재 7대 신흥전략산업을 집중 육성하고 있는데, 이들 산업이 GDP에서 차지하는 비중이 4%에 불과한 7대 산업을 2015년까지 8%, 2020년에는 15%까지 키울 계획이다. 이외에 기술집약형 스마트 제조업 강국으로 도약하고자 2015년에 발표된 '중국 제조 2025'[25]는 2045년 내지 건국 100주년에 세계 제조강국 대열에 진입을 목표로 하고 있으며, 전통산업에 모바일 인터넷과 클라우드 컴퓨팅, 빅 데이터, IoT 기술을 융합하는 '인터넷 플러스(+)' 액션플랜도 '중국 제조

---

23) ① 국가자연과학기금(기초·프런티어) ② 국가과학기술중대전문프로젝트(전략제품 및 산업화 지향) ③ 국가중점연구개발계획(경제사회 문제 해결 지향, 기존 973계획/863계획 등 포함) ④ 기술혁신유도전문프로젝트(기업혁신 지원) ⑤ 기지 및 인재 프로젝트(연구 인프라 및 인재 양성·유치).

24) 7대 신성장산업의 특징 ① 최첨단산업이지만 전 세계 어느 나라도 완전한 기술적 우위 보유 없음 ② 중국이 최대 수요인 산업 ③ 전 세계적으로 아직 표준화를 시킨 나라나 기업 없음.

25) '중국 제조 2025'를 견인할 범정부 차원의 사령탑인 '국가제조강국건설 영도소조(領導小組)' 구성(마카이 국무원 경제담당 부총리가 조장을 맡고, 경제기획부서인 국가발전개혁위원회 부위원장과 24개 경제관련 부처 차관급 인사 40여 명 참여)

2025'와 맥을 같이하며 스마트 제조업을 견인할 것으로 보인다.

5) 과기정책 평가

(1) 개혁·개방 이전

이 시기의 중국 과학기술체제는 계획경제체제 하에서 형성된 과학기술체제로서, 다음과 같은 특성을 가지고 있었다.[26]

첫째, 일관성 있게 정부주도의 과학기술체제를 유지함으로써 의견조정에 소요되는 비용을 절감하고 자원을 집중하여 빠른 시일 내에 소기의 목표를 달성할 수 있었다. 그러나 고도로 집중된 국가행정체제는 정치파동의 영향이 과학기술계에 쉽게 영향을 미치는 부작용을 낳았다. 특히 대약진과 문화혁명기간에는 잘못된 정치논리가 과학기술계를 지배하여 그동안 쌓아온 연구기반을 파괴하고 과학기술자들의 적극성을 억제하는 폐단을 낳았다.

둘째, 시장이 형성되지 않았고 기업의 자주권이 부족했으며, 소비자가 기술혁신에 적극적으로 참여하지 못했다. 기업은 생산목표 달성에만 치중하여 소비자의 요구에 민감하지 못했으므로 시장견인형(market-pull) 기술혁신기제가 제대로 발휘되지 못했다. 셋째, 연구자와 생산자 간, 관련기업 간, 생산자와 소비자 간의 교류가 미약하고, 기술이전이나 인력유동 정책의 미비로 연구성과의 상업화도 큰 제약을 받았다. 따라서 국방산업 이외의 분야에서는 외국에서 도입한 기술의 소화·흡수·상품화 등이 잘 이루어지지 않았다.

---

26) 홍성범·이춘근, '중국의 과학기술체제와 정책'(STEPI, 2000)

(2) 개혁·개방 이후

개혁·개방과 더불어 중국의 국가기술혁신시스템을 더욱 효율적인 방향으로 조정하고자 "과학기술이 제1의 생산력", "과학기술은 경제발전에 기여해야 하고, 경제발전은 과학기술에 의존해야 한다"는 정신을 국가경영목표로 삼고 과학기술을 경제성장의 동력으로 강조하게 되었으며, 과학기술체제에 많은 변화가 있었다.[27]

첫째, 과학기술 역할의 강조이다. 경제발전에 대한 과학기술의 역할이 크게 주목을 받기 시작하여 과학기술에 의거하지 않고는 경제발전을 이룩할 수 없다는 인식이 확산되면서 기술혁신과 신상품 창조에 관심이 집중된 것이다.

둘째, 시장 메커니즘이 도입되어 기업 간 경쟁을 유발하고 경영자의 권한을 확대하면서 시장의 요구를 근거로 한 기술혁신 메커니즘이 가동되기 시작했다.

셋째, 연구개발체제의 개혁[28]을 통해 응용연구와 상품화 연구를 강화하고, 상당한 역량을 기업의 기술혁신을 위해 공헌하도록 했다. 아울러 이들의 연구성과를 상품화하기 위한 각종 장려정책이 수립·시행되었다.

넷째, 원자력, 우주항공 등 중국이 전통적으로 우세를 가지고 있는 분야와 몇 가지 중점분야를 선택해 집중적인 선도기술 연구와 산업화 전략을 추진했다. 또한 이들 선도기술의 산업화를 위해 고신기술개발구와 창업보육센터, 국가중점실험실 등을 적극 육성했다.

개혁·개방의 30주년을 맞아서 중국은 '과학적 발전론'을 제시하면서 그간 중국을 이끌어온 개혁·개방을 대체하는 새로운 경제발전 이념이자

---

27) 홍성범·이춘근, '중국의 과학기술체제와 정책'(STEPI, 2000)

28) 가장 중요한 공공연구기관인 중국과학원은 1991년도부터 1998년까지 지속적으로 2만 명 감축(84,909명 → 65,003명), 1998년부터 시작된 개혁(Knowledge Innovation Programme)을 통해서는 산하 120개 연구소를 89개로 감축한 바 있다.

중국이 자신의 미래 발전모델을 모색하는 첫걸음으로 역사적 평가를 시도했다. 이러한 평가의 의미는 개혁·개방을 통해 중국이 성공적으로 시장경제로 진입했으며, 이제 중국은 이전과 구별되는 새로운 발전의 단계에 들어섰음을 대내외에 선언하는 것이었다.

시진핑 체제로 넘어오면서는 ICT 창조경제를 표방하고, 중국판 실리콘밸리를 세계적인 IT 중심지로 육성하면서 더 이상 저가제품을 대량으로 찍어내는 '세계의 공장'에 머물기를 거부하고 있다. 원천기술 확보를 위해 기초과학과 인재양성에 과감히 투자하고 산업과 사회 시스템 전반에 IT를 적용해 선진화하는 한편, 중국은 세계 첨단기술의 R&D 허브로 만들겠다는 큰 틀의 목표를 공유(2013 양회)하고 있다. 전인대에서 '혁신주도성장'을 천명[29]하며 과학기술의 중요성을 재차 강조했다.

최근 '중국 제조 2025'나 '인터넷 플러스(+)' 정책은 5년 단위의 과거 규획들과 달리 10년 앞을 내다보면서 특정 분야의 제조업이 아니라 제조업 전반에 대해 톱다운 방식으로 전 세계적인 제조업 경쟁력 강화 추세에 부응한 전략적 대응 의지를 보인 것이다. 특히 그간 여러 현안에 대한 대책이 각각의 발생 시점과 전개양상에 따라 개별적으로 마련되고 시행되어 왔으나, 2015년에는 여러 이슈가 하나의 큰 틀 안에서 논의되고 주요 문제들에 대한 해결방안들이 무더기로 쏟아져나왔다는 게 특징이다. 이에 따라 '13.5 계획' 기간 과학기술은 기술 추격 및 혁신역량 축적 단계를 거쳐 현재 과기대국에서 과기강국으로 도약하겠다는 '과학굴기'의 꿈을 착실히 다지면서 국가 경제발전의 버팀목 역할과 함께 사회 발전을 선도 역할을 하게 될 것이다.

---

29) 혁신주도형 발전전략을 추진하는 것이 중국 경제성장 패턴의 변화를 가중시킬 것이라며 R&D 시스템 개혁과 과학인재 양성에 속도를 내겠다고 강조(시진핑).

6) 주요 연구분야별 R&D 동향 및 성과

미래의 강국은 우주·해양분야에서 세계 일류여야 하는데, 중국은 '세계의 공장'에서 탈피하여 우주·해양뿐 아니라 여러 분야에서 세계의 '기술혁신자'로 탈바꿈하고 있다. 중국은 최근 유인우주선, 달탐사 공정, 고속철기술의 해외수출, 대형항공기 출하 등 과학연구 분야에서 전 세계가 주목할 만한 눈부신 성과를 거두었다. 2015년 중국 본토의 여성과학자 투유유(屠呦呦)의 자연과학분야 노벨상 수상 또한 높아진 중국의 과학기술 영향력을 입증하고 있다. 중국공산당 18차 5중전회에서는 "혁신·조화·그린·개방·공유"의 5대 발전이념을 제기했고, 혁신이 발전의 제1 원동력임을 강조하면서 '과기혁신'을 핵심으로 하는 전면적인 혁신 추진을 주장했다. '과기혁신'을 발전의 핵심위치에 놓은 이유는 뉴노멀시대에 들어선 중국이 '13.5 계획'을 실시하는 데 필수적이기 때문이다. 특히 글로벌화 시대에 세계 경쟁에 참여하고 세계시장을 선점하기 위해서는 반드시 거쳐야 하는 과정이다.

(1) '12.5 계획' 기간 중국의 원천혁신능력

국가발전과 과기투입에 대한 지속적인 강화에 힘입어 중국의 원천혁신능력은 대폭 제고되었다. 12.5계획기간 기초적인 원천성과가 많이 배출되었다. 예를 들어 물리분야의 양자통신, 중성미자 물리 연구성과, 토폴로지절연체, 양자변형 홀 효과 현상, 그리고 최근에 발견된 바일 페르미온(Weyl fermion) 등의 성과를 꼽을 수 있다. 2015년 12월 11일, 유럽 물리학회 뉴스사이트 「Physics World」에서 발표한 2015년도 국제 물리학 분야의 10대 주요 돌파기술 가운데 중국과학기술대학 교수 판젠웨이(潘建偉) 연구팀의 '다중 자유도 양자 전송(Multi degree of freedom quantum teleportation)'과 중국과학원물리연구소 팡중(方忠) 연구팀의 '바일 페르미온 연구' 성과가 선정되었다. 중국의 과학자들은 양자조절제어, 달탐사 공정, 고성능 컴퓨터, 첨단 CNC 공작기계 및 기초제조장비, 슈퍼 교잡벼 등 많은 분야에서 핵심기술을 확보하는 등 국제적으로 영향력 있는 대표적 성과를 올렸다.

주요 과학기술 통계 지표를 보면, 투입 측면에서 R&D 투자('15 기준)는 1조 4,220억 위안(☞ '14년 대비 9.2% 증가, 기업 77% 차지)으로 GDP 대비 R&D 투자 비중 2.10%(☞ 기초연구: 671억 위안, 전체 R&D 투자의 4.7% 차지)이다. R&D 인력('14 기준)은 380만 명(FTE 기준)이다. 산출/성과 측면에서 SCI 논문 발표 수('14.9 기준)는 23만 편(점유율 13.5% 세계 2위, ISTIC 통계)이며, 총 피인용 횟수('04~'14) 1,037만 회(세계 4위), 편당 피인용 횟수('04~'14)는 7.57회(세계 평균 11.05회)이다. 발명특허 등록 건수('15년, SIPO)는 35만 9천 건, 자국 발명특허 등록 건수 26만 3천 건(전체의 73% 차지, 인구 1만 명당 발명특허 보유량 6.3건), PCT 출원 건수('14년 기준) 2만 5,539건(점유율 12% 세계 3위, Huawei 및 ZTE 세계 상위 3위권 진입)이다.

(2) 분야별 주요 성과

기초연구분야에서 중국은 기초·원천연구의 중요성을 인식하면서 기초연구분야에 대한 R&D투자를 지속적으로 확대하고 있다. '20년 R&D 투자 대비 기초연구비의 비중 10% 달성, 글로벌 영향력 있는 리더형 인재 확보(학문별 상위 50대 과학자 중 중국 학자의 비중이 상위 4위권 진입, 학문별 영향력 있는 선도 연구진 최소 1개 확보) 등 목표를 설정하고 있다.

최신 성과로는 세계 최대 전파망원경 건설(2016년 9월 완공)/중국과학기술대학교 교수 판젠웨이, 루자오양(陸朝陽) 등이 완성한 '다중 자유도 양자 전송'과 중국과학원물리연구소 팡중 연구팀의 '바일 페르미온 연구'가 「Physics World」에 2015년도 국제 물리학 분야의 10대 주요 돌파기술로 선정/BESⅢ검출기로 국제물리학계를 뒤흔든 4개 쿼크물질 발견 (「Physics World」 게재, '14.01)/칭화대 쉐치쿤(薛其坤) 연구진, 세계 최초로 변칙 양자 홀 효과 발견(Science, '13)을 들 수 있다.

바이오분야에서 중국은 현재 단백질체, 줄기세포, 바이오정보, 바이오 약물, 농작물 육종 등 일부 선행기술 분야에서 세계 선진수준에 근접하고 있다. '12년 기준, 바이오분야 SCI논문 5만 2,676편, R&D 인력 25만 명 (고급연구인력 4만 명 수준)이다. 최신 성과로는 푸단대학, 메르스(MERS)에 저항 하는 약물 개발('15.06)/세포 재형성 재프로그래밍(reprogramming) 과정에서 의 핵심작용과 조절 메커니즘 발견(「Nature Biotechnology」 게재, '15)/중국 자 체 원천기술로 악성 림프종 치료제 개발 성공, 세계시장 출시('15)/비만 및 당뇨병을 제어하는 중개입자 발견(「Cell Research」 게재, '14.12)/베이징대학, 세계 최초의 인간 조기 배아 DNA 메틸화 맵 작성('14.07)을 들 수 있다.

원자력분야의 경우, 중국 내 원전은 현재 26기에서 2020년 57기, 2030년까지 총 110기 가동 예정으로 미국을 제치고 세계 1위로 등극할 예정이다. 최신 성과로는 중국이 자체 개발한 3세대 원전인 '화룽(華龍)1호 (CAP1000)' 시범발전기 건설작업 가동(2015.4), 남아프리카공화국, 터키, 방 글라데시, 태국, 인도네시아와 남미 국가들에 수출 타진/중국 자체 브랜드 의 원전기술(대형 가압수형 원자로기술인 CAP1400) 개발 박차(2014.1)/토륨용융 염 원자로(TMSR) 개발을 위한 중국과학원 첨단기술혁신센터 신설(2014.1) 등을 들 수 있다. 특히 원자력 발전 화룽1호의 경우, 2015년 5월 7일 푸젠 성 푸칭(福清)시에서 착공되었다. 이는 중국이 자주적 지적소유권을 보유 한 제3세대 원자력발전 핵심기술을 확보했음을 의미하며, 중국의 원자력 발전이 전 세계로 나아가는 첫걸음이 되었다. 화룽1호 격납고는 지진이나 홍수, 심지어는 외부의 강력한 충격 등 모든 안전폐해에 방어할 수 있다. 이러한 설계로 화룽1호는 국제 안전표준에 도달했고 심지어 그 표준을 초 과했다. 능동 및 수동 기술을 상호 결합시키는 방법으로 원자력발전소의 안전수준이 대폭 향상되었고 세계 최고의 가압경수로 원자력발전소 핵심 기술을 확보할 수 있게 되었다.

IT의 경우 차세대 네트워크, 핵심 전자기반사업, 첨단 SW, 정보서비스신사업, 3망 융합 등이 포함된다. 최신 성과로는 2030년까지 글로벌 양자통신위성네트워크 구축 완료 예정, 2013년 가동된 세계 최초의 양자통신 보안거리 2016년 완공, 중국 최초의 양자과학실험위성 '16년 발사, 사물인터넷 국제표준 제정 주도 전망(2015.5), 2017년까지 4G네트워크 사용 보편화 추진(2015.5) 등을 들 수 있다. 특히 2015년 11월 중국국방과기대학이 개발한 '톈허2호' 슈퍼컴이 세계 슈퍼컴 사상 처음으로 연속 6차례 1위라는 세계기록을 세우는 쾌거를 올렸고, 2016년 6월에는 중국이 완전히 자체 설계하고 제작한 '선웨이-타이후즈광[30]'이 '톈허2호'를 대체하여 세계 1위를 차지하면서 세계에서 가장 빠른 컴퓨터로 인정받고 있다.[31] 중국 슈퍼컴퓨팅 기술이 획기적 성과를 창출할 수 있었던 것은 국가정책의 전폭적인 지원에서 비롯된다. 슈퍼컴퓨팅 발전수준은 국가 종합국력의 중요한 구현이자, 국가혁신시스템의 중요한 구성부분으로서 세계 각국, 특히 선진국이 각축을 벌이는 전략적 최고거점이 되었다.

우주분야의 경우, 중국은 왜 선저우를 쏘아 올렸을까? 어떻게 쏘아 올릴 수 있었을까? 중국은 1956년부터 로켓 연구개발에 착수, 1964년 자체 설계 및 연구개발한 중거리 로켓의 첫 시험비행에 성공했다. 중국의 우주개발은 개혁·개방 이후 더욱 본격화되었다. 863계획 수립으로 항공우주 관련 기술개발이 추진되고, 921계획 수립으로 유인우주선 계획이 결정되어 선저우 개발이 구체적으로 착수되었다. 기술적으로 경험이 없었던 우주선 자체와 우주복 등 장비 등 선저우 개발의 상당 부분을 러시아에서의

---

30) 톈허2호보다 속도가 2배 빠르며, 효율은 3배.

31) 세계 500위에 든 중국 슈퍼컴의 수도 6개월 전 109대에서 167대로 늘어나 처음으로 미국(165대)을 추월했다.

기술도입에 의존했는데, 선저우의 원형이 된 소유즈는 1967년 처음 비행한 제1세대 소유즈이다. 중국은 이제 선저우호 시리즈 유인우주선, 창어호 시리즈 달탐사선, 톈궁호 실험용 우주정거장을 발사하여 세계적인 우주위상을 과시하고 있다. 지금까지 중국항천과기집단공사는 통신, 항법, 원격탐사, 과학시험 등 다양한 위성 215개 발사, 궤도 운행 위성은 122개, 창정 시리즈 로켓은 215회 발사(2015.10.30)하여 연평균 15회 발사했으며, 2016년에는 최초로 20회를 돌파할 예정이다. 로켓 발사 성공률은 기존 100회의 93%에서 98%로 향상시켜 러시아, 미국을 초월하여 EU와 함께 세계 1위를 차지하고 있다. 중국의 북두항법위성은 2018년에는 일대일로 연선 국가를 위해, 그리고 2020년에는 전 세계를 위해 서비스를 제공할 것이다. 중국은 2020년까지 총 35개 위성으로 이뤄진 베이더우 위성항법시스템을 구축하고 관련 산업을 발전시킬 계획이다. '13.5' 계획 기간 중국은 세계 최고 수준의 북두 위성항법 시스템으로 발전하려는 목표를 수립하고, 2020년에 이르러 북두시스템의 서비스를 전 세계적인 범위로 확대시킬 계획이며, 동 기간 120회의 우주발사 실시, 궤도 운행 위성은 200개 달성을 목표로 하고 있다. 중국의 우주강국 중국의 비결은 젊은 피와 국가적 관심이다. 체제가 바뀌고 세상이 달라져도 변치 않는 중국 우주사업에 대한 일관된 정책 실현이 오늘의 중국 우주를 만들었다.

중국에서 일어나고 있는 변화 중 가장 큰 변화는 고속철 부문이다. 중국 고속철도 중 CRH2는 일본 신칸센 모델, CRH3는 독일의 ICE 모델, CRH5는 프랑스의 TGV 모델을 이전받아 북쪽 한랭지대에서 남쪽 고온 열대지역, 서쪽 바람이 많은 사막지대에서 동쪽 수토질이 부드러운 지대에 적응하는 고속철 기술을 확보했다. 고속철 시공기술은 모든 지형, 기후와 시공여건에 대응 가능하며, 고속철 인프라 공정은 세계 어느 나라에도 없는 시공경험을 확보하고 있다. 2015년 말 기준 중국의 고속철도 총 길이는 19,000㎞에 달하며 운행거리는 세계의 60%에 달하여 세계 고속철도 운행거리 1위를 기록했다. 유럽을 연결하는 신 실크로드는 중국 고속철 경험을 전 세계에 깔겠다는 제의이다. 고속철도는 세계에서 중대한 기술 성과이며, 한 국가의 철도 노선구조, 열차 견인동력, 장비제조, 고속운행 제어, 고속운송기구와 경영관리 등의 기술진보를 집중적으로 반영하고, 한 국가의 과학기술과 공업수준을 구현하기도 한다. 1990년대 이후 중국 정부는 고속철도 발전에 주력하여 대규모 고속철도 시험연구를 추진하여 이미 세계에서 고속철도 발전이 가장 빠르고 운영거리가 가장 길며, 운영속도가 최고이고 건설 중인 규모가 최대이며 시스템 기술이 가장 완비되어 있고 통합능력이 가장 강한 국가[32]가 되었다. 2004년 중국은 고속철도 로드맵을 수립하면서부터 기술 도입, 소화, 흡수, 혁신 등 과정을 거쳐 한랭, 고온, 고원 등 특수 지형에 적합한 다양한 열차의 독자적 연구개발에 성공했다. 시속 200㎞에서 시속 380㎞ 등 다양한 등급이 있다. 2006년 7월 1일은 서장으로 가는 열차가 개통된 특별한 날인데, 이 철도는 세계적으로 해발이 가장 높고, 가장 긴 고원에서 산소 부족, 동토 현상 등 여러 난제를 해결하고 550㎞의 동토구역을 뚫고 나가 세계 선진국 수준에 도달했다. 중국의 고속철도 기업은 말레이시아, 남아프리카, 터키, 아르헨티나 및 국가에 단일 제품 수출에서 제품 + 서비스, 기술 + 관리 + 자본 등 형태의 산업사슬 전체를 수출하는 단계로 발전했다. 러시아에서 처음으로 고속철도의 탐사설계 입찰에 성공한 후 중국은 인도네시아, 라오스, 태국, 아프리카 등 30개 국가와 고속철도에 관한 계약을 체결했다. 중국 고속철도 중장기 발전계획에 따르면, '13.5' 계획 기간 고속철도 운행거리가 12만㎞ 이상에 도달하여 운송능력이 경제사회발전 수요를 충족시키며 주요 기술 장비가 세계 선진수준에 도달하거나 접근시키는 것이다.

---

32) 중국의 고속철도 기술은 ① 설비 유지, 통신, 전기, 열차 제조 등 일괄적인 수출 가능 ② 시속 200~250km/h의 기존 노선에 대한 업데이트뿐만 아니라, 시속 350km/h의 노선 신설 가능 ③ 고속철도 건조비용은 기타 선진국보다 20% 저렴 등으로 독일, 일본 등 선진국에 비해 비교우위를 지닌다.

7) 중국의 '자주적 과학기술'의 저력

(1) 기초과학의 역사

1921년 플랑크(Plank) 상수(常數) 측정에 참가한 예치쑨(葉企遜), 1920년 콤프턴(Compton: 1927년 노벨물리학상) 효응의 공동실험 연구자 우유쉰(吳有訓), 1928년 미국에서 소행성을 발견한 장위저(張鈺哲, 1928), 양자역학자인 하이젠베르크(Heisenberg)와 합작하여 많은 논문을 발표한 왕푸산(王福山), 아인슈타인의 제자인 양자역학자 저우페이위안(周培源), 유전학자 모건(Morgan)의 제자인 탄자정(談家禎), 퀴리 부인의 제자인 첸싼챵(錢三强), NASA의 J.P.L 소장을 역임한 공기동력학자인 첸쉐썬(錢學森), 양자역학 창시자인 보어(Bohr)의 제자 장중환(張宗燧) 등이다. 특히 일본의 중국 침략을 계기로 이른바 '과학구국(科學救國)'이라는 신념으로 많은 학자들이 귀국한 바, 항일전쟁 기간 중 윈난성 쿤밍에서는 피난 온 저명한 학자들(華羅庚, 吳有訓, 周培源, 馬大猷, 王竹溪 등)이 역시 피난 온 대학생들에게 강의한 시난연합대학(西南聯合大學)이 설립되었다. 당시 대학생이었던 양전닝(楊振寧), 리정다오(李政道)는 후일 노벨상을 수상했고, 덩자셴(鄧稼先)과 우중화(吳仲華)는 중국 원자탄 개발의 중추적 역할을 수행했다.

1949년 중국공산당의 건국과 함께 해외의 많은 학자들이 귀국하여 이들에 의해 중국의 기초과학은 비약적인 발전을 하게 된다. 1952년까지 약 2천여 명의 저명한 학자들[예를 들면 핵물리실험설비와 전자기기를 자비로 구입하여 귀국한 자오중야오(趙忠堯) 등]이 미국에서 귀국하고, 1952~57년 사이에는 1천여 명의 학자들(예를 들면 중국 미사일의 대부인 첸쉐썬 등)이 추가로 귀국했다. 건국 이후 2만여 명에 달하는 유학생들을 국비로 (구)소련에 파견하여 중국 기초과학의 토대를 쌓았으며, 이들 중에는 세계적인 저온물리학자 관웨이탄(管惟潭)과 공제론(控制論)의 대가인 쑹젠(朱健: 국가과학기술위원회 주임 역임) 등이 배출되었다. 문혁기간 중에 상당한 정체를 겪었지만 리정다오, 양전닝, 리위안저(李遠哲) 등 노벨상 수상자를 비롯하여 수학 천성선(陳省身), 물리학 우젠슝(吳劍雄), 초전도체 부문 주징우(朱經武), 동력학 린퉁(林同) 등 세계적인 학자들이 꾸준히 활동했다.

(2) 중국의 과학기술인 처우

1978년 3월 18일, 베이징에서 「전국과학기술대회」가 개최되었다. 이 날 그간 '자산계급의 지식분자'라는 누명을 쓰고 '외양간 수용소'에 갇혀 있던 과학기술자들은 비로소 '과학의 봄(科學的春天)'을 맞이하게 되었다.[33] 지금은 중국과학원, 공정원의 원사(院士)를 비롯한 과학자들이 사회적으로 존경을 받고 있다. 예를 들면, 주석인 후진타오가 2008년 1월 19일 97세의 첸쉐썬(钱学森)[34]과 89세인 우원쥔(吳文俊)[35]의 집을 방문하여 신년인사를 겸한 기초과학의 중요성과 발전방향에 관한 의견을 나누기도 할 정도였다. 2008년 3월 18일 전국과학기술대회 개최 30주년이 되는 날에 11기 전인대 1차 회의가 폐막되면서 또 다른 봄을 맞이했다. 현재 국가주석인 시진핑도 2016년 춘절에 신중국 과학기술 사업에서 특별히 공헌한 유명한 과학자인 왕중청(王忠誠), 쑨자둥(孙家栋), 리쩐셩(李振声)을 예방했다. 한편, 1월 25일과 26일 류윈산(劉雲山) 중공중앙정치국 상무위원, 중앙서기처 서기 또한 시진핑 주석과 당중앙을 대표하여 청카이쟈(程開甲), 런신민(任新民), 왕시지(王希季)와 투유유 등 과학자를 예방했다. 중국과학원장 바이춘리(白春礼)도 베이징에 거주하고 있는 중국과학원 퇴직 영도자들을 예

---

33) 「중국고신기술산업도보」 2008.3.24.

34) 중국이 배출한 세계적 과학자로서 '중국 우주과학의 아버지'로 존경받는 물리학자이자 로켓전문가이며, 1950년 MIT 교수였던 첸 박사가 귀국 당시 "차라리 저 사람을 죽일지언정 미국을 떠나게 할 순 없다. 그는 5개 사단과 맞먹는 전투력을 지녔다"고 당시 미국 해군 참모총장이 말할 정도였으며, 5년을 말렸으나 1955년 결국 중국으로 돌아옴.

35) 국제적 수학자이며, 제1차 국가최고과학기술상 등 주요 상장을 받음.

방했다. 이렇게 중국에서는 언제부터인가 춘절에 중국의 지도자들이 원로 과학자를 예방하는 것이 관례화되어 있다.

현재 과학기술인 처우를 보면, 중국 지도층은 이공계 출신이 많고, 개혁개방 이후 실사구시 정신에 입각하여 과학기술이 경제발전의 원동력이라고 인식하여 과학기술자 처우개선 정책의 역점을 "생활안정을 위한 실질적 대우보장과 포상 강화"에 두고 있다. 과학기술자를 장려하기 위해 1999년 발표한 「국가과학기술장려조례」에 따라 최고과학기술상, 자연과학상, 기술발명상, 과학기술진보상, 국제과학기술협력상 등 5대 과학기술상 시상제도를 운영하고 있다. 시상식은 국가주석, 국무원 총리 등 국가지도층의 참석 하에 거행하고 있으며, 포상금도 중국의 경제수준에 비추어볼 때 매우 크다.[36]

최근에는 3대 과학회의[37]가 38년 만에 통합된 가운데 2016년 5월 인민대회당에서 개최되었는데, 특히 전국과학기술혁신대회[38]는 중국 과학기술분야에서 가장 격이 높고 의미가 큰 회의로 주목된다. 동 대회는 과학기술 혁신의 총동원 회의로 새로운 발전시기에 들어 과학기술을 통한 글로벌 경쟁력 강화를 의미한 '과학굴기(科學崛起)'를 선언하고, 이 자리에서 시진핑 주석은 "신중국 성립 100주년(2049년)에는 중국이 세계 과학기술 발전을 선도하는 과학기술 강국이 될 것"이라는 비전을 천명했다.

---

36) 국가최고과학기술상: 상금 500만 위안(한화 7억 5천만 원 규모).

37) 전국과학기술혁신대회, 중국과학원 원사대회, 중국공정원 원사대회 및 중국과학기술협회 전국 대표대회.

38) 전국과학기술혁신대회의 전신(前身)은 1978년에 개최된 중국 과학의 봄을 연 '전국과학대회' 였고, 중국과학원 및 중국공정원 대회는 각각 1955년 및 1994년에 1차 회의가 개최되었으나 1994년부터 2년에 한 번 개최되며, 중국과학기술협회 전국대표대회는 5년에 한 번 개최된다.

(3) 중국 정책의 장점: 장기적·지속적 사례

중국과학원 혁신 사례

중국과학원은 1998년 「지식혁신공정(知識創新工程)」을 통해 방대한 연구소조직에 대한 구조조정을 추진했다. 2000년까지는 가동단계로 시범개혁, 2005년까지는 전면단계로 연구소 통폐합 및 기업전환을 본격 추진하여 1997년 말 123개이던 연구소를 2005년 말 89개로 축소했다. 한편, 2010년까지 최적화 단계에서는 중대 프로젝트 중심으로 연구소를 신설하여 2012년 말 105개로 조정했다.

위 전략을 통해 연구소 조직의 구조조정을 일단락한 후, 2011년부터는 세계 일류 연구소와 우수 연구인력 육성을 목적으로 하는 「혁신(創新) 2020」(2011~2020) 전략을 본격적으로 실시하고 있는데, 「지식혁신공정」과 일맥상통하면서 더욱 업그레이드된 「혁신 2020」 정책을 향후 10년간 지속 추진할 계획으로 중국 특유의 일관성을 유지하고 있다. 주요 목표는 전체 1/3 정도 연구소를 세계 일류수준으로 육성, 고수준의 혁신인력그룹 육성(최고과학자 2,000명, 리더급 과기인력 3,000명 등), 연구성과 전환 가속화(지방정부와의 협력확대 등), 글로벌 또는 지역 협력 중 주요 역할 수행 등이다.

2013년 7월 17일 시진핑 국가주석이 중국과학원을 시찰하면서 지난 60여 년간의 성과를 긍정적으로 평가하는 한편, '네 가지 솔선(率先)[39]'이라는 중장기 목표 제시했다. 시 주석은 "중국 최고의 학술기관인 중국과학원이 앞으로도 앞장서서 혁신적인 성과를 창출하고 창의형 인재를 양성·확보하며 앞선 과학기술 전략을 구상함으로써 중국과학원, 더 나아가 중국의 과학기술 발전을 이끌어나갈 것"을 당부했다.

이에 따라 중국과학원은 2013년 하반기부터 800여 명의 전문가를

---

39) "네 가지 솔선" 목표(2015~2030년): ① 전략·선도분야에서 과학기술의 도약적인 발전 率先 실현 ② 혁신인재거점 率先 형성 ③ 수준 높은 과학기술 싱크탱크 率先 구축 ④ 세계 일류수준의 연구기관으로 率先 도약.

동원하여 '솔선행동계획 및 전면적 개혁심화 요강(率先行動計劃暨全面深化改革綱要)'(이하 '솔선행동 계획')을 제정(2014.7.7.)했는데, 동 계획은 기존 '지식혁신공정(1998~2010)' 및 '혁신 2020(2011~2020)'의 연장선에서 수립되어 중국과학원 향후 15년간(2015~2030) 개혁 및 혁신의 목표 및 실천전략을 규명했다. 즉, '솔선행동 계획'은 중국과학원이 '네 가지 솔선 목표' 달성에 있어 기존의 기반 및 우위, 선진국과의 격차 등을 면밀히 분석한 후 향후 15년의 목표, 임무 및 조치에 대한 체계적인 설계도로, 향후 '네 가지 솔선 목표'를 중심으로 세계 선도과학 분야, 국가 차원의 수요 그리고 국민경제 발전 촉진을 지향하여 학술적 수월성 및 혁신적 기여를 동시에 추구한다는 의미이다.

중국 정책의 장점: 장기적·지속적 사례

중국의 발전비결은 장기적 비전을 갖고 일관되게 국가발전 전략과 산업정책을 추진하는 한편, 중국 정부의 과기 중시 정책 마인드와 지도자의 확고한 과기 육성 의지로 일관되게 전략과 정책을 추진해온 덕분이며, 중국 정부는 단시일 내에 승부를 걸려 하지 않고 10년, 20년 후를 겨냥하고 있다. 우주사업의 경우, 수천만 아사자가 발생한 1950년대 대약진 운동시기의 경제적 후진과 1960년대 문화혁명기의 사회적 대혼란[40]에도 마오쩌둥이 주창한 양탄일성(兩彈一星)의 전략무기체계 개발을 꾸준히 추진했으며, 체제가 바뀌고 세상이 달라져도 변치 않는 중국 우주사업에 대한 일관된 정책 실현이 오늘의 중국 우주를 만든 것이다.

한편, 863계획의 전동자동차 프로젝트 수석과학자이며 총괄책임자인 완강(万钢)이 공산당이 아님에도 2007년부터 과기부장관에 임명되어 지금까지 재임하고 있다. 이외에 공업정보부장관도 2009년부터 재임하

---

[40] 문화혁명 소용돌이 속에서도 주언라이(周恩來) 총리는 천쉐썬 등 과학자 명단을 군대에 보내 홍위병들로부터 이들을 보호했다.

고 있으며, 이들 모두 자동차 관련 전문가들이다. 덩샤오핑과 가속기에 대한 일화도 주목할 만하다. 유럽의 한 과학자 신분인 친구가 그에게 이런 질문을 했다. "너희들은 현재 경제도 발달하지 못했는데, 왜 이런 것을 만들고 있느냐?" 그러자 덩샤오핑은 "이것은 모두 먼 미래의 이익을 위해서이다"라고 대답했다. 예전에도 그렇고 지금도 그렇지만 미래에도 역시 중국은 반드시 첨단 과학기술을 발전시켜야 한다. 가령 1960년대 이래 중국에 원자탄도 없고, 위성도 발사하지 못했더라면 중국을 세계에 큰 영향을 주는 대국이라 할 수 없으며 지금의 국제적 지위도 없었을 것이다.[41]

8) 국제과학기술협력

과학기술 외교는 중국 대외개방정책의 중요한 구성부분이자 경제와 과학기술의 발전을 촉진하는 중요한 수단이며, 국가관계 발전을 촉진하는 중요한 창구이다. 중국은 이미 152개 국가나 지역과 과학기술협력관계를 구축했고, 100개 국가들과는 '정부 간 과학기술 협력협정'을 체결했다. 한편, 국제 과학기술협력분야에서 나타난 새로운 특징은 중국의 지방정부가 이에 적극 참여하고 있다는 점이다. 각 성·시 정부가 지방경제 건설과 사회발전 수요에 근거하여 협력 루트를 적극 개척하고 선진국의 기술, 인력, 자본과 관리기법을 지방경제 및 사회발전과 결합시키고 있다.[42] 지방정부들이 지역산업 및 구조를 조정하고 기술 수준을 향상시키는 동시에 첨단산업을 발전시키는 측면에서 이를 활용하고 있다는 것이다.

중국은 일대일로 전략에 따라 심층융합 호혜 협력망 구축을 추진하

---

41) 『등소평 문헌』 제3권, pp.278-280.

42) 곽재원, "과학기술 글로벌화를 통한 경쟁력 강화 전략: 일본과 중국 사례", 과학기술정책(2007년 1~2월).

고, 아시아시설투자은행(AIIB)과 실크로드기금을 설립하여 기반시설 상호 접속협력을 가속화하고 있다. 중국 외교는 이제 탁구 외교, 판다 외교에 이어 고속철 외교로 전환 중이다. 또한 중국은 기후변화, 에너지, 환경보호, 식량안전 및 중대질환 예방 등 국제적·지역적 이슈를 중심으로 공동 기술연구개발에 참여하는 등 글로벌 이슈를 중심으로 국제과학기술협력을 강화하여 국제사회에서의 중국의 역할을 극대화하고자 UN, OECD(경제협력개발기구) 및 IEA(국제에너지기구) 등 국제기구의 국제 과학기술협력사업에도 적극 참여하고 있다.

9) 왜 지금의 중국이 중요한가?

지금 한국은 중국이 잘돼도 걱정, 못돼도 걱정이라고 한다. 잘되면 따돌릴까, 안 되면 우리의 시장이 없을까 우려되는 것이다. 서로 윈윈할 수 있고, 중국이 원하는 것을 충족시킬 수 있는 위치에 있어야 하는데, 앞으로 5년이 한국과 중국이 같이 갈 수 있는 중요한 시기인 것 같다. 이 기간 한국은 매년 2.9% 성장, 중국은 매년 6.5% 성장한다면 시진핑 체제가 끝나기 전에 중국의 GDP 규모는 우리 경제의 10배가 되어 경제적 측면에서 10% 국가로 전락하면서 경제가 중국에 종속될 우려가 있다. 이제 정책 수립에 있어 중국은 이제 '변수'가 아닌 '상수'로 고려해야 하며, 중국에 어떻게 대처하느냐에 따라 우리 경제의 성장속도와 질이 결정된다 따라서 '큰' 중국에 대한 우리의 선택은 '날카로움'이 되어야 할 것이며, 그 날카로움의 핵심은 기술인데, 어떻게 날카로움을 키워야 하는가?

중국은 이제 과학기술분야에서 단순한 추격자가 아니라 '선도자, 병행자(parallel mover) 및 추격자 병존'이라는 패러다임에 진입했다. 과거 중국은 낮은 요소비용을 기반으로 경쟁했으나 이제는 기술 및 품질 향상에 주안점을 두고, 한국과 중국의 경쟁구도가 질적 경쟁으로 심화되고 있어 중국의 혁신역량 강화는 한국의 지속성장에 커다란 위협이 되고 있다. 중국 과기혁신역량의 위협적 부상을 확인하고, 한국의 대응방안을 모색해야 할 시점이다. 앞에서 언급했듯이 향후 5년 동안 R&D 투자 측면에서 우리는 정체되는 반면, 중국은 국가의 강력한 의지와 추진력으로 2020년 GDP 대비 2.5%를 목표로 지속 투자할 경우, 중국의 연구개발투자와 성과가 급성장하는 상황에서 순식간에 한중 기술수준이 역전되고 그 격차가 커질 가능성이 있다. 과거 틀 속에서의 효율성만으로는 시대 변화에 대처할 수 없고, 미래 관점에서 혁신을 추구하는 창조적 파괴가 필요한 시점이다.

10) 한중 과학기술협력

한중관계는 끊임없는 경쟁과 협력의 관계이다. 한중 수교를 계기로 이뤄진 양국관계의 심화는 새로운 기회의 가능성과 도전이라는 양면을 우리에게 보여주고 있다. 중국과의 경쟁과 협력 형태에 따라 우리 경제의 고도화와 효율성 제고가 결정된다고 해도 과언이 아니다. 그러나 지금은 과학기술이 점점 대형화·복합화되고 있어 어느 한 나라나 특정 기업이 이를 독자적으로 수행하기는 어려울 뿐 아니라, 각 분야별 변화의 폭이 크고 속도 또한 가속화되고 있다. 국가 간, 기업 간 협력이 중요한 이유가 여기에 있다. 중국과 같은 큰 나라에서는 특히 지방정부의 역할이 매우 크다. 따라서 한중 협력에 있어서도 지방정부 간 협력과 연구단지 간 혁신클러스터가 서로 협력을 확대해나갈 필요가 있다. 중국의 변화하는 상황에 맞추어 남부지역뿐 아니라 중서부 내륙지역에 주목할 필요가 있으며, 지역별 물적·인적 자원, 기술의 발전 정도 등을 고려하여 선택과 집중을 통한 새로운 거점 구축과 지역별 전문가 육성이 시급하다고 본다. 향후 양국의 과학기술협력방향은 중국의 엄청난 변화의 소용돌이 속에서 이에 대한 정확한 과학기술정보를 전달할 수 있는 체제를 구축하여 중국의 미래 성장 잠재력을 제대로 파악하면서 한중 양국관계가 발전적인 새로운 단계로 진입할 수 있도록 배전의 노력이 필요한 때이다.

제8장
일대일로와 북방경제 그리고 한반도_이창주

공간은 시간에 따른 가치의 변화를 온몸으로 담고 있다. 2013년 9월과 10월 시진핑 중국 국가주석은 '실크로드 경제벨트'와 '21세기 해상 실크로드'를 각각 발표하며 북방경제를 포함한 중국 주변 지역 공간에 새로운 가치를 부여하고 있다. 글로벌 공간의 가치를 새로 창출하는 일대일로 전략에서 중요한 한 축은 동북3성 지역을 중심으로 한 북방경제 지역이다. 동북3성은 1950년대 중국의 소련 일변도(一邊倒) 전략 기간 중소 양국의 대통로 역할을 담당해왔다. 1960년대 중소 간의 갈등이 첨예해지면서 동북3성의 중공업 지대는 노후화된 공업지대로 전락했다. 동북3성은 북한과 러시아의 국경으로 동해로 진출할 수 없는 내륙으로서 물류 라인의 비효율적 상태가 지속되었다. 2001년 12월 중국의 WTO 가입 이후, 중국은 본격적인 경제발전을 시작해 2009년 일본의 GDP를 넘어서며 경제강국의 반열에 오른다. 심장이 더 강해지면 신경 마디마디에 온기가 도는 법이다. 중국의 경제성장은 결과적으로 중국의 동부 연해 지역뿐만 아니라 중국의 북방지역 변방 개발에도 온기를 불어넣었다.

시진핑 중국 국가주석은 2013년에 중국의 실크로드 개발 전략인 일대일로 공동건설을 국제사회에 제안했고, 2015년 3월에 중국 국무원이 일대일로 액션플랜을 발표하며 국가전략으로서의 일대일로를 보다 구체화했다. 이런 과정 속에 2014년 3월 러시아가 크림 반도 주민투표를 통해 크림 반도를 러시아 영토로 포함하며 국제사회의 제제를 받았다. 이를 계기로 중국은 러시아를 품을 수 있게 되었다. 중국은 2003년부터 이미 동북지역 개발계획을 준비하고 2009년에는 국가급 개발 프로젝트로 진행해왔다. 중국은 동북진흥 개발계획을 진행하는 과정에서 일대일로 국내 버전에 그 계획을 반영했고, 러시아와 북한의 항만을 활용할 수 있게 되면서 북방경제의 부활이 가시화되고 있다.

일대일로와 북방경제의 연계는 한국과도 밀접한 관련이 있다. 한반도에서 발생하는 일련의 북방경제 지역개발정책과 이를 종합하는 일대일로 전략은 한국의 통일전략과 물류 네트워크 형성 전략에 직접적인 영향을 주게 된다. 이 장에서는 일대일로, 북방경제의 개념을 먼저 살펴보고 현재 발생하고 있는 물류 네트워크의 변화, 그리고 한국에 주는 시사점에 대해 살펴보겠다.

1) 들어가는 말: 일대일로와 북방경제의 정의

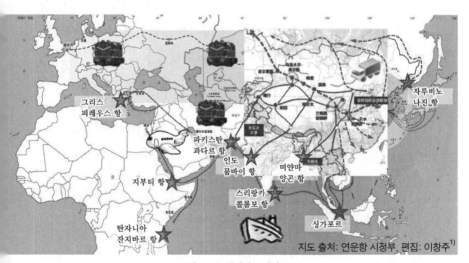

〈그림 2-2〉. 일대일로 개념도

일대일로는 2013년 9월과 10월 시진핑 중국 주석이 발표한 '실크로드 경제벨트(일대)'와 '21세기 해상 실크로드(일로)'를 하나로 묶은 신조어이다. 일대일로는 2015년 3월 국무원의 공식 자료인 "실크로드 경제벨트와 21세기 해상 실크로드 공동건설 추진 비전과 행동(「推动共建丝绸之路经济带和21世纪海上丝绸之路的愿景与行动」; 이하, 액션플랜)"에 의해 더 구체적으로 종합되면서 중국의 국가전략으로서 향후 중국의 주변 외교와 국제정책에 있어 거시적 방향이 되었다. 중국은 '실크로드'라는 프레임을 통해 주변 국가를 시작으로 유라시아 전역과 아프리카를 포함한 지역을 공간 네트워크로 묶고 향후 환태평양 지역까지 그 범위를 확장한다는 전략적 방향으로 접근하고 있다.

일대일로는 중국의 주도로 '공간 베이스의 국제 자유무역지대'를 건설한다는 종합전략이다.[2] 중국은 일대일로 지역 건설을 위해 정책 플랫폼, 금융 플랫폼, 공간 네트워크 플랫폼을 제시하고 있다. 정책 플랫폼은 상하이협력기구(SCO)나 ASEAN+3 같은 다자간 정책 거버넌스나 중국과의 양자관계를 통한 정책 소통을 의미한다. 금융 플랫폼이란 중국 주도의 아시아인프라투자은행(AIIB)과 중국 출자의 실크로드 기금 등을 의미하는 것이다. 이번 장에서 더 중점을 두어 살펴볼 부분인 공간 네트워크 플랫폼은 연계성(Connectivity) 전략으로서 인프라를 건설해 교통을 발전시키고, 국경지역의 통관을 원활하게 하여 무역 편리화 수준을 제고하며, 거기에 민간 교류를 확장해 하나의 공간 베이스 자유무역지대를 형성하는 것을 의미한다.[3] 중국은 이런 일대일로의 운영 메커니즘을 기반으로 중국을 허브로 삼는 동아시아 경제체 구축과 유럽, 아프리카 등의 경제체와의 연

---

1) 이창주, 『일대일로(一帶一路)와 한반도 변방 중심 네트워크』, 한반도포커스, IFES 경남대 극동문제연구소, 2015년 제34호, 2016년 1월 31일 출판, p.4.

2) 위의 책, p.1.

3) 王勤·李南, "东盟互联互通战略及其实施成效", 『亚太经济』 2014年 第2期, 2014年1月21日, pp.115-116.

계발전을 구상하고 있다. 동아시아, 유럽, 아프리카 중간에 위치한 러시아, 중앙아시아, 중동 등은 에너지 자원 공급지이자 저임금 생산지, 새로운 해외시장으로서 활용될 잠재력이 큰 곳이다. 중국은 일대일로 정책을 통해 물류라인 형성뿐만 아니라 산업벨트를 구축할 계획을 구상하고 있으며, 그 위에 민간 교류 확충을 통한 상이한 문명의 유대관계를 종합하며 구동존이(求同存異)의 이상을 실현하겠다는 전략을 가지고 있다.

북방경제 역시 일대일로의 중요한 축이다. 북방경제란 한국에서 주장하는 개념으로 광의적 개념에서 중국의 동북3성, 네이멍구(內蒙古), 징진지(京津冀; 베이징, 톈진, 허베이) 지역, 러시아의 동시베리아 그리고 몽골까지를 그 범위로 삼을 수 있다. 중국은 현재 장강경제벨트와 징진지 협동발전 계획을 국가전략으로서 중국 발전의 두 엔진으로 삼아 4개 경제블록(四个板块: 동부솔선, 서부대개발, 동북진흥, 중부굴기)을 중국 전역의 개발지역으로 국내개발을 진행하고 있다.[4] 북방경제는 동북진흥 개발계획에 포함되며 이는 징진지 협동발전계획과 연계하여 중국 전역과 하나의 네트워크로 엮이게 된다. 일대일로 액션플랜에서도 동북지역의 기능을 명시하고 있다.

동북지역: 네이멍구(內蒙古)와 러시아, 몽골과의 연계할 수 있는 지역 우위를 발휘한다. 헤이룽장(黑龙江)성의 러시아 철로(TSR)와 지역 철로 네트워크를 개선한다. 헤이룽장, 지린(吉林), 랴오닝(辽宁)과 러시아 극동지역 해륙복합운송 협력을 강화한다. 베이징─모스크바 유라시아 고속운송회랑을 추진하고 북방의 중요한 게이트웨이를 건설한다.

『推动共建丝绸之路经济带和21世纪海上丝绸之路的愿景与行动』, 일대일로 액션플랜, 六.中国各地方开放态势[5]

---

4) 新华社, (2015年10月29日中国共产党第十八届中央委员会第五次全体会议通过) 中共中央关于制定国民经济和社会发展第十三个五年规划的建议, 2015.11.03., http://news.xinhuanet.com/fortune/2015-11/03/c_1117027676.htm

5) "积极推进沿线国家发展战略的相互对接", 中央政府门户网站, "经国务院授权 三部委联合发布推

일대일로 액션플랜 내용에서 집중할 부분은 첫째, 네이멍구-몽골-러시아 경제회랑 건설, 둘째, 헤이룽장성-시베리아횡단철도(TSR) 혹은 랴오닝(TMR)-러시아 블록트레인, 동북3성-러시아 극동지역 해륙복합운송 물류라인 강화, 셋째, 베이징-모스크바 고속운송회랑[베이징(北京)-선양(沈阳)-하얼빈(哈尔滨)-푸위안(抚远)-하바로브스크-모스크바 고속철도 건설 내용] 등이 포함되어 있음을 이해할 수 있다. 중국 국무원의 정식자료 중 위의 내용은 북방경제가 중국 일대일로의 중요한 축임을 반증하는 것이다.

여기에서 다시 주목할 점은 동북3성과 러시아 극동지역의 해륙복합운송 물류라인이다. 동북3성과 러시아 간 해륙복합운송이란 동해에 위치한 러시아 극동지역 항만, 예를 들어 블라디보스토크, 자루비노, 나홋카 등의 항구도시가 도로나 철로 등의 내륙 인프라를 통해 중국의 동북3성을 배후지로 삼는다는 것을 의미한다. 다시 말해, 중국이 러시아 극동항만을 통해 동해로의 진출을 본격적으로 진행한다는 것을 의미한다. 일대일로 액션플랜에 명시된 중러 해륙복합운송 물류라인은 중국 일대일로 전략이 중러 간의 연계에서 끝나지 않고 환동해 경제권, 그리고 동북아 지역도 포함하고 있음을 의미하는 것이다. 중러 해륙복합라인은 동북3성의 화물이 러시아의 항만을 거쳐 환동해 경제권을 거쳐 중국 남방지역으로 연결되는 라인이다. 한반도와 일본의 대한해협을 지나치는 이 라인은 북방경제 자체뿐만 아니라 해운 라인에 있어서도 새로운 시사점을 제공한다.

중국은 일대일로라는 글로벌 전략 속에 북방경제를 하나의 축으로 활용하고 있음을 설명했다. 북방경제는 다시 중국의 장강경제벨트를 중심으로 한 남방경제지역과 연계가 추진되고 있는데 그 라인의 중심에 한반도가 위치해 있다. 문제는 중국이 일대일로 액션플랜에 명시하지는 않았지만 북한의 나선특별시 역시 중국 동해 진출의 주요 요충지라는 점이다. 한

动共建 '一带一路' 的愿景与行动", 2015.03.28., http://www.gov.cn/xinwen/2015-03/28/content_2839723.htm

국이 중국의 일대일로와 북방경제 연계의 과정을 중시해야 하는 또 다른 중점 내용이다.

중국의 일대일로는 일순간에 결정된 중국 종합전략이 아니다. 중국의 각 지방 개발계획, 해외투자, 원조, 해외진출 사업이 종합되는 과정에서 발생한 중국의 국가종합전략이다. 동북진흥 계획 역시 중국의 개발정책 중 하나로서 일대일로 전략에 포함되었고, 일대일로 국가급 프로젝트의 지원을 받으며 그 규모가 확장되고 있는 상황이다. 이런 이유로 중국 동북진흥 계획의 내용, 기존에 중국이 동해로 진출하기 위해 추진했던 해륙복합운송 개발전략, 그리고 일대일로와의 연계를 살펴볼 필요가 있다.

2) 광역두만강개발계획(GTI)과 중국의 동북진흥계획

일대일로 액션플랜이 발표되었을 때, 필자가 주목했던 것은 일대일로와 광역두만강개발계획(GTI)의 연계 가능성이었다. 일대일로 전략 자체가 시진핑 중국 국가주석이 정식으로 제안한 연계성 전략이고, 중국 국무원 차원에서 중국 국내의 개발계획을 종합하며 주변 국가와 공간 연계를 진행하고 있거나 진행할 계획이기 때문에 동북진흥 계획이 포함될 것임은 자명했다. 그렇다면 중국의 동북진흥 계획과 연계하려 했던 러시아, 북한, 몽골 등의 북방경제와 한국, 일본을 포함한 환동해 경제권을 망라하는 광역두만강개발계획 역시 이에 포함되지 않을까라는 생각이었다. 무엇보다 중국의 동북진흥개발계획의 동해진출 혹은 해외진출은 일대일로 전략 방향과 부합되는 것이었다. 중국, 러시아, 그리고 북한이 국경을 마주하고 있는 이 지역은 일본 주도의 아시아개발은행(ADB)이 외면했던 지역이었다. 중국의 일대일로 전략에서 금융 플랫폼을 담당하고 있는 중국 주도의 아시아인프라투자은행(AIIB)과 브릭스은행(NDB)이 함께 이 지역의 금융 지원이 가능해지면서 개발의 훈풍이 불기 시작할 것이라는 분석이었다.

광역두만강개발계획, 그리고 중국의 동북진흥개발의 주요 내용은 무엇일까? 1989년 미소(美蘇) 간 몰타회담 이후 세계 냉전구도는 종식되었고, 1991년 12월 소련은 정식으로 해체되었다. 1991년 유엔개발계획(UNDP)는 「두만강 지역 개발 프로그램(TRADP)」을 제안하면서 남한, 북한, 중국, 러시아, 몽골 5개 국가의 협력 사업으로 시작되었다.[6] 냉전이 종식되고 두만강 하류지역에 대한 유엔개발계획의 지원이 이어지면서 중국의 훈춘, 러시아의 포시에트, 북한의 나진·선봉 지역에 대한 개발 기대가 고조되었다. 그러나 소련 해체 직후 러시아, 개혁개방 직후 덩샤오핑의 남순강화가 진행되던 중국, 한국의 북방경제로 외교적으로 고립된 북한은 이 지역 개발에 대해 적극적으로 나설 수 없는 상황이었으며, 아시아 내 일본과 미국 주도의 다자간 개발은행인 아시아개발은행(ADB) 역시 정치적 이유로 참여하지 않았다. 중국은 2005년 9월 중국 지린성 창춘(長春)시에서 개최한 제8차 당사국 회의에서 두만강 개발계획의 범위를 중국 동북3성·네이멍구, 러시아 연해주, 몽골 동부지역, 한국의 동해연안지역까지 범위를 확장하여 '광역두만강개발계획(GTI)'을 실시하게 되었다.[7] 중국이 적극적으로 두만강 지역 개발 개입(Engagement)을 진행하는 가운데 북한의 핵실험이 이어졌고 2009년 11월 북한이 GTI에서 탈퇴하면서 관련 지역 개발에 대한 분위기가 다소 소강상태에 접어들었던 것이다.

중국은 2005년 광역두만강개발계획 주장에 앞서 〈표 2-1〉처럼 2003년 9월에 동북지역 개발에 관한 계획을 발표했다. 2003년 동북진흥

---

6) 이성우·김찬호·송주미·오연선·김성야·김형태, 「중국 동북지역 진출 신물류체계전망-'창지투 개발계획'을 중심으로」, 『GLN 동향분석 리포트』 2010년 12월 제7호, 한국해양수산개발원(KMI), 2010, p.21.

7) 배종렬, 「두만강지역개발사업의 진전과 국제협력과제」, 『수은북한경제』 2009년 겨울호, 한국수출입은행, 2009, pp.56~57.

계획은 중국의 지방정부 차원의 개발 계획으로 적극적인 추진에 제한이 있었다. 중국은 2005년 GTI 사업과 더불어 2009년 동북지역의 개발계획을 모두 국가급 프로젝트로 격상하며 중러와 북중을 연계하는 사업 계획을 본격적으로 추진했다. 2009년 당시 추진되었던 동북진흥 사업은 랴오닝(辽宁)성의 연해경제벨트, 선양(沈阳) 경제구, 지린(吉林)성의 창지투(长吉图: 창춘-지린-두만강 유역) 연계 개발, 헤이룽장(黑龙江)성의 하다치(하얼빈-다칭大庆-치치하얼齐齐哈尔) 공업회랑, 하무쉐이등(哈牡绥东: 하얼빈-무단장牡丹江-쉐이펀허绥芬河-둥닝东宁) 지역개발 등이 있다. 중국은 2009년 8월에 발표한 창지투 개발계획을 개발개방 선도구 지역으로 지정하면서 2020년까지 해륙복합 물류라인 건설을 명시했다.[8]

〈표 2-1〉 중국 중앙정부 발표 역대 동북지역 개발 정책

	중국 중앙정부 발표 역대 동북지역 개발 정책
2003.9	《동북지역 등 舊 공업기지 진흥전략에 관한 약간의 의견》
2007.8	《동북지역 진흥개발계획》
2009.8	《중국 두만강지역 협력개발 계획 강요-长吉图를 개발개방선도구로》
2009.9	《국무원 동북지역 등 舊 공업기지 진흥전략의 지속적인 시행에 관한 의견》
2012.3	《동북진흥 "12·5"계획》
2014.8	《동북진흥에 대해 최근 지지해야 할 몇 가지 중대정책에 관한 의견》
2015.12	《동북지역 등 구 공업기지의 전면적인 진흥에 관한 약간의 의견》
2016.4	《동북 지구 등 구 공업기지 진흥전략 실시에 관한 약간의 의견》

중국은 북러 간의 국경 지역 15.5km 때문에 동해로 직접 진출하지 못한다. 동북3성의 이런 지경학적 난관으로 동북지역의 대부분 물자가 랴오닝성 다롄(大连)을 중심으로 한 연해 항만을 통해 중국 남방으로 수송된다. 이런 비효율적인 문제를 해결하기 위해 중국은 북한이나 러시아의 동해

---

8) 중국 국무원 홈페이지, "国务院正式批复中国图们江区域合作开发规划纲要", http://www.gov.cn/jrzg/2009-11/16/content_1465540.htm

항만을 활용해 동해의 물류라인을 확보하여 물류의 병목현상을 해결하고
자 했던 것이다. 이러한 중국 전략을 배경으로 창지투 개발계획은 북한의
나진항과 러시아의 극동항만과 연계하여 해륙복합형 물류라인 구축 내용
을 담고 있다.

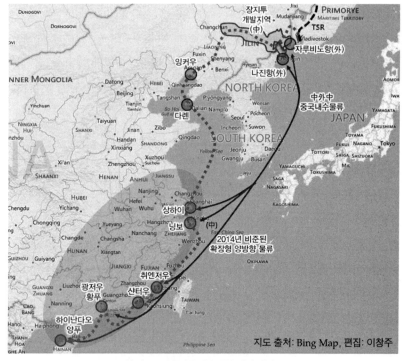

〈그림 2-3〉 중외중 내수무역 관련 개념도

창지투 개발계획은 광역두만강개발계획과 연계되면서 중국의 동해
진출의 교두보가 되었다. 중국은 또한 동해를 통과하는 물류라인의 활성
화를 위해 제도적 지원을 실시했다. 중국은 〈그림 2-3〉[9]처럼 먼저 2010

9)   이창주, 「중국이 동해에 진출하면 어떻게 될까?」, [한겨레 창간 26년 특집, 떠오르는 환동해] 중
     국 전문가 기고1, 한겨레신문, 2014년 5월 16일, http://www.hani.co.kr/arti/politics/politics_

년 12월 중국 창지투-북한 나진항-중국 상하이 혹은 닝보(寧波)로 이어지는 중외중 단방향 내수물류라인을 지정했다.[10] 중외중 물류라인이란 '중'국 동북3성-'외'국 나진항-'중'국 상하이의 물류라인이 비록 북한을 경유한 것이지만 내수물류로 인정한다는 중국 세관정책이다. 중국이 북한의 나진항이나 러시아의 극동항만과의 해륙복합 인프라 활용뿐만 아니라 세관정책에 있어서도 혜택을 부여한 것이다. 그러나 중외중 단방향 내수물류라인 품목은 석탄에 한정되어 있었고 북에서 남으로 단방향 물류에 한정되어 있어 한계를 드러냈다. 2014년 2월 18일 중국 해관은 중외중 양방향 내수물류라인을 비준함으로써 중외중 물류라인의 품목 범위를 확대하고 남북 양방향 물류라인에 대해 내수물류로 인정함으로써 창지투 개발계획과 북러 동해지역 항만 연계를 위한 제도적 지원을 실시했다. 또한 상하이·닝보에만 한정되어 있던 목적항 범위를 취안저우(泉州), 샨터우(汕头), 광저우(广州), 하이난다오(海南岛)까지 넓히며 동북3성과 중국 남방과의 연계를 위한 제도적 지원을 마련했다.[11]

중국의 동해진출 전략은 국제정치 상황의 부침(浮沈)에 따라 불안정성을 내포하고 있었다. 중국은 2009년 5월 25일 북한의 제2차 핵실험에 인내하면서 동북지역 개발을 위한 전략을 설계했다. 원자바오 당시 중국 총리는 2009년 9월 동북지역 개발계획을 국가급 개발프로젝트로 격상시키고 동년 10월 평양에 방문해 단둥-신의주(압록강 라인), 창지투-나선(두만강) 라인 연계를 포함한 북중 경제협력 프로젝트를 체결했다. 2013년 12월 북중경협을 전두 지휘했던 장성택의 처형으로 북중 지역 경협 전체 프로젝트가 크게 흔들리게 되었다. 중국은 이후 북한과의 개발계획에 대해 무

general/637301.html

10) 중국 해관 홈페이지, "关于吉林省开展内贸货物跨境运输试点", 海关总署公告2010年第49号, 2010年8月4日, http://www.customs.gov.cn/publish/portal99/tab4744/info268226.htm.

11) 중국 해관 홈페이지, "关于拓展内贸货物跨境运输试点业务范围的公告", 总署公告〔2014〕42号, 2014年5月30日, http://www.customs.gov.cn/publish/portal0/tab49564/info708828.htm.

성한 소문만 회자되었을 뿐 큰 진전을 보이지 못하고 있었다. 여기에 변수
는 중국의 일대일로, 러시아의 신동방정책, 북한의 나선경제특구 종합개
발계획이 발표되었다는 것으로 두만강 유역 개발의 불씨는 여전히 살아
있었다.

3) 일대일로 전략 속 두만강 유역 개발 현황

중국은 2013년 12월 장성택 처형으로 북중경협 및 동해진출의 난관
에 봉착했다. 이 시기와 겹쳐 중국 창리 그룹의 나진항 1호 부두 개발은
원래 없었다는 뉴스가 들렸고 북중경협 자체가 흔들리는 양상을 보였다.
중국의 창지투 개발계획에 대한 회의감이 들려오던 시기에 중국은 러시아
의 극동항만과의 연계에 집중하면서 창지투-나진항, 창지투-자루비노항
이라는 투 트랙의 개발이 시작되었다. 중국은 〈그림 2-4〉처럼 헤이룽장
성의 하무쉐이둥 지역과 지린성의 창지투 개발선도구 지역을 각각 러시
아의 프리모리예(滨海)-1, -2 개발계획과 연계하여 동해 진출의 안정성을
추진했다. 나진항에만 집중되었던 해운복합물류라인을 러시아의 극동항
만으로도 복수로 개발하면서 안정적인 동해진출 물류라인을 개발하겠다
는 전략이었다. 일대일로 액션플랜 중 동북지역 부분에서 중러 간 해륙복
합운송라인에 대한 언급도 바로 여기에 기인한다.[12]

---

12) 중국 국무원 홈페이지에 인용된 「신화사」 자료에서도 일대일로 전략 내 창지투의 역할을 설
  명한 바 있다. "长吉图战略助力 "一带一路" 北移 促进东北亚合作", http://www.gov.cn/
  xinwen/2015-09/03/content_2924613.htm

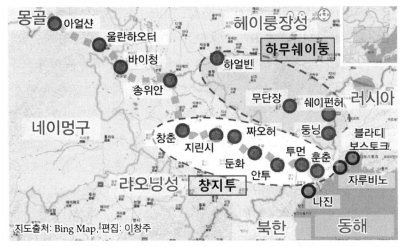

지도출처: Bing Map, 편집: 이창주

〈그림 2-4〉 창지투와 하무쉐이둥의 출해로 연결 라인 개념도.

　　러시아는 2014년 흑해 지역의 우크라이나 남부에 위치해 있던 크림 반도를 주민투표로 러시아 영토로 포함시키면서 국제제재를 받는다. 러시아는 크림 반도 문제로 미국뿐만 아니라 유럽과의 관계에도 악영향을 받게 되면서 러시아의 천연가스 새로운 시장인 동아시아에 시선을 돌리게 되었다. 국제제재로 러시아 화폐인 루블화 역시 가치절하되면서 러시아는 중국과의 강화가 절실하게 되었다. 러시아는 기존에 폐쇄형으로 관리하던 극동항만 지역을 중국 개혁개방 초기 경제특구 모델과 비슷한 자유항 정책(Free Port Policy)을 재정하여 통과 비자면제, 세제 특혜, 통관 시간 확대 등 외자기업에게 우대혜택을 부여했다.[13] 러시아는 또한 중국 동북3성과 북한 나선특별시와의 연계를 위해 프리모리예 개발계획을 마련하며 중국의 하무쉐이둥과 창지투 개발계획과의 연계를 본격화했다. 중국은 이런 국제정세 분위기 속에서 안정적인 동해 진출을 위한 물류라인을 개발할 수 있게 되었다.

---

13)　"블라디보스토크 자유항 법안 통과", 주 모스크바 대한민국 대사관 자료

중국은 북한의 나선특별시 개발에도 주도권을 쥐었다. 북한은 2015년 11월 18일 '나선경제특구 종합개발계획(이하 계획)'을 발표하며 9개의 산업구와 10개의 관광지 조성을 밝혔다. 나선경제특구 개발은 이미 오래전부터 발표된 상황이었으나 이번 계획은 다른 의미가 있었다. 중국 측 관료나 학자들이 평양에서 일대일로 정책에 대해 충분히 설명하면서 중국의 투자를 시사한 배경 하에서 계획이 구체적으로 발표되었다는 점에 그 의미가 있다.[14] 북한은 4차 핵실험과 장거리미사일 발사로 2016년 3월 2일 유엔 결의안 2270호 대북제재 조치를 받게 되었다. 그러나 2270호 대북제재 결의안 분야별 제재 내용 중에 러시아 측의 요구로 북한산이 아닌 석탄은 나진항을 통해 해외로 수출이 가능하다는 예외 조치가 포함되면서 나진항 연계 사업에 불씨를 남겼다.

중국은 동해진출 교두보인 창지투 개발계획 중에서 대외창구 기능을 담당하고 있는 훈춘시를 중심으로 개발계획을 추진해나갔다. 훈춘시는 중국과 동해의 최단거리에 위치한 국경도시이자 북한·러시아와 직접 국경을 마주하고 있는 곳이다. 훈춘시는 〈그림 2-5〉처럼 러시아와 훈춘(구 장영자) 세관과 훈춘 철로 세관 두 곳의 통상구, 북한과 취안허(권하; 圈河), 샤투어즈(사타자; 沙坨子) 세관 두 곳의 통상구 등을 통해 각각 러시아와 북한으로 연결되어 있다. 현재 동북3성 지역의 고속철도 네트워크가 확장되고 있는 가운데 훈춘시로 연결된 고속철도 라인이 러시아의 블라디보스토크와 연계될 예정이다. 또한 새로 건설될 국제 버스 터미널도 훈춘시 고속철도 역과 연동되어 운영될 예정으로 러시아와의 교통로 연결이 더욱 활성화되고 있다. 중국은 또한 북한 나진항과의 주요 연결 국경 게이트웨이인

---

14) 이창주, "나선경제특구 개발계획은 허상? 사실은 이렇다", 오마이뉴스, 2015.11.20, http://www.ohmynews.com/NWS_Web/View/at_pg.aspx?CNTN_CD=A0002161696&PAGE_CD=N0002&CMPT_CD=M0111

15) 이창주·김범중, "中外中 물류환경 변화와 나진·부산항 연계 전략", KMI 중국물류리포트, 제14-12호, 2014.11.24, p.4.

지도 출처: Google Map, 편집: 이창주[15]

〈그림 2-5〉 중국 훈춘시의 북한-러시아와의 통상구 개념도(점선은 나선특별시 개념도)

취안허 세관에 신두만강대교를 개통해 물동량의 확충에 나섰다. 중국은 훈춘과 북러 해륙복합운송 라인의 원활한 운영을 위해 통관제도의 간소화, 원스톱 통관신고제도도 추진하는 등의 제도적 지원도 마련하고 있다. 이에 더해 중국 훈춘시 팡촨, 러시아 하산, 북한 나선특별시 두만강동을 연결하는 3국 국경지역 두만강 하류 삼각주 관광 사업을 추진하면서 해륙복합물류노선을 뛰어넘어 북중러 개방형 국제 국경도시 건설을 추진하고 있다.[16]

---

16) 이창주, "북·중·러, 국경 무너트리고 경제 교류…… 한국은?", 오마이뉴스, 2016.10.04, http://www.ohmynews.com/NWS_Web/View/at_pg.aspx?CNTN_CD=A0002248523

4) 일대일로 속 북방경제 부활에서 한국의 대응방안

세계무역기구(WTO) 주도의 무역·투자 자유화를 추진하던 도하개발어젠다(DDA) 협상은 답보상태이다. 국제사회 내에 지역통합과 스파게티볼 형태의 복잡한 자유무역협정은 더욱 가속화되고 있다. 이런 글로벌 추세를 반영한 것이 바로 '공간을 베이스로 한 자유무역지대' 건설이다. 일대일로, 중국발 실크로드 개발은 금융 플랫폼, 거버넌스, 공간 연계성 등을 망라한 글로벌 전략이다. 박근혜 정부 들어 유라시아 이니셔티브를 주장하는 한국 역시 이런 최근 글로벌 추세에 발을 맞추고 있지만 좀 더 세밀하게 일대일로, 북방경제에 접근할 필요가 있다.

(1) 금융 플랫폼, 동북아개발은행, 한국 주도의 다자간 개발은행 설립

일본은 미국의 기금을 받아 1966년 일본 주도의 아시아개발은행(ADB)을 설립했고, 중국은 2016년 1월에 아시아인프라투자은행(AIIB)을 공식 출범했다. 중국은 일대일로 전략의 금융 지원 플랫폼으로, 일본은 기존의 아시아 지역 개발을 지속하는 방향으로 각각 자국 주도의 다자간 개발은행을 활용하고 있다. 주목할 점은 ADB나 AIIB가 상충하는 개념이 아닌 상호 보완이 가능한 개념으로 자금 협력을 통한 개발 프로젝트를 진행할 수 있다는 것이다. 한국 역시 자국 주도의 다자간 개발은행을 설립하고자 했다. 한국 역시 동북아개발은행 구상을 1990년대 이래 지속적으로 제시해왔으며 1999년 남덕우, 2002년 일본 동경재단, 2002년 Stanley Katz 등이 종합적으로 제시한 바 있다. 박근혜 대통령은 2014년 3월 독일 드레스덴을 방문해 동북아개발은행(NEADB) 설립을 통해 북한, 중국의 동북3성, 러시아 극동지역, 몽골을 포함한 동북아 개발 사업을 진행할 것을 발표했다.[17] 그러나 북핵 폐기가 선결조건으로 제안되면서 동북아개발은행 논의가 사실상 중단된 상황이다. 동북아개발은행은 한국의 국제사회 내 경험에서 비추어볼 때 일본 주도의 ADB와 중국 주도의 AIIB 사이의 가교 역할을 담당할 수 있고 소외되었던 한반도 주변 지역과 한반도를 연계하는 금융 플랫폼으로 자리 잡을 수 있다. 그런 점에서 북핵과는 별개로 환한반도 경제권의 금융 지원을 위해 동북아개발은행 설립을 실현해야 한다.

(2) 거버넌스, 광역두만강개발계획(GTI)과 6자회담의 역할 확대

지역 개발에 있어 당사국들 간의 정책 소통은 안정적인 지역개발 사업을 가능하게 한다. 두만강 유역은 북한이라는 정치적 변수와 미일과 중러 간의 갈등요소가 점철되어 있는 곳이다. 이런 이유로 두만강 유역이 거버넌스 확보와 정책 소통은 필수불가결한 것이다. 동북아개발은행 설립과 운영을 전제로, 경제 분야에서는 광역두만강개발계획(GTI) 정책 소통 플랫폼을 더 적극적으로 활용할 수 있다. 앞서 설명한 대로 중국은 일대일로 전략을 통해 국경지역의 개방과 인프라 건설, 통관 편리화 등을 추진하며 국경지역을 중심으로 하나의 경제권 건설을 준비하고 있다. 러시아는 국제제재 국면 속에서 아시아·태평양 지역 진출로인 연해주 지역 개발을 정책적으로 지원하며 중국과 일본 등의 투자를 받아들이고 있다. 몽골 역시 중국과 러시아로 둘러싸인 대륙형 국가에서 해양으로 진출하기 위해 적극적으로 중국과 러시아의 개방 정책을 활용하려는 움직임이 있다. 이런 상황 속에서 두만강 유역 개발을 위해 GTI를 정책 소통 플랫폼으로 활용하고 북한을 GTI에 다시 참여시키며 개혁개방의 방향으로 설득할 레버리지가 발생할 수 있다. 한국이 참여하는 두만강 개발계획 사업은 물론 환동해 경제권의 일본과 동북아 내 영향력을 유지하고자 하는 미국에게도 유

---

17) 김유리, "동북아 개발과 금융협력: 다자개발은행(MDB) 활용방안", 『수은북한경제』 2015년 여름호, p.2.

인책이 될 수 있다.

이와 더불어 6자회담의 역할을 확대해 새로운 거버넌스 체제를 구축해야 한다. 6자회담의 원래 목적은 북핵 문제 해결을 위한 것이었으나 그 목적을 한반도를 둘러싼 국제정세를 조정하는 대화의 채널로 확장할 필요가 있다. 미국은 아시아회귀전략을 통해 중국을 견제하고, 중국은 일대일로 전략을 통해 동아시아를 중심으로 유라시아 및 아프리카 전역을 연계하는 전략을 취하고 있다. 이런 국제정세 속에 한반도 나아가 동북아 지역의 미중 갈등 문제를 최소화하고 한국과 미중일러의 국제공조 속에 북핵 문제 및 북한도발을 최소화하며 북한을 대화의 무대로 나올 수 있도록 유도해야 한다. GTI가 관련 지역 내 국가들 간의 개발 프로젝트 협력이라면 새로운 콘셉트의 6자회담은 한반도를 둘러싼 강대국들의 정책 대화 플랫폼으로 활용하는 방안 역시 가능하다.

(3) 공간 네트워크, 변방이 중심이 되는 동북아 신 네트워크[18]

연계성 전략은 교통 인프라 건설, 통관을 포함한 무역·투자 편리화, 민간 교류 확대를 그 기본틀로 하고 있다. 일대일로가 중국을 허브로 삼는 동아시아 전략이라면 한국의 '공간 베이스의 자유무역지대' 건설 전략은 한국의 동북아 허브 전략으로 연결되어야 한다. 한국은 북쪽으로 DMZ에 막혀 있고 3면이 바다로 둘러싸여 있다. 사실상 섬이나 진배없는 지경학적 구조에서 가장 중요한 것은 물론 해운이다. 유라시아 이니셔티브 구상이 북한에 막혔다고 하지만 부산항을 중심으로 한 해운 물류 네트워크를 활용한다면 해륙복합운송라인을 통해 다양한 한반도 물류 네트워크를 설계할 수 있다. 한국은 부산─목포를 연계하는 남해안경제벨트를 축으로 환황해 경제권과 환동해 경제권을 활용한 개발 프로젝트를 구상할 수 있다.

---

18) 이창주, 『변방이 중심이 되는 동북아 신 네트워크』, 산지니, 2014, pp.255-265.

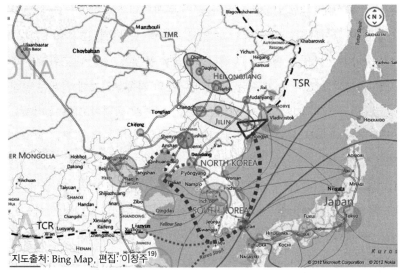

지도출처: Bing Map, 편집: 이창주[19)]

〈그림 2-6〉 삼각축 해양 네트워크와 항구-내륙 복합형 네트워크

부산의 국제 환적항 기능을 활용하여 낙동강벨트를 배후지로 삼는 제조업 산업벨트 역시 활성화할 수 있는 구조이다. 이를 위해 먼저 일본과 환황해 경제권에 집중되어 있는 근해 노선을 북방 지역으로 끌어올려 부산항을 허브로 하는 허브 앤 스포크(Hub & Spoke) 해운 네트워크를 형성해야한다. 예를 들어, 러시아의 자루비노 항이나 북한의 나진항을 경유한 동북3성 화물이 부산에서 환적하여 부산의 원양노선을 활용하는 방안이다.

부산항을 축으로 환황해 환동해를 두 날개로 삼는 일체양익(一体兩翼) 전략을 구사하며, 그 안에 위치한 한국의 다양한 항만들이 랴오닝성 연해경제벨트나 창지투-연해주 자유항 등과 연계된 두만강 하류 지역 등의 북방경제 지역 항만들과 네트워크를 구성하고 그 안에서 각 지역의 생산요소 비교우위에 따라 산업벨트를 형성해 한중 FTA의 혜택을 누릴 수 있는 방안을 마련해야 한다. 혹은 부산 신항 부지에 중국 법인의 투자를 받아

---

19) 상동, p.260.

원산지 규정에 맞춰 "Made in Korea"라는 명칭의 상품이 한국과 FTA를 체결한 미국, EU 등지로 진출할 수 있도록 매력 포인트를 조정해야 한다.

중국의 일대일로 전략은 정책 소통, 금융 플랫폼, 공간 네트워크를 축으로 운영되고 있다. 현재 이런 공간 베이스의 자유무역지대 연계는 일대일로뿐만 아니라 세계 각 지역의 트렌드가 되면서 국경이 점차 무너지고 있다. 그러나 동북아 지역은 이런 기제가 동북아 갈등 요소로 인해 논의가 제대로 이루어지지 않고 있다. 한국 주도의 정책 소통, 금융 플랫폼, 공간 네트워크 전략 구상은 중국과 일본을 연결하는 가교 역할을 담당할 수 있다. 한반도는 태평양과 유라시아를 연결하는 교량으로서 지경학적 가치가 있는 곳이다. 한국이 주도적으로 일대일로, 북방경제를 활용하여 동북아 허브 전략을 추진한다면, 이는 시진핑 정권의 일대일로를 더 정확히 이해하고 활용할 수 있는 첩경이 될 것이다.

제9장
맺음말: 한중관계와 한반도의 미래_김상순

1) 중국은 친북한 전술 카드의 위험성 직시해야

(1) 국가 안보는 자주적 선택이 필수

올해 제71주년 광복절 경축사에서 박 대통령은 "우리의 운명이 강대국들의 역학관계에 의해 결정될 것이라는 피해의식과 비관적 사고를 떨쳐내야 한다"며 자주적이고 능동적인 외교·안보의식과 북핵 불용 원칙을 강조했다. 특히 사드 배치에 대한 주변국과 국내 일부의 반발을 의식하여 "우리가 한반도와 동북아 평화 번영의 주역이라는 책임감을 가지고 주변국들과의 관계를 능동적이고 호혜적으로 이끌어나가야 한다"며 외교·안보에 대해 강한 자주적·능동적 의지를 표현했다.

내부적으로도 "사드 배치는 국민의 생명을 지키기 위한 자위권적 조치이고, 이는 결코 정쟁의 대상이 아니므로 대안을 제시하라"며, 현재 국가와 국민을 보호하기 위한 최선의 선택이었음을 강조했다.

사드 배치와 관련하여 주변국과 내부의 반발에 대한 정면돌파를 시도하는 핵심이 국가와 국민의 보호에 있고, 국가 안보는 자주적 선택이 필수라는 점을 강조한 시점은 시기적으로도 매우 적절하고 절묘하다.

필자는 중국이 한국에 대한 압력을 행사할 수 있는 시간이 거의 다 소모되었다는 박 대통령의 판단에 동의한다. 중국은 반드시 한국과의 협력을 필요로 한다. 따라서 조급하게 우리의 패를 꺼내들 필요는 없다.

(2) 미중 갈등 상황에서 사드 배치는 중국에게는 반격의 호재

사드의 본질이 북핵 문제에 대한 방어적 조치이고, 종말모드 X-밴드 레이더의 탐색거리가 한반도 권역에 한정된다는 한국의 입장과 중미관계에 있어서 핵 억제력의 불균형 조성이 더 큰 문제라는 상호 입장 차이가 무한 반복되고 있다. 기술적으로는 중국이 이에 충분히 대응할 수 있고, 실제로 사드 배치가 중국에게 큰 위협이 되지 못한다는 중국 내부 전문가의 목소리는 주변으로 밀려났다. 사드 문제는 이미 오래전부터 중국 측 입장에서는 기술적인 문제가 아니라 정치적인 사안으로 접근한 것이다.

중국은 주변국들과 영토 분쟁 마찰을 끊임없이 지속해왔고, 지금도 여러 곳에서 진행 중이다. 특히 남중국해와 동중국해에서의 미중 및 중일 간 갈등, 양안 관계의 냉각으로 인한 미국과의 충돌은 끝이 보이지 않는 장기전일 수밖에 없다. 한반도 비핵화와 북핵 문제의 처리에 있어서도 미중 간에는 한 치의 양보 없는 갈등이 지속되고 있다.

이러한 중국에게 한국의 사드 배치는 세 가지 측면에서 호재로 판단되었을 것이다. 첫째, 급속한 성장통으로 인한 내부적 출구 전략이 필요했던 시점에 사드 배치는 매우 좋은 화풀이 대상이라는 점이다. 언론과 관변학자들이 앞장선 중국 내 여론몰이는 매우 성공적이었다. 그러나 예상대로 중국의 인민은 좀 거칠게 하나가 되었다.

둘째, 미중 간의 갈등에서 늘 방어적 입장에 처해 있던 중국은 그동안 쌓인 감정을 한꺼번에 쏟아낼 수 있는 절호의 기회를 잡은 셈이다. 중국 언론과 관변학자들의 반한 여론 조성을 통해 미중 간의 수세적 입장에서 반격과 평형을 잡기 위한 호기로 여겼을 것이다. 미국도 사드 문제에 집중하면서 남중국해와 대만 문제에 대한 집중도가 떨어졌다. 전선 확대로 적의 집중력을 희석시키는 것은 중국의 오랜 전술 중의 하나이다.

셋째, 한국의 언론과 정치가 및 일부 학자들까지 중국의 여론몰이에 휘둘리는 어부지리 효과를 유발했다. 이로 인해 중국은 자연스럽게 한반도 남북 등거리 전략의 쏠쏠한 재미를 즐기게 되었다. 중국 외교부장은 북한 외무성의 등을 감싸 안으며 시선은 한국 측 기자의 카메라로 향했고, 한국 언론은 자중지란과도 같은 반응으로 이에 화답(?)했다. 야당 초선 국회의원 6명의 의욕만 넘친 2박 3일 방중은 결국 "중국 기자의 질문에 대답하지 못하고 도망치듯 사라졌다"는 중국 언론의 조롱을 들어야 했다.

(3) 사드 갈등 부메랑 효과: 중국에 대한 국제적 신뢰 하락

필자는 몇 차례의 토론에서 냉전의 끝에서 시작하여 수교 24년을 함께 친구로 지낸 한국에게 화풀이는 적당히 멈추어야 하며, 중국은 아래의 몇 가지를 간과하고 있다고 지적했다.

첫째, 한국에 대해 비공식적으로 진행 중인 중국의 여러 형태의 보복 역시 부메랑이 되어 중국을 역습할 것이라는 점이다. 한중 간의 경제협력은 어느 한쪽이 일방적으로 당하는 구조가 아니며, 한국에 대한 경제보복은 중국의 경제에도 상당 부분 부메랑 효과로 되돌아온다는 점이다.

둘째, 한국은 이미 여러 차례의 경제 위기를 통해 비교적 튼튼한 경제 멘탈 구조를 가지고 있다. 오히려 중국의 가중되는 경제보복은 한국에게 중국의 의존도에서 벗어나게 하는 구조조정의 기회가 될 수 있고, 한국은 충분히 단시간 내에 이를 극복할 수 있다는 점이다. 이런 점에서 보면, 중국의 한국에 대한 보복이 필자는 오히려 한국에게 전화위복이 될 수도 있다고 우겼다. 그렇지만 실제로도 그렇게 될까?

셋째, 더욱 중요한 점은 주변국과 서구 유럽의 중국에 대한 불안감과 불신감의 확대에 있다. 이미 몇몇 나라에서 중국과의 대규모 투자협력사업을 취소하거나 승인을 보류하거나 공사 취소를 통보했다는 보도는 G2

의 책임대국을 천명한 중국의 신뢰도에 금이 가기 시작했다는 의미이다.

감정을 절제하지 않고 뱉어내는 말들은 분명히 속시원한 화풀이로는 제격이다. 그러나 중국의 여론이 격해지면 격해질수록 한국에 대한 보복을 바라보는 주변국들과 특히 중국이 협력하고자 하는 서구 유럽의 중국에 대한 반감이 증폭된다는 사실을 생각해야 하지 않겠는가? 경제위기의 경험이 없는 중국은 분명히 함께할 친구의 도움이 필요하다.

(4) 사드 딜레마의 새로운 고민: 한국은 중국의 친구인가?

중국은 분명히 사드 배치 결정에 대한 반발로 한국에 대한 우회적인 보복을 여러 형태로 진행 중이다. 사드 배치를 결정했다는 소식이 알려진 이후 일부 중국 언론과 관변학자들의 거침없는 표현과 과격한 선동은 이미 친구에게 지켜야 할 품격을 스스로 넘어섰다. 주변에 친구가 없다고 스스로 하소연하는 중국은 이제 한국도 친구가 아니길 바라는 것일까?

중국의 여론은 한국에 대한 경제적 보복으로 한국의 반발이나 역습이 별것 아닐 것이고, 성장한 중국의 힘으로 충분히 한국에 강경한 압력과 보복 조치로 중국의 의지를 관철시킬 수 있을 것으로 자신하고 있는 듯하다. 특히 관변학자의 일부는 필자와의 토론에서 "한국의 민간 여론을 더욱 자극하여 불안감을 조성하고, 이를 통해 한국 내에서 야당과 시민단체가 반정부 시위로 정부를 압박하게 하여 사드 배치의 철회를 이끌어내도록 해야 한다"고 주장했다. 그리고 그 가능성은 충분하다며 연신 침을 튀긴다.

이런 주장에 대한 필자의 논지는 다소 우화적이었지만, 상대의 거친 숨결을 멈추게 하는 효과로는 충분했다. 필자의 반박에 상대는 침묵했다.

"학자의 제안이나 일반 네티즌의 감정 섞인 생각이 별반 차이가 없다면, 무엇하러 힘들게 노력하여 박사학위를 받고, 또 그러고 나서도 매일 오랜 시간을 연구에 치중해야 할까? 더구나 싱크탱크에 소속된 학자라면 문제 제기나 말꼬리 잡기 식의 비평보다는 부족하더라도 그래도 무언가

'해결 방안'을 제시할 수 있어야 하지 않을까?"

한국마저 중국과 소원해진다면, 중국은 주변에 친구가 없음을 다시금 고민해야 한다. 친구가 없으면 몸도 마음도 바라보는 것 모두 외롭게 느껴질 것이다. 세계에서 고립된 북한은 중국의 친구인가?

(5) 중국의 친북한 전술 변화의 위험성과 이면적 의미는?

중국은 한국의 사드 배치를 빌미로 북한과의 교역을 급격히 증가시키고 있다. 중국의 북한에 대한 원유 공급 증가와 북한으로부터의 철광석 및 석탄 수입 증가, 그리고 북중 간의 전체 교역 규모가 급격히 증가하는 의미는 한국의 사드 배치에 대한 보복적 의미이자 전술적 의미이기도 하다.

필자는 이미 여러 차례의 토론과 칼럼을 통해 중국의 이러한 친북한 전술의 위험성에 대해 지적했다. "한국에게는 조급증을 유발하면서 사드 철회에 대한 무언의 압력을 행사하려는 중국의 친북한 전술 카드는 위험하다. 중국의 '비핵화' 포기 혹은 암묵적인 북핵 지지라는 잘못된 신호를 북한에 줄 수 있다. 만일 북한의 오판으로 북한의 핵개발이 실전용에 근접할 경우, 국내 여론에 떠밀린 한국과 일본의 핵무장이 현실화될 수 있다. 결국 동북아는 '핵보유 그룹'의 대표적인 비핵화 실패 지역이 될 것이다."

그러나 중국이 이를 모를 리 없지 않겠는가? 그렇다면 지금의 북중관계의 변화는 어떤 의미를 갖는 것일까? 필자는 사드 배치의 결정으로 인해 한중관계의 갈등이 심화되는 것보다는 북중관계가 어떻게 변화되는가에 대한 관찰이 더 중요하다고 지적한 바 있다.

다른 측면에서 보자면, 유엔의 대북제재로 인한 북한 김정은 정권의 버티기가 쉽지 않음을 중국이 먼저 읽었다는 것을 반증하는 의미가 아닐까? 사드 배치를 핑계로 중국이 북한 감싸기를 서두른다는 것은 한반도 평형 전략의 일환이다. 달리 표현하면, 대북제재로 인한 북한 김정은 정권의 위기감이 심각하다는 의미이기도 하다. 중국은 북한의 비핵화에 관심을 두고 한반도 전략을 저울질하려는 생각일 뿐 북한의 붕괴나 혼란을 바라지 않는다. 그렇다면 어떤 측면에서 보면, 바라던 그 끝이 보인다는 의미일까?

(6) 한중 비공개 전략적 안보대화로 '제2차 빅딜'을 준비하라

한국의 사드 배치에 대한 불만으로 만약 중국이 한국에 대해 정치·외교·경제적 보복을 키울수록 양국이 갖는 부담과 후유증은 커질 수밖에 없다. 한중 양국의 사드 딜레마가 길어지면 질수록 이로부터 탈출하기 위한 빅딜 카드의 크기는 후유증 이상으로 커야 한다. 출구 전략의 유무형 비용 부담이 크면 클수록 한중 양국의 손해만 커질 뿐이다.

게다가 한중의 사드 갈등 해소를 위한 협상 시점은 멀지 않았다. 9월 초 중국 항저우 G20 정상회담, 중국이 주도하는 '역내포괄적경제동반자협정(RCEP)', '아시아인프라투자은행(AIIB)', '일대일로(一帶一路)' 등 중국이 야심차게 주도하는 여러 가지 활동은 모두 한국의 적극적인 협력을 필요로 한다. 한국 역시 중국과의 경제적 협력은 선택의 여지가 없다.

한중 협력의 필요성으로 이번 사드 갈등을 봉합시킨다 하더라도 피동적 구도에서 벗어나기란 쉽지 않다. 안보영역에서 늘 외부의 요소에 의해 피동적일 수밖에 없었던 두 나라가 피동성에서 벗어날 수 있는 방법은 '제2차 빅딜'을 준비하는 것이고, 그 시작은 '비공개 전략적 안보대화'에 있다.

'제1차 빅딜'인 '한중수교'는 지금보다 더 어렵고 복잡한 냉전시대에 오랜 물밑 교류로 이루었다. 한중은 '빅딜'을 추진하기 위한 충분한 '선행 학습'을 했다. '한중 비공개 전략적 안보대화'는 한반도 평화통일을 위한 '한미중 전략적 안보대화'의 큰 틀을 짜는 초석이기도 하다. 또한 이것은 자주적이고 능동적인 통일 준비를 시작하기 위한 우리의 긍정적 태도이다.

한중은 세계 외교사에 오랫동안 회자될 과거 24년간의 성공적인 경험을 공유했다. 이제 경제·사회·문화와 정치·외교분야에 이어서 안보분야에 대한 전략적 협력관계를 성숙시킬 시점을 준비해야 하지 않겠는가?

2) 국회의원의 '독도 방문'과 '베이징 방문'에 대한 다른 시각

(1) 여야 3당 국회의원 광복절 독도 방문의 의미

광복절 71주년을 맞아 여야 국회의원 10명이 독도를 방문하여 독도 경비대는 물론 독도원정대와 자전거원정대를 격려했다는 보도이다. 가장 서쪽 끝 섬인 태안군 격렬비열도가 지역구에 포함된 의원이 제안하고 새누리당, 더불어민주당 및 국민의 당 여야 의원들이 참여하여 국회의원 독도방문단을 구성했다고 한다. 국민독도수호본부의 서산 태안 청년들이 서단의 끝인 격렬비열도부터 동단 끝 독도까지 최초로 서단에서 동단까지 약 650㎞ 정도의 자전거 횡단에 대한 격려 차원이라는 해당 의원의 제안에 여야 국회의원들이 흔쾌히 응한 것이라는 부연 설명이다.

독도사랑운동본부 총재를 역임했던 의원이 포함되고, 국회 안전행정위원회 소속 의원이 포함되어 전문성을 갖춘 의정활동의 일부라는 설명도 설득력이 있다. 8·15 광복절을 맞이하여 여야 3당 국회의원이 모두 참여한 이번 활동 자체에 대해 네티즌들이 시비를 거는 댓글이 거의 전무한 것은 드문 일이다. 심지어 국회의원 300명이 릴레이로 10명씩 30회로 나누어 계속 방문하라는 주문은 신선하고, 충분히 참고할 만하다는 생각이다.

이에 대한 일본의 반응은 '전방위적 불만 표출'이라고 한다. 일본 정부로서는 한국의 위안부 '화해·치유재단'에 출연금을 지급하는 문제와 주한 일본대사관 앞 소녀상 이전 문제를 연계시키지 않기로 한 점에 대한 자국 내 반발 여론이 무마되지도 않은 상태였기에 더욱 충격이 컸다는 분석이다. 더구나 이번 방문은 여당 혹은 야당 국회의원들의 개별적인 방문과는 달리, 여야 3당 국회의원이 합심하여 대규모로 독도를 방문했다는 점에서 그 의미가 크고, 상대적으로 일본이 느낀 충격은 배가 되었을 것이다.

대한민국의 영토에 국민을 대표하는 여야 3당 국회의원들이 광복절의 의미를 되새기며 자국의 영토를 방문하는 것은 당연하다. 제2차 세계대전 전범이 합사된 신사참배를 중요한 의식으로 시행하는 일본 우익 정부가 "도저히 받아들일 수 없다"거나 "매우 유감"이라는 주장을 펼치는 것은 그들의 모순된 편협성과 한계를 의미할 뿐이다. 역사를 직시하지 못하는 민족의 미래가 어찌될 것인가를 충고하는 일조차 이제는 무의미하지 않을까?

여야 국회의원들의 개별 방문이나 이명박 전 대통령의 방문 때와는 달리, 국내 네티즌들의 여론은 왜 이번 여야 3당 국회의원들의 독도 방문에 관대(?)할까? 첫째는 '대표성', 즉 현재 한국을 대표하는 여야 3당 국회의원이 모두 참여했다는 점이다. 둘째는 '정당성', 즉 자국 영토를 수호하는 독도경비대는 물론 독도원정대 및 자전거원정대의 독도 사랑에 대해 여야 3당 국회의원들이 함께 격려했다는 점에 주목할 필요가 있다. 달리 요약하자면, 국민이 정치가와 지도자들에게 바라는 '사심(私心)의 배제'와 '대승적·초당적 협력'을 보여주었기 때문이 아니었을까?

(2) 야당 초선 국회의원 6명의 베이징 방문과 한중관계 후유증

지난 7월 8일 한미가 공동으로 사드 배치를 발표한 이래 중국 언론의 한국 때리기는 유난히 더웠던 올해 여름과도 같았다. 이 와중에 야당 초선 국회의원 6명이 중국 측 학자들과 한중 사드 갈등에 대한 의견을 나누기 위해 8월 8일부터 10일까지 3일간 베이징을 개인 자격으로 방문했다. 여당은 물론 소속한 야당에서조차 반대의 의견이 나왔던 이번 야당 초선 6인 국회의원의 베이징 방문은 어떤 문제점이 있었을까?

이들이 귀국한 뒤인 지난 8월 11일, 홍콩 봉황위성TV의 유명한 생방송 시사프로그램인 「전매체대개강(全媒體大開講)」 사회자가 필자에게 방송 중 질문한 4가지 질문 중의 하나가 바로 이 문제였다. "왜 이들의 방문에 대해 한국의 여론이 좋지 않았는가?" 이에 대한 필자의 대답이다.

"한중 간의 사드 갈등을 해소하기 위해서는 한중 간에 다양한 형태의 상호 소통과 이해의 노력이 필요하다. 이 점에 있어서 6명의 야당 초선 국회의원들의 시도는 기본적으로 매우 찬성한다. 그러나 6명의 야당 초선 의원 방중단에는 '외교통상위'나 '국방위' 소속 의원이 포함되지 않았고, '사드 갈등과 한중관계'에 대해 중국 측과 의견을 나누기에는 전문성이 부족했다. 또한, 만약 방문단에 여당 의원이 참여했더라면 하는 아쉬움이 있다. 요약하자면, 이번 방문단에는 두 가지 문제점이 있다. 즉, 방문단의 '전문성'과 '대표성' 부족이 한국 국내 여론의 반발을 유발한 것으로 판단된다."

(3) 대한민국의 새로운 미래를 위한 제언: '통합정신'과 '사심 버리기'

중국의 여론은 국내에도 알려진 대로 6명의 야당 초선 국회의원들이 중국 언론의 질문에 대해 제대로 대답도 하지 않고 도망치듯 사라졌다고 비아냥대는 소리를 들으며 귀국해야 했다. 베이징대학 국제관계학과 학부를 졸업한 의원 한 명이 이 분야의 전문성을 대표한다고 할 수 있을까? 방문단 중에서 그나마 중국에서 국제관계학 박사학위를 해서 전문가라 할 수 있는 한 명의 교수가 통역까지 도맡았다는 것도 격에 맞는지 생각했어야 하지 않았을까? 이번 방문단의 구성으로 볼 때, 분야별로 전문적인 지식을 갖춘 중국의 전문 학자들을 상대하기에는 비교하기조차 어렵다. 더구나 이번 야당 초선 의원들의 베이징 방문단을 상대했던 중국 학자들은 소장파에다가 심지어 대학원생까지 포함되어 있었다는 점을 이들은 준비 과정부터 알았을까?

'민주화 운동' 이후 방향을 잃은 대한민국의 시민사회는 다음 목표를 선정하지 못한 채 격렬했던 '민주화 운동'만큼이나 격렬한 생존 경쟁의 암울한 '과도기'에 빠져 있는 듯하다. 생존 경쟁이 격렬해질수록 사회에 남은 것은 편법에 익숙한 개인주의와 차별주의로 생각된다. 정치와 경제 및 시민사회 전반에 '사심'이 가득한 사회가 되어버린 대한민국의 새로운 미래는 '사회제도 법제화'를 통한 '통합정신'과 '사심 버리기'가 필요하지 않을까?

이번 국회의원의 '독도 방문'과 '베이징 방문'의 출발점은 같았을까? 출발점부터 달랐던 구상이 결과의 차이로 귀결되지 않았을까? 최소한 대외적으로 국익과 관련된 일에 있어서 우선 '사심'을 버리고 '통합'의 정신으로 충분히 함께 내부의 서로 다른 생각들을 교환하고, 다양한 전략과 전술 및 역할 분담을 숙지한 뒤 출발한다면 너무 늦은 것일까? 그래도 최소한 부메랑으로 기습적인 뒤통수를 맞는 것보다는 안전하고, 서두른 탓에 준비 부족으로 되돌아오는 후유증을 줄일 수는 있지 않겠는가?

국익을 보호하기 위한 외교는 이기려고 하는 것보다 지지 않으려고 준비하는 것이 더 중요하고, 특히 강대국과의 외교는 더욱 그러하지 않겠는가?

3) 북한의 핵 인질이 될 시간은 얼마나 남았을까?

최근 유명한 언론매체가 주최한 한국의 전문가 초빙 토론에서 어느 한 학자의 발언에 대해 한마디 하지 않을 수 없다. 많은 사례들 중에서 지면관계상 필자가 반발하고 싶은 한 가지 예를 들자면 다음과 같다.

"한국의 핵 개발 추진은 바로 북한의 핵 보유를 인정한다는 잘못된 신호를 보내는 것이기 때문에 한국의 핵 개발을 반대한다"는 이 학자의 말은 도대체 어느 나라의 입장을 대변하려는 것일까?

스스로 논리적 함정에 빠진 이런 궤변적 논리 전개에 대해 "학술적 논리 전개가 우선이 아니라 논리 전개의 핵심은 국가이익이 우선이어야 한다"는 충고를 하고 싶다.

(1) 논리적 궤변에 빠진 의미없는 논쟁들

우리가 북한의 핵 보유를 인정하든 말든 북한은 실질적인 핵 보유국의 지위는 물론, 핵무기의 실전 배치를 눈앞에 두고 있다. 고민의 핵심은 그 핵무기의 사용 대상이 바로 대한민국이라는 점이다. 게다가 북한이 핵무기를 보유하려는 목적은 이제 체제유지를 위한 수단을 넘어서서 흡수통일을 핵심 목표로 전환하고 있는데, 한국의 소위 전문가라는 이는 학술적 시각의 논리 전개에 초점을 맞추고 있다.

현실과 논리적 전개의 차이를 간파하지 못하는 논쟁이 무슨 의미가 있을까? 설사 북한이 핵무기를 보유해도 우리는 인정하지 않겠다고 강조한들 구속력이 없는 이 말에 도대체 무슨 의미가 있다는 것인가?

(2) 학술적 논쟁보다 국가이익이 우선이다

북핵 문제에 있어서 주변 강대국들은 모두 자국의 이익보호와 이익확대를 위한 전략적 수단으로 이용하고 있다. 그럼에도 직접적 피해자가 될 한국은 어이없게도 정당이나 개인 간의 정치적 논쟁으로, 혹은 학술적 논쟁의 쟁점화에 더 관심을 보이고 있다. 다양한 시각의 차이는 존중받아야 하지만, 국가이익의 추구라는 공동의 대외목표는 일원화되어야 한다.

1991년 북한 김일성에 의해 시작되고, 김정일을 거친 북한의 핵 개발은 김정은 시대에 완성단계에 도달했다. 25년여를 추진해온 북한의 핵무기 개발을 김정은이 멈추지 않을 것이라는 것은 명확하다. 북한의 핵무기 보유와 실전화 배치가 현실로 다가오는 이러한 일방적인 상황하에서도 한국의 '한반도 비핵화 선언'은 유효한가? 한국은 이 선언을 지켜야 하는가?

지켜야 한다고 답하는 것은 의미없는 학술적 논쟁의 연장선일 뿐이다. 비핵화 선언이 논점의 핵심이 아니라 북한의 핵 보유가 눈앞의 현실로 다가오고 있다는 점이 핵심이다. 따라서 한국은 국익 추구의 관점에서 북한의 핵 보유 현실화와 한반도 비핵화 선언의 모순점에 대한 대응책을 찾아야 한다. 즉, 이 선언을 지키는 것이 핵심이 아니라 국익 추구를 위한 전략적 선택을 해야 한다는 것이 논점의 핵심이어야 한다.

(3) 핵무기 전력화를 통한 북한의 흡수통일 전략

이미 일반적인 상식이 되었지만, 핵무기 보유와 실전 배치가 완성된 이후의 북한이 취할 전략은 세 가지로 보여진다. 첫째, 미국과의 핵 군축협상을 통한 보상 요구이다. 북한은 미국과 대등한 위치에서 핵 군축협상을 통한 북미관계 정상화와 이에 따르는 엄청난 대가를 요구할 것이고, 핵전쟁 발발의 가능성으로 위협하는 북한의 요구에 미국은 결국 응하게 될 것이다.

둘째, 미일과의 국교 정상화를 통한 김정은의 정권 안정화이다. 북미수교와 북일수교를 통해 정권의 안정화와 한반도에 대한 북한의 이니셔티브를 높일 수 있기 때문이다. 그리고 이것은 다음의 세 번째 목표를 이루기 위한 치밀한 사전 준비단계이기도 하다.

셋째, 한국의 핵 인질화와 북한 주도의 한반도 통일 추진이다. 북한은 충분한 핵 투사 능력을 바탕으로 주변국에게 한반도 문제는 한민족 내부의 일이므로 외부 세력의 간섭을 배제한다고 주장할 것이다. 중국이나 러시아는 물론이고, 미국이나 일본이 LA나 도쿄 등 자국민의 희생을 담보로 북한과의 핵전쟁 위험성에 적극적인 무력 대응을 할 수 있을까? 주변국들이 관망만 할 수밖에 없는 상황에서 북한의 핵 인질이 될 수밖에 없는 한국의 선택과 대응은 사생결단의 전면전이겠지만 이마저도 승산이 없다.

(4) 의미없는 논쟁으로 북한의 핵 인질이 될 시간은 얼마나 남았을까?

현재 한국에서 전개되고 있는 핵무기 보유 여부에 대한 논쟁은 처음부터 다시 전개되어야 한다. 대한민국 공동의 핵심이익인 국가이익 추구를 간과한 채 전개되는 의미없는 논쟁과 정쟁은 내부 분열만 초래하고 있기 때문이다. 주변국에서 우리의 핵무기 보유에 대해 진지하게 검토할 수 있도록 정부와 정치권은 국익 추구라는 공통의 관점에서 초당적으로 협력하고 검토해야 한다.

주변국에서 반대할 것이고, NPT를 탈퇴해야 하며, 유엔의 경제제재를 이겨내기 어렵기 때문에 처음부터 핵무기 개발은 포기해야 한다는 생각부터 포기해야 한다. 핵무기 개발은 달성해야 할 목표가 아니라 수단이고 과정이며, 전술적 카드로 활용할 수 있기 때문이다. 핵무기 개발 포기를 통해 얻을 수 있는 교환 이익을 설계해야 한다는 의미이며, 북한의 핵무기 보유에 대한 대안을 찾기 위한 과정이라는 의미이기도 하다.

우리에게 북한의 핵무기 개발을 막을 수 있는 시간은 이제 얼마나 남아 있는 것일까? 이 질문을 다른 시각으로 바꾸어 생각하면 등골이 오싹해진다. 우리가 불필요한 논쟁과 정쟁으로 시간을 물쓰듯 낭비하고 있는 지금부터 북한의 핵 인질로 전락하는 시간은 앞으로 얼마나 남았을까?

4) 중국의 역할보다 북한 내부의 변화 유도가 비핵화의 지름길

(1) 자국의 약점을 친절(?)하게 중국어로 알려주는 한국의 언론들

참고 참다가 결국은 말하지 않을 수 없는 이야기를 오늘은 해야겠다.

중국 거주 22년차인 필자가 최근 베이징 거주 10여 년간 한중 간의 갈등에 대해 살펴본 바로는 중국은 한국의 내부 분열로 야기되는 한국 내의 모든 논쟁을 수집하여 정리하기만 해도 한국에 대한 대응전략을 손쉽게 얻을 수 있다는 점이다. 이게 도대체 무슨 말일까?

얼마 전 토론에 참여했던 중국 학자가 필자에게 웃으며 다음과 같이 말했다. "한국은 전문가와 언론을 살짝 건드리기만 하면 알아서 문제점과 대응책들을 쏟아낸다." 이미 알고 있는 사실인지라 필자는 따라 웃을 수 없었다.

실제로 최근 한중 간의 사드 딜레마에 있어서도 중국은 가만히 앉아서 한국의 경쟁적인 보도의 최대 수혜자가 되었다. 중국의 이러한 어부지리는 중국의 대 한반도 외교전략 수립에 분명히 결정적인 역할을 했을 것이다. 한국의 사드 배치에 대한 중국의 보복을 예상하는 한국의 제 발등 찍기는 도를 넘고도 한참을 넘어섰다. 도대체 누구를 위한 보도이고, 어느 나라를 위한 언론인지 자문하지 않을 수 없다.

한국의 전문가와 언론들은 중국이 한중 통화 스와프를 중단할 수 있다는 등의 수없이 많은 구체적인 사례를 아무런 거리낌없이 경쟁하듯 쏟아냈다. 이들은 중국의 각종 보복이 어떠할 것이고 어떤 효과를 낼 것이라는 점까지 매우 상세하게 안내(?)했을 뿐만 아니라, 주요 언론들은 친절(?)하게도 중국어로 이러한 국내의 논쟁을 앞다투어 보도했다.

중국은 그저 무반응으로 있다가 이러한 내용을 수집하고 정리만 해도 대부분의 대응책을 마련할 수 있었을 것이다. 게다가 한국의 언론이나 전문가들을 조금만 자극해도 무방비 상태로 쏟아내는 사드 보복 방안들을 주워 담으며 중국은 무슨 생각을 했을까? 아마도 가뭄으로 한쪽으로 몰려 있는 고기떼에 그물을 던지는 것보다 더 쉽다고 생각하지는 않았을까?

자국의 약점을 친절(?)하게도 한국어는 물론 중국어로까지 중국에게 안내(?)하는 한국의 언론보도에 대해 우리는 어떻게 판단해야 할까? 한국의 언론보도를 통해 중국이 매우 쉽게 한국에 대한 대응전략을 수립할 수 있다는 점을 우리는 도대체 어떻게 받아들여야 할까?

(2) 중국과의 협상은 설득이 아니라 현실적 이익 교환이 핵심

우리의 언론은 국내 문제는 물론 대외 문제에 있어서도 언론의 자유와 다양성의 존재가 소중한 가치라는 이상적인 생각에만 몰두해 있을 뿐 그보다 더 중요한 국가이익의 수호라는 핵심적이고 현실적인 논제를 간과하고 있는 것 같아 심히 우려된다. 대외관계에 있어서, 특히나 한중관계에 있어서 반드시 인식해야 할 점은 중국이 한국의 안보를 책임지지도 못할뿐더러 그럴 의사조차 없다는 점이다. 우리 모두 한중관계의 본질적 차이점을 찾아야 할 시점이라는 의미이다.

이러한 관점에서 필자가 우선 강조하고 싶은 것은 다음과 같다. 첫째, 중국과의 공정한 협상을 위해 한국은 특히 정치권과 전문가 및 여론의 자해적이고 분열적인 정쟁이나 논쟁의 전개는 가급적 비공개 내부 토론으로 그쳐야 한다. 집안 내부의 논쟁과 싸움을 굳이 온 동네에 다 알린 뒤에 듣는 말은 "바보가 따로 없다"는 놀림일 뿐이다. 특히 중국과의 협상에서는 가급적 최대한 자신의 카드를 끝까지 감추어야 한다.

둘째, 중국과의 협상은 눈치를 보거나 설득하려고 하면 할수록 협상력은 더욱 약해진다. 중국은 전통적으로 약한 자를 동정하려 하지 않으며, 강한 자와의 경쟁을 선호한다는 점에 유의해야 한다. 강할수록 중국과의 협상에서 대등해질 수 있다.

셋째, 중국과의 협상에서는 더욱더 다양한 협상 카드를 통해 현실적이고 실용적인 빅딜을 준비해야 한다. 현실적인 이익 교환의 카드를 얼마나 세밀하고 다양하게 준비하는가에 우리가 원하는 외교적 성과를 얻을 수 있다. 중국과의 협상은 '설득'이 아니라 현실적인 '이익 교환'이 핵심이다.

(3) 중국의 강력한 대북제재는 기대하지 말아야

강조하건대, 중국의 대북제재는 무조건 제한적일 수밖에 없다. 따라서 중국에게 유엔 안보리에서 결정되는 대북제재안을 충실히 이행할 것이라는 기대는 처음부터 하지 않는 것이 옳다. 중국은 북한의 붕괴로 인한 난민 발생이나 혼란 국면 조성에 대해 불안해하고 있다. 북한 난민 발생으로 인한 손해가 고스란히 중국의 몫이라는 것이고, 북한의 붕괴는 중국의 지정학적 안보 위협이라는 인식은 변함이 없다.

만약 북한 붕괴로 인한 한반도의 급작스러운 통일로 인해 (설사 압록강까지 주한미군이 진출하지 않는다고 하더라도) 한반도 전체가 친미 정권화된다는 것은 중국에게는 상상할 수 없는 안보적 손실이다. 그러나 냉전적 사고라고 중국 내에서도 비판받는 이러한 인식은 탈냉전 이후인 지금도 확고하다. 심지어 북핵 문제로 인한 미중과 한중 간의 갈등이 발생할 때마다 걸핏하면 신 냉전구조를 언급하는 중국의 경직된 사고는 당분간 변하지 않는다고 판단해야 한다.

한편, 현실적으로는 대북제재의 참여가 제한적일 수밖에 없는 중국의 대북정책은 북한의 핵무기 개발의 완성을 간접적으로 돕는 결과를 초래할 것이다. 북한의 핵무기 개발 완성은 결국 한반도 비핵화의 실패로 이어진다. 한반도 비핵화의 실패는 결국 미국이 핵전략무기의 한국 재배치 혹은 한국과 일본의 핵무기 보유를 초래할 수 있다는 점에서 중국도 엄중한 진퇴양난의 한반도 딜레마에 빠져 있는 셈이다.

그럼에도 불구하고 중국의 최종 선택은 역시 제한적인 대북제재일 것이다. 중국이 북한에게 강력한 제재를 할 것이라는 기대는 처음부터 하지 않는 것이 현실적이다.

(4) 한중 빅딜과 한미중 빅딜의 시도는 그래도 필요하다

한반도 평화와 한중관계에 대한 새로운 사고가 필요하다. 특히 한반 도의 평화적인 통일에 있어서 중국의 역할은 가장 소극적이고 제한적일 것이라는 다소 비관적인 사고가 가장 현실적인 판단일 것이다.

이러한 관점에서 볼때, 한국의 미중 간 대국 딜레마와 중국의 남북 간 한반도 딜레마에 있어서 한중 간의 교차점 찾기와 공동이익 찾기는 난제 중의 난제이다. 한국이 취할 수 있는 방법은 비록 제한적이지만, 그럼에도 다음과 같은 두 가지 빅딜 해법을 추진해야 한다.

첫째, '제2차 한중 빅딜'이다. 한국은 중국의 한반도 전략 수정을 위한 한중 빅딜을 추진해야 한다. 한중은 지난 1983년 이래 수교 시점인 1992 년 8월 24일까지 약 9년간 '제1차 한중 빅딜'인 '한중수교 비밀담판'을 진 행했던 경험이 있다. 이제 '제2의 한중 빅딜'을 추진해야 한다. 둘째, '한미 중 빅딜'이다. 한중 빅딜의 기초를 통해 한미중 간에 중국의 한반도 전략 수정과 통일 한반도 이후의 상호관계에 대한 3각 빅딜을 추진해야 한다.

또한 한중 빅딜과 한미중 빅딜에서 중국이 우려하는 난민 발생과 핵 누출 사고에 대한 대비를 위해 한미는 중국에게 세 가지 기본 조항을 제시 하여 중국의 우려를 불식시켜야 한다. 첫째 북한 사회주의 체제 유지를 보 장해야 한다. 즉, 일시적인 흡수통합을 추진하지 않고 어느 정도 시간을 두고 1국 2체제를 유지하여 자연스럽게 통합되도록 한다는 점에 대해 합 의해야 한다. 둘째, 북한의 레짐 체인지(정권 교체)를 통한 비핵화 달성에 합 의해야 한다. 특히 북한의 새로운 지도부는 집단 지도부 체제를 통해 1인 우상화를 금하도록 한다는 조건을 관철시켜야 한다. 셋째, 한반도 통일 이 후의 주한미군은 현 위치를 고수하고 38선을 넘지 않을 것이며, 향후 한 미 간의 협의에 따라 점진적으로 철수할 수 있다는 조항을 제시할 필요가 있다.

비록 제한적일 수밖에 없는 진행과 결과가 예상된다 할지라도 '한중 빅딜'과 그다음 단계인 '한미중 빅딜'은 어쨌든 추진해야 한다. 한반도의 평화적 통일을 위한 외부적 요소의 활용에 있어서 이 두 가지 빅딜의 추진이 그나마 효율적인 선택이 될 수 있기 때문이다.

(5) 북한 내부의 변화 유도가 비핵화와 평화통일의 지름길

한반도는 이제 제6차, 제7차 북한 핵실험이 언제 어떻게 진행될지를 예측하는 것보다 언제 북한의 핵무기 전략화가 이루어질 것인가를 고민해야 하는 시점에 이르렀다. 이를 멈추기 위해 우리는 다음과 같은 세 가지 측면에서의 전략적 접근이 필요하다.

첫째, 김정은을 포함하는 북한의 핵 이익집단과 개인에 대해 모든 수단을 동원한 최강의 제재가 필요하다. 이는 미국이 주도하는 유엔 안보리의 대북제재가 2270 결의안보다 더욱 강력하게 추진되도록 해야 한다. 특히 한미일의 공동 협력으로 유럽과 기타 중견국들의 적극적인 참여를 이끌어내야 한다.

둘째, 중국의 적극적인 참여가 북한 제재의 관건이라는 생각은 처음부터 포기하는 것이 좋다. 미국의 두 차례 원폭 투하로 인해 제2차 세계대전이 끝날 시점에 이르러서야 비로소 소련은 일본 만주군을 공격하고 승전국의 권리와 영광을 누렸다. 중국 역시 북한의 내부적 반발과 정권 교체라는 현실적인 대변혁이 일어난 뒤에야 비로소 한국이 원하는 역할을 할 수 있다는 신호를 보내올 것이다.

따라서 단지 적당한 수준에서 그칠 중국의 제한된 현실적인 참여를 북한에 대한 전체 제재의 효과에 포함시키는 정도면 족하다. 즉, 중국의 제한된 참여에도 불구하고 김정은과 핵 이익집단이 버틸 수 없을 정도의 최강의 제재안을 강구하고 실현해야 한다.

셋째, 가장 중요한 것은 북한 내부의 비주류 세력의 반발과 정권교체가 가능하도록 유도하는 전략이 필요하다. 세밀하고 강력한 새로운 대북제재는 당연히 북한 핵 이익집단과 관련이 없는 체제 내의 기타 비주류 간부들과 특히 북한 주민과는 분리해서 진행되어야 한다. 또한 북한 주민에 대해 더 많은 대외 정보를 제공하고, 이를 통해 북한 내부의 변화를 유도해야 한다. 핵 이익집단에서 제외된 북한 비주류 간부들에 대해 '통일준비위원회'에서 준비하고 있는 '통일헌법'의 규정을 통해 법률적인 신변 안전 보장을 제시하고 이를 홍보해야 한다.

북한의 비핵화는 북한 주민과 비주류 간부들의 북한 핵 이익집단에 대한 내부적 반발과 자발적인 정권 교체로서 가능할 수 있고, 그렇게 된다면 이것이 가장 효과적이다. 그리고 이것은 중국을 설득하거나 중국에게 우리가 바라는 것을 기대하는 것보다 더 현실적이고 직접적인 해결 방안이라는 것은 필자만의 생각일까?

5) 미래를 위한 국론통합, 초당적 전략 선택이 필요

한국의 핵 보유 여부에 대한 정치권의 정쟁과 전문가 그룹의 의미없는 논쟁으로 무력감에 빠진 한국 국민은 이제 북핵 문제에 대한 역사적인 결정을 해야 할 시점에 와 있다는 생각이다. 모두가 인지하듯이 우리에게 더 이상 머뭇거릴 시간은 없다.

지금 이 시간에도 중국은 북한의 핵 보유 여부와 핵 보유 이후에 대한 자국의 이익 변화가 어떨지에 대한 이익 산출에 몰두하고 있고, 러시아는 중국과의 연계를 통한 동북아의 영향력 확대에 열을 올리고 있다. 중국과 러시아의 입장을 간파한 북한은 유엔 안보리의 대북제재를 무시하고 오로지 핵무기 실전 배치에 올인하고 있다. 미국은 아태 주도권의 유지와 이의 강화를 위한 전략전술에 북핵 문제를 키워드로 이용 중이고, 일본은 북핵 위협을 빌미로 군사력 강화에 몰두하고 있다.

한국은 지금 북한의 제5차 핵실험 이후 "한국의 핵무기 보유는 불필요한 것인가, 불가능한 것인가?"라는 문제에 어이없는 논쟁과 정쟁에 열중하고 있다. 이러한 무의미한 논쟁과 정쟁을 멈추고, 이 문제에 대한 실질적인 해답을 찾기 위해서는 다음과 같은 질문에 먼저 답해야 한다. 북한의 김정은이 핵무기 개발을 포기할 수 있을까? 대화를 통해 북한의 비핵화를 막을 수 있겠는가?

북한은 핵무기의 전력화라는 목표를 멈추지 않을 것이고, 이 목표를 통해 더 유리한 고지에 다다른 이후에야 비로소 대화와 핵 위협이라는 두가지 카드를 휘두르려 할 것이다. 현 상황에서 "북한의 우선순위는 바뀌지 않는다"는 것이 명제이다. 즉 북한의 목표는 "선 핵무기 보유, 후 대화를 통한 보상 취득"에 있다.

그렇다면 우리는 새로운 질문에 먼저 스스로 대답해야 하고, 이 대답을 통해 주변국과의 생존전략을 선택해야 한다. 국민과 국가의 핵심이익을 위한 선택은 무엇인가?

(1) 국가이익 최우선의 초당적·전략적 선택이 필요

한국의 지식인들과 시민사회는 정부와 정치권이 국가이익을 초당적이고 최우선적으로 추구할 수 있도록 지혜를 모아야 한다. 이에 대한 대안 중의 한 가지가 바로 지금 한국에서 가장 뜨거운 이슈인 핵 보유 추진이다.

필자의 주장은 일부 전문가들이 학술적인 논점으로 반대하고 있는 이유를 무시하자는 것이 아니다. 또한 핵 보유를 추진하기 위해 NPT 탈퇴와 유엔의 경제제재 후유증을 감내할 수 있다는 논점을 전개하려는 것도 아니다. 필자는 단지 국가이익을 추구하기 위한 전술적 카드로 유용하게 쓸 수 있다는 점을 강조하려는 것이다. 그런 관점에서 보면, 주변 국제정세의 변화에 따라 필요하다면 핵 보유도 추진해야 한다.

구체적으로 말하자면, 대국민 여론 조성을 통해 정치권과 정부에 핵무기 개발을 추진하라는 국민적 요구를 강력하게 제시하는 것도 한 가지 방법이라는 점을 강조하고 싶은 것이다. 정부는 이를 통해 핵무기 개발 착수와 함께 미국과 중국에 대해 각각 서로 다른 협상의 카드를 제시하는 투 트랙 전략을 수행하도록 해야 한다는 의미이기도 하다.

즉, 정부의 대외전략에 있어서 선택의 폭을 유연하게 해주는 효과를 만들어야 한다는 것이 필자가 강조하는 핵심이다. 지금과 같은 국가 위기 상황에서는 더욱 그렇게 해야 하고, 대외 문제에 있어서만큼은 언론을 포함한 지식인과 싱크탱크 및 시민사회는 앞으로도 여러 측면에서 또 그렇게 단결된 한 방향으로 가야 한다.

(2) 국민이 기대하는 초당적인 정치적 실천이 필요

정부는 국민적 여론의 압력을 핑계로 다음과 같은 투 트랙 전략을 수행할 수 있어야 한다. 첫째, 미국과의 외교협상을 통해 전략무기의 재배치와 한국군 단독 사용권을 보장받을 경우, 핵무기 개발을 유보할 수 있다는 절충안을 준비해야 한다. 미국의 전략무기 재배치와 한미 연합군의 공동 사용은 물론, 한국군의 단독 사용권까지 보장받을 경우 한국은 간접적인 핵보유국의 투발능력을 보유할 수 있으므로 핵무기 개발 추진을 보류할 수 있다는 논지이다. 국익추구에 대한 단결된 국내 여론의 결집은 정부가 미국과의 협상에서 강력하게 이 문제를 추진할 수 있는 동력이 된다.

둘째, 중국과의 외교협상을 통해 북한에 대한 중국의 적극적인 제재 참여 여부에 따라 한국의 핵무기 개발은 물론 사드 배치에 대한 조건부 운용 혹은 철수를 포함하는 한반도 비핵화 전략을 긍정적으로 검토할 수 있다는 입장을 눈치 보지 말고 좀 더 구체적이고 강력하게 표명할 필요가 있다. 한중 간의 사드 딜레마는 사드 시스템의 X-밴드 레이더 탐색거리가 중국의 안보이익을 침해한다는 것이므로 북한 핵무기에 대한 핵평형 전략무기의 재배치나 한국의 핵무기 개발 추진은 중국의 안보이익과는 무관하고, 한국의 자위적 수단이라는 점을 강조해야 한다.

셋째, 이러한 조건들이 충족되지 않을 경우에 대비하여 정부는 북한의 핵공격에 대한 자위수단의 명목으로 한반도 비핵화 선언의 파기와 함께 핵무기 개발에 부분적으로 사전 준비에 착수해야 한다. 투 트랙 병진전략은 사전 눈치 보기나 설득이라는 이상적 사고를 버려야 하고, 가장 현실적이고 실질적인 계획과 추진력이 필요하다.

(3) 대한민국, 국민 단결의 힘을 보여야 할 때

이 시점에서 정부와 정치권이 최우선적으로 고려해야 할 핵심은 바로 한국의 핵무기 보유 여부가 국가의 전략적 선택에 있어서 정쟁이나 논쟁의 핵심이 되지 않도록 해야 한다는 점이다. 그리고 언론도 이에 적극 동참해야 한다. 당리당략을 떠나서 핵무기 보유 여부는 단지 국익추구의 한 가지 선택 중의 하나여야 하고, 국익추구를 위한 주변국들과의 외교전쟁에 있어서 유용한 카드로 사용할 수 있도록 정치권과 언론이 정부에 협력해야 한다는 말이다.

정부와 정치권은 주변국들의 반응을 즉시에 반영하되, 한국의 전략적 선택은 최종적으로 국가이익의 추구가 되도록 지금은 초당적으로 협력해야 한다. 대외 문제에 있어서만큼은 국민은 정부와 정치권의 초당적 국익추구에 대한 확실한 실천을 기대하기 때문이다. 국익추구의 실천 정도에 따라 국민이 차기 정부를 선택하게 된다는 점도 초당적 국익추구의 내부적인 이유이기도 하지만, 국민의 안전을 최우선적으로 보장할 수 있는 국가가 먼저 존재해야 한다는 점이 초당적 협력의 가장 큰 이유이다.

이제 정쟁과 논쟁으로 분열된 대한민국 사회는 생존의 위기 앞에서 철저한 자아반성을 해야 하고, 특히 정권 교체의 실현 여부를 놓고 벌이는 국내정치는 더욱 그러하다. 국민의 단결과 강력한 국방력을 가진 국가의 존재가 최우선이며, 이후에 비로소 정쟁의 의미가 있다는 점을 우리는 통탄할 근대사를 통해 뼈저리게 그리고 충분히 경험했다. 이제 대한민국은 월드컵 국가대표 축구경기를 응원하는 것과 같은 국민적 단결의 힘을 결집할 때이다. 대대로 통탄할 근대사적 경험이 지금 또다시 필요한가?

저자 약력

김상순

학력
대만대학 사회학석사, 칭화대학 CEO-EMBA, 베이징대학 CEO-EMBA
베이징대학 국제관계학 박사

주요 저서 및 논문
저서:『동아시아의 미래: 통일과 패권전쟁』(2014)
역서:『창조적 개입: 중국의 글로벌 역할의 생성』(2016)
중문: "东北亚问题与中国新一代创造性介入", 贾庆国主编, "全球治理: 保护的责任", 北京: 新化出版社2014年.
한중언론 약 100여 편의 칼럼 발표, 홍콩 봉황위성 5개 프로그램 총 20여 회 이상 출연

현재 활동
동아시아평화연구원 원장
통일부 해외교육위원(19기, 20기) & 베이징협의회 회장
사)통일아카데미 교육위원
사)피스코리아 정책이사
한중리더스아카데미 초빙교수 & 교무처장
사)한중 기업연합회 이사
사)선진사회 만들기 연대 역사포럼 발기인
사)국민통일방송 100인클럽 회원
민주평화통일자문회의 해외자문위원(16기)
한국칼럼니스트: 월간충호, 뉴데일리, 아주경제, 데일리NK, 온바오닷컴, 중국전문가포럼(CSF)
차하얼(察哈尔)학회 연구위원
신랑(新浪)천하주간 연구위원
중국공공외교&평화연구회 회원
후베이성(湖北省) 딩화용(丁华永) 미술관 국제고문

허난성(河南省) 北国之春 미디어그룹 국제영상문화교류 고문
홍콩 봉황위성TV 국제패널리스트
중국칼럼니스트: 中国网, 环球网/环球时报, 人民网/人民日报, 中国评论社, 凤凰网/凤凰
    国际智库, 新浪网/新浪国际天下周刊, 侨报, 国际在线, 人民画报, 法制网, 察哈尔评
    论等

구자원

학력
베이징대학 역사학 석사
베이징대학 역사학 박사

주요 저서 및 논문
공저: 『리더 중의 리더 – 중국의 제왕들』
공역: 『아주 특별한 중국사 이야기』,
『7~10세기 동아시아 문물교류의 제상』
논문: 「무속으로 본 한국문화의 특징」, 「한국 음식으로 본 한국문화의 특징」 외 다수

현재 활동
동아시아평화연구원 전문 연구위원
통일부 해외교육위원
국제안보교류협회 회원
베이징외국어대학 아시아–아프리카학부 한국어학과 외국인 교수
베이징대학 역사문화중심 연구원

우진훈

학력

경북대학교 졸업
중국인민대학 상학원 경제학 박사

주요 저서 및 논문

중국 기업의 해외투자전략 연구(공저, 2007)
全球金融危机视角下的中韩金融合作(2009)
中韓FTA的政治經濟學含意和啓示(2013)
중국의 현대화(공저, 2014)

현재활동

통일부 통일교육위원
영남대 산업경영연구소 연구교수
동아시아평화연구원 부원장 & 전문 연구위원
한중리더스아카데미 객좌교수
중국인민대학 재정금융학원 객좌교수
베이징공상대학 상업경제연구소 연구원
남경재경대학 국제경제무역학원 객좌교수
中韓日 동북아경제협력포럼 총간사
주중 한국대사관 경제통상 자문위원
China daily 칼럼니스트

윤대상

학력

영남대학교 행정학과 학사
부산대학교 행정대학원 행정학과석사
영국 맨체스터대학교 과학기술정책학 석사
연세대학교 기술정책과정 박사 수료

주요 저서 및 논문

R&D를 통한 지역경쟁력 제고방안, 서울대 자연과학대학 최고전략과정(2012)
중국의 과기경쟁력 분석 및 대응전략, 행안부 국외직무훈련보고서(2009)
실전적 기술전략(2007.2, 시그마프레스, 야마모토 히사토시 저/4인 공역) EU의 과학기술
    정책 비교, 석사학위논문(1997)
한국의 기술도입정책에 관한 연구, 석사학위논문(1983)

경력
국가과학기술자문회의 정책조사실장
동북아기술협력과장
중국과학원 과학기술정책연구소 직무연수
교육과학기술부 운영지원과장
교육과학기술부 연구정책과장
교육과학기술부 우주기술과장
교육과학기술부 대구경북과학기술원건설추진단장
미래창조과학부 대경과기원·과학관건립추진단장
베이징 한중과학기술협력센터장
동아시아평화연구원 국제자문위원

이무형

학력
日本四國學院大學 대학원 사회복지학 석사
日本龍谷大學 대학원 사회복지학 박사과정 수료
한남대학교 법과대학원 박사과정 수료
선문대학교 법과대학원 박사과정 수료

경력
현 동광문화복지재단 이사장
한베문화교류협회 호치민지부장
동아시아평화연구원 전문연구위원
한중리더스아카데미 초빙교수

이창주

학력
上海复旦大学 국제관계 및 공공사무학원 외교전공 박사수료
한국외국어대학교 국제지역대학원 중국지역 정치전공 석사

주요 저서 및 논문
변방이 중심이 되는 동북아 신 네트워크(단독), 산지니
"중국의 동해 진출의 과거, 현재, 미래", 북방루트리포트(공저), 돌베개
"일대일로(一帶一路) 전제조건: 중국의 통관 일체화 개혁에 대하여", 차이나플랜을 담
　　다 중국의 재발견 시리즈 4(공저), 차이나하우스

"일대일로(一帶一路)와 한반도의 변방 중심 네트워크", 경남대 극동문제연구소 한반도
　　포커스, 제34호(공저)
"양화잡처의 본향: 상하이의 변신", Asia Pacific 해양문화 Ocean & Culture Vol.01(공저)
"해륙복합으로 유라시아를 엮는 중국의 一帶一路(One Belt One Road)", Aisa Pacific
　　해양문화 Ocean & Culture Vol.02(공저)
일대일로(一帶一路) 배경과 발전 전망, KMI 중국리포트
TMGR, 중·몽 물류인프라 현황과 발전 전망, KMI 중국리포트
中外中 물류환경 변화와 나진·부산항 연계 전략, KMI 중국리포트
상하이 자유무역구 설립 1년: 통관제도 개혁의 평가와 시사점, KMI 중국리포트
李昌株,《关于中国海洋权力之对韩半岛东海地区的战略研究—以网络世界政治理论为 理
　　路》, 韩国外国语大学硕士毕业论文, 2011

경력

동아시아평화연구원 연구위원
한중리더스아카데미 초빙교수
(사) 남북물류포럼 연구위원
APOCC 국제연구기획위원
전 KMI 중국연구센터 연구원

조용성

학력

서울대학교 중어중문학 석사

주요 저서

중국의 미래 10년(2012)

현재 활동

「아주경제」 베이징특파원(2010년~현재)
중국국무원 산하 외문국 발행 「월간중국」 한국총편집
인터넷주간지 「아주위클리차이나」 총편집